Anton Tschechow
Die schönsten Erzählungen

Unserem Babysitter Steffi,
zum Abitur und
mit den besten Wünschen
für die neue Zeit

Andrea & Frank Schalk(?)
mit Julius und Anton

3. VIII. 2010

Anton Tschechow

Die schönsten Erzählungen

Herausgegeben von Margit Bräuer

*Mit einem Nachwort
von Gabriele Wohmann*

Aus dem Russischen von Gerhard Dick, Wolf Düwel,
Ada Knipper, Michael Pfeiffer und Hertha von Schulz

ISBN 978-3-351-03278-4

Aufbau ist eine Marke der Aufbau Verlag GmbH & Co. KG

1. Auflage 2009
© Aufbau Verlag GmbH & Co. KG, Berlin 2009
Einbandgestaltung Andreas Heilmann, Hamburg
unter Verwendung eines Motivs von getty images/Leena Yla-Lyly
Druck und Binden CPI – Clausen & Bosse, Leck
Printed in Germany

www.aufbau-verlag.de

Inhalt

Der Tod des Beamten	7
Der Orden	12
Bei der Witwe des Adelsmarschalls	17
Lebendige Chronologie	23
Allgemeinbildung	27
Gram	34
Anjuta	43
Im Sumpf	50
Wanka	78
Weiber	85
Flattergeist	105
Rothschilds Geige	144
Anna am Halse	159
Der Mensch im Futteral	179
Jonytsch	200
Herzchen	228
Die Dame mit dem Hündchen	247
Die Braut	273
Erzählungen wie Sand am Meer	
Von Gabriele Wohmann	303
Biographische Notiz	310
Anmerkungen	311
Textnachweis	315

Der Tod des Beamten

An einem prächtigen Abend saß der nicht minder prächtige Gerichtsvollzieher Iwan Dmitritsch Tscherwjakow in der zweiten Sesselreihe und sah sich durchs Opernglas die »Glocken von Corneville« an. Er schaute und fühlte sich auf dem Gipfel der Glückseligkeit … Aber plötzlich … In den Erzählungen stößt man oft auf dieses »aber plötzlich«. Die Autoren haben recht: Das Leben ist voller Überraschungen. Aber plötzlich verzog er sein Gesicht, rollte die Augen, hielt den Atem an … er nahm das Opernglas von den Augen, bückte sich und … hatschi! Er nieste, wie Sie sehen. Das Niesen ist niemandem und nirgendwo verwehrt. Auch Bauern und Polizeimeister niesen, manchmal sogar Geheimräte. Alle niesen. Tscherwjakow wurde nicht im Geringsten verlegen; er trocknete sich mit einem Taschentuch ab, und als höflicher Mensch warf er einen Blick in die Runde, ob er mit seinem Niesen nicht jemanden belästigt habe. Aber da musste er doch verlegen werden. Er sah, wie der alte Herr, der vor ihm in der ersten Sesselreihe saß, mit einem Handschuh sorgfältig seine Glatze und seinen Hals abwischte und dabei etwas vor sich hin brummte. In dem alten Herrn erkannte Tscherwjakow den Zivilgeneral Brischalow aus dem Ministerium für Verkehrswesen.

Ich habe ihn bespritzt, dachte Tscherwjakow. Er ist nicht mein Vorgesetzter, sondern ein Fremder, aber peinlich ist es doch. Ich muss mich entschuldigen.

Tscherwjakow hustete, beugte sich vor und flüsterte dem General ins Ohr:

»Entschuldigen Sie, Euer -zellenz, ich habe Sie bespritzt ... aus Versehen ...«

»Macht nichts, macht nichts ...«

»Um Gottes willen, entschuldigen Sie. Ich habe doch ... ich habe das nicht gewollt.«

»Ach, bleiben Sie doch sitzen! Lassen Sie mich zuhören!«

Tscherwjakow wurde verlegen, lächelte dumm und schaute wieder auf die Bühne. Er schaute, aber er empfand keine Glückseligkeit mehr. Unruhe begann ihn zu quälen.

In der Pause trat er zu Brischalow, ging neben ihm her, und als er seine Schüchternheit überwunden hatte, murmelte er:

»Ich habe Sie bespritzt, Euer -zellenz ... Entschuldigen Sie ... Ich habe doch ... Ich wollte nicht ...«

»Ach, schon gut ... Ich hatte es schon vergessen, und Sie fangen wieder davon an!«, sagte der General und bewegte ungeduldig die Unterlippe.

Er will es vergessen haben, dabei sitzt ihm die Bosheit in den Augen, dachte Tscherwjakow und sah den General misstrauisch an. Er will auch nicht darüber reden. Ich müsste ihm erklären, dass ich es gar nicht wollte ..., dass es ein Naturgesetz ist, sonst wird er denken, ich wollte ihn anspucken. Wenn er das jetzt nicht denkt, so wird er es später denken!

Als Tscherwjakow nach Hause kam, erzählte er seiner Frau von der Unhöflichkeit. Seine Frau nahm den Vorfall, wie ihm schien, zu leicht; sie erschrak zwar, aber als sie erfuhr, dass Brischalow ein »Fremder« sei, beruhigte sie sich.

Der Tod des Beamten

»Geh aber trotzdem hin und entschuldige dich«, meinte sie. »Er wird sonst denken, du verstehst nicht, dich unter Menschen zu benehmen.«

»Das ist es ja eben! Ich habe mich entschuldigt, aber er hat irgendwie sonderbar ... Hat kein gescheites Wort gesagt. Es war auch keine Zeit, um ein Gespräch zu führen.«

Am nächsten Tag zog Tscherwjakow seine neue Extrauniform an, ließ sich die Haare schneiden und ging zu Brischalow, um die Sache aufzuklären ... Als er das Empfangszimmer des Generals betrat, bemerkte er dort viele Bittsteller, und unter ihnen auch den General, der schon mit der Entgegennahme der Gesuche begonnen hatte. Nachdem er einige Bittsteller befragt hatte, richtete er seine Augen auch auf Tscherwjakow.

»Gestern, in der ›Arkadia‹, wenn Sie sich erinnern, Euer -zellenz«, begann der Gerichtsvollzieher seinen Bericht, »habe ich geniest und ... Sie dabei ... ungewollt ... bespritzt ... Entsch...«

»Was für Lappalien ... Weiß Gott! Was wünschen Sie?«, wandte sich der General an den nächsten Bittsteller.

Er will nicht darüber sprechen, dachte Tscherwjakow und erblasste. Er ist also böse ... Nein, so kann man das nicht lassen ... Ich werde ihm erklären ...

Als der General das Gespräch mit dem letzten Bittsteller beendet hatte und sich in die inneren Gemächer begeben wollte, ging Tscherwjakow hinter ihm her und murmelte:

»Euer -zellenz! Wenn ich es wage, Euer -zellenz zu stören, so aus dem Gefühl der Reue, kann ich wohl sagen ...! Nicht mit Absicht, belieben es selbst zu wissen.«

Der Tod des Beamten

Der General zog ein weinerliches Gesicht und winkte ab.

»Sie machen sich über mich lustig, mein Herr«, sagte er und verschwand hinter der Tür.

Wieso denn lustig? dachte Tscherwjakow ... Daran ist überhaupt nichts Lustiges! Er ist General und kann es nicht begreifen! Wenn das so ist, werde ich mich nicht mehr bei diesem Angeber entschuldigen. Zum Teufel mit ihm! Ich werde ihm einen Brief schreiben, aber ich werde nicht mehr hingehen! Bei Gott, das werde ich nicht!

So dachte Tscherwjakow, als er nach Hause ging. Einen Brief an den General schrieb er nicht. Er überlegte und überlegte, aber es fiel ihm nichts Passendes für diesen Brief ein. So war er gezwungen, am nächsten Tag wieder hinzugehen und die Sache persönlich aufzuklären.

»Ich war gestern hier und belästigte Euer -zellenz«, murmelte er, als der General seine Augen fragend auf ihn richtete, »nicht, um mich lustig zu machen, wie Sie sich auszudrücken geruhten. Ich entschuldigte mich, weil ich Sie beim Niesen bespritzt habe ... aber mich über Sie lustig zu machen, daran dachte ich nicht im Geringsten. Wie kann ich es denn wagen, mich über Sie lustig zu machen? Wenn wir uns lustig machen würden, so würde es keinerlei Achtung vor der Person ... geben ...«

»Scher dich fort!«, schrie plötzlich der General, der ganz blau angelaufen war und zitterte.

»Wie bitte?«, fragte Tscherwjakow leise und vor Entsetzen vergehend.

»Scher dich fort!«, wiederholte der General und stampfte mit den Füßen.

Der Tod des Beamten

In Tscherwjakows Leib zerriss etwas. Er sah und hörte nichts mehr, wich zur Tür zurück, trat auf die Straße und schleppte sich davon ... Ganz mechanisch kehrte er nach Hause zurück, legte sich, ohne die Uniform auszuziehen, auf das Sofa und ... starb.

Der Orden

Der Lehrer des Militärprogymnasiums, Kollegienregistrator Lew Pustjakow, wohnte neben seinem Freund, dem Leutnant Ledenzow. Zu diesem lenkte er am Neujahrsmorgen seine Schritte.

»Siehst du, Grischa, es handelt sich um Folgendes«, sagte er nach der üblichen Neujahrsgratulation zu dem Leutnant. »Ich würde dich nicht belästigen, wenn es nicht unbedingt nötig wäre. Leih mir, mein Lieber, für heute deinen Stanislausorden. Ich esse nämlich heute bei dem Kaufmann Spitschkin zu Mittag. Und du kennst doch diesen Schuft, diesen Spitschkin: Er liebt Orden über alles und hält diejenigen, bei denen nichts am Halse oder am Knopfloch baumelt, beinahe für Halunken. Und dazu hat er noch zwei Töchter ... Nastja, weißt du, und Sina ... Ich sage dir das, weil du mein Freund bist. Du verstehst mich, mein Lieber. Gib ihn mir, sei so gut!«

Das alles sprach Pustjakow stockend, errötend und mit scheuen Blicken nach der Tür schauend. Der Leutnant schimpfte, aber er willigte ein.

Um zwei Uhr mittags fuhr Pustjakow mit einer Droschke zu Spitschkin. Er hatte den Pelz ein wenig zurückgeschlagen und schaute auf seine Brust. Auf der Brust glänzte das Gold und schillerte die Emaille des fremden Ordens.

Man hat irgendwie vor sich selbst mehr Achtung!

Der Orden

dachte der Lehrer und räusperte sich. Ein kleines Ding, kostet nicht mehr als fünf Rubel, aber was es für Furore macht!

Als er vor Spitschkins Haus angelangt war, schlug er den Pelz zurück und begann gemächlich den Droschkenkutscher zu entlohnen. Der Kutscher erstarrte, so schien es ihm, als er seine Achselstücke, Knöpfe und den Stanislausorden erblickte. Pustjakow hüstelte selbstzufrieden und betrat das Haus.

Während er im Vorzimmer den Pelz ablegte, warf er einen Blick in den Saal. Dort saßen an der langen Mittagstafel etwa fünfzehn Personen und speisten. Man hörte Gemurmel und Tellerklirren.

»Wer hat denn da geläutet?«, ertönte die Stimme des Hausherrn. »Ah, Lew Nikolajitsch! Seien Sie willkommen. Sie kommen etwas spät, aber das ist nicht so schlimm ... Wir haben uns eben hingesetzt.«

Pustjakow streckte die Brust heraus, hob den Kopf und betrat, sich die Hände reibend, den Saal. Aber hier erblickte er etwas Schreckliches. Am Tisch saß neben Sina sein Kollege, der Französischlehrer Tremblant. Dem Franzosen den Orden zu zeigen – das hätte bedeutet, eine Menge unangenehmer Fragen hervorzurufen, sich auf ewig zu blamieren und in Verruf zu bringen ... Pustjakows erster Gedanke war, den Orden herunterzureißen oder umzukehren; aber der Orden war fest angenäht, und ein Rückzug war schon unmöglich. Er bedeckte mit der rechten Hand schnell den Orden, verbeugte sich, grüßte ungeschickt nach allen Seiten und ließ sich, ohne jemandem die Hand zu reichen, schwer auf einen freien Stuhl nieder, gerade seinem Kollegen, dem Franzosen, gegenüber.

Wahrscheinlich betrunken! dachte Spitschkin, als er sein verlegenes Gesicht sah.

Man stellte vor Pustjakow einen Teller Suppe. Er ergriff den Löffel mit der linken Hand, aber da er sich besann, dass es in einer anständigen Gesellschaft unpassend war, mit der linken Hand zu essen, erklärte er, er habe schon zu Mittag gespeist und wolle daher nicht mehr essen.

»Ich habe schon gegessen ... Merci ...«, murmelte er. »Ich machte bei meinem Onkel, dem Oberpriester Jelejew, eine Visite, und er bewog mich ... sozusagen ... Mittag zu essen.«

Pustjakows Herz füllte sich mit beklemmender Schwermut und boshaftem Ärger: die Suppe duftete herrlich, und dem gedünsteten Stör entströmten ungewöhnlich appetitliche Gerüche. Der Lehrer versuchte die rechte Hand zu befreien und den Orden mit der linken zu bedecken, aber das ging erst recht nicht.

Sie werden es merken ... denn die Hand wird über die ganze Brust ausgestreckt sein, als schickte ich mich an zu singen. Mein Gott, wäre doch das Mittagessen schon zu Ende! Ich werde in einem Wirtshaus essen!

Nach dem dritten Gang blickte er schüchtern, mit einem Äuglein, auf den Franzosen. Tremblant, der aus irgendeinem Grunde mächtig verwirrt war, schaute ihn ebenfalls an und aß auch nichts. Nachdem sie einander angeschaut hatten, wurden die beiden noch verlegener und richteten ihre Augen auf die leeren Teller.

Er hat was gemerkt, der Schuft, dachte Pustjakow. Ich sehe es an seiner Visage, dass er was gemerkt hat. Und der Schurke ist ein Denunziant. Schon morgen wird er es dem Direktor hinterbringen!

Die Gastgeber und die Gäste waren beim vierten Gang, und weil es das Schicksal so wollte, verspeisten sie auch noch einen fünften ...

Darauf erhob sich ein hochgewachsener Herr mit breiten behaarten Nüstern, einer gebogenen Nase und von Natur zusammengekniffenen Augen. Er strich sich über den Kopf und rief:

»Äh-ä-äh ... ich schlage vor ... äh ... auf das Wohl ... äh ... der hier anwesenden Damen zu trinken.«

Die Gäste erhoben sich geräuschvoll und nahmen die Gläser in die Hand. Durch alle Zimmer erscholl ein lautes »Hurra«. Die Damen lächelten und machten sich bereit anzustoßen. Pustjakow erhob sich und nahm sein Glas in die linke Hand.

»Lew Nikolajitsch, seien Sie so nett und geben Sie dieses Glas Nastassja Timofejewna«, bat ihn ein Herr und reichte ihm einen Pokal. »Veranlassen Sie, dass sie es austrinkt!«

Jetzt musste Pustjakow zu seinem großen Schrecken auch die rechte Hand in Aktion treten lassen. Der Stanislausorden mit dem zerknüllten roten Bändchen erblickte endlich die Welt und strahlte. Der Lehrer wurde blass, senkte den Kopf und schaute schüchtern zu dem Franzosen hin. Der sah ihn mit erstaunten, fragenden Augen an, und von seinem Gesicht verschwand langsam die Verlegenheit

»Juli Awgustowitsch«, wandte sich der Hausherr an den Franzosen. »Reichen Sie das Fläschchen denen, die es noch möchten!«

Tremblant streckte unentschlossen die rechte Hand nach der Flasche aus und ... o Glück! Pustjakow erblickte auf seiner Brust einen Orden. Und das war kein

Stanislaus, sondern ein richtiger Annenorden! Also auch der Franzose hatte gemogelt! Pustjakow lachte vor Vergnügen, setzte sich auf den Stuhl und rekelte sich ... Jetzt bestand keine Notwendigkeit mehr, den Stanislaus zu verstecken. Beide hatten dieselbe Sünde begangen, daher konnte keiner den anderen denunzieren und in Verruf bringen.

»A ... a ... hm!«, brummelte Spitschkin, als er auf der Brust des Lehrers den Orden erblickte.

»Jawohl!«, entgegnete Pustjakow. »Eine merkwürdige Sache, Juli Awgustowitsch. Nur wenige wurden vor den Feiertagen vorgeschlagen. Wie viel Leute gibt es bei uns, und nur wir beide wurden ausgezeichnet. Eine merkwürdige Sache!«

Tremblant nickte fröhlich und schob den linken Rockaufschlag vor, auf dem der Annenorden dritter Klasse prangte.

Nach dem Essen ging Pustjakow durch alle Zimmer und zeigte den jungen Damen den Orden. Ihm war leicht und frei zumute, obwohl ihn der Magen vor Hunger zwickte.

Hätte ich von diesem Streich gewusst, dachte er und schaute neidisch auf Tremblant, der sich mit Spitschkin über Orden unterhielt, dann hätte ich den Wladimirorden angelegt. Ach, ich habe es nicht geahnt!

Allein dieser Gedanke quälte ihn noch ein wenig. Im Übrigen aber war er vollkommen glücklich.

Bei der Witwe
des Adelsmarschalls

Am ersten Februar jeden Jahres, am Tag des heiligen Märtyrers Trifon, herrscht auf dem Gut der Witwe des ehemaligen Kreisadelsmarschalls Trifon Lwowitsch Sawsjatow ungewöhnlich lebhaftes Treiben. An diesem Tag, dem Namenstag des Verstorbenen, lässt Ljubow Petrowna, die Witwe des Adelsmarschalls, eine Seelenmesse für ihn lesen und nach der Messe ein Dankgebet. Der ganze Kreis kommt bei dieser Seelenmesse zusammen. Man trifft hier den jetzigen Adelsmarschall Chrumow, den Vorsitzenden des Semstwos Marfutkin, den ständigen Beisitzer Potraschkow, die beiden Bezirksfriedensrichter, den Polizeichef Krinolinow, die beiden Polizeihauptleute, den nach Jodoform riechenden Semstwo-Arzt Dwornjagin, alle großen und kleinen Gutsbesitzer und andere mehr. Im Ganzen sind an die fünfzig Menschen versammelt.

Pünktlich um zwölf Uhr mittags drängen sich die Gäste mit langen Gesichtern aus allen Zimmern in den Saal. Auf dem Fußboden liegen Teppiche, und die Schritte sind geräuschlos, aber die Feierlichkeit des Ereignisses veranlasst die Anwesenden instinktiv, auf Zehenspitzen zu gehen und dabei mit den Armen zu balancieren. Im Saal ist schon alles bereit. Vater Jewmeni, ein kleiner Greis mit einer hohen verblichenen Priesterkappe auf dem Kopf, legt die schwarzen Messgewänder an … Der Diakon Konkordijew, rot wie ein Krebs und bereits im

Ornat, blättert geräuschlos im Gebetbuch und legt Papierstreifen hinein. An der Tür zum Vorzimmer bläst der Küster Luka mit aufgepusteten Wangen und aufgerissenen Augen das Weihrauchfass an. Allmählich füllt sich der Saal mit durchsichtigem bläulichem Rauch und Weihrauchduft. Der Volksschullehrer Helikonski, ein junger Mann in einem neuen, sackartigen Gehrock und mit großen Pickeln auf dem verängstigten Gesicht, reicht auf einem neusilbernen Tablett Wachskerzen herum. Die Hausfrau Ljubow Petrowna steht vorn neben dem Tischchen mit dem Totengericht und presst beizeiten ihr Taschentuch ans Gesicht. Ringsum herrscht Stille, die bisweilen von Seufzern unterbrochen wird. Alle haben gespannte, feierliche Gesichter …

Die Seelenmesse beginnt. Aus dem Weihrauchfass strömt blauer Rauch und spielt mit einem schräg einfallenden Sonnenstrahl; die angezündeten Kerzen knistern leise. Der Gesang, zuerst schrill und ohrenbetäubend, wird bald, nachdem sich die Chorsänger allmählich den akustischen Bedingungen der Räume angepasst haben, leise und harmonisch … Die Melodien sind alle traurig und schwermütig … Nach und nach werden auch die Gäste melancholisch gestimmt und versinken in Nachdenken. In ihre Köpfe dringen Gedanken über die Kürze des menschlichen Lebens, über die Vergänglichkeit und die Eitelkeit der Welt … Sie erinnern sich an den seligen Sawsjatow, diesen stämmigen, rotwangigen Mann, der eine Flasche Champagner in einem Zug leerte und mit der Stirn Spiegel zertrümmerte. Und als man »Ruhe bei den Heiligen« singt und das Schluchzen der Hausfrau zu hören ist, treten die Gäste beklommen von einem Fuß auf den anderen. Bei den Empfindlicheren beginnt es in der Kehle zu kratzen und an den Lidern zu jucken. Der Vorsitzende des Semstwos Marfutkin neigt sich, um ein unangenehmes Gefühl zu unterdrücken, zum Ohr des Polizeichefs und flüstert:

»Gestern war ich bei Iwan Fjodorytsch ... Wir haben mit Pjotr Petrowitsch Groß Schlemm ohne Trümpfe gespielt ... Bei Gott ... Olga Andrejewna war dermaßen in Wut, dass ihr ein künstlicher Zahn aus dem Mund fiel.«

Aber da wird »Ewiges Gedenken« gesungen. Helikonski sammelt ehrerbietig die Kerzen ein, und die Seelenmesse ist beendet. Es folgt ein kurzes Hin und Her, das Wechseln der Messgewänder und das abschließende Dankgebet. Nach dem Dankgebet reiben sich die Gäste die Hände und husten, während Vater Jewmeni das Gewand ablegt und die Hausfrau von der Herzensgüte des seligen Trifon Lwowitsch erzählt.

»Bitte, meine Herren, zum Imbiss«, beendet sie seufzend ihre Erzählung.

Die Gäste eilen in das Speisezimmer, bemüht, nicht zu drängeln und einander nicht auf die Füße zu treten ... Hier erwartet sie ein Frühstück. Dieses Frühstück ist so luxuriös, dass sich der Diakon Konkordijew jedes Jahr bei seinem Anblick für verpflichtet hält, die Arme auszubreiten, vor Staunen mit dem Kopf zu wackeln und zu sagen:

»Das ist unfassbar! Vater Jewmeni, das gleicht eher den Opfergaben, die man den Göttern darbringt, als Menschenspeise.«

Das Frühstück ist in der Tat außergewöhnlich. Auf dem Tisch gibt es alles, was Flora und Fauna nur bieten können, unfassbar ist daran vielleicht nur eines: Auf dem Tisch gibt es alles außer ... alkoholischen Getränken. Ljubow Petrowna hat ein Gelübde abgelegt, weder Spielkarten noch alkoholische Getränke im Hause zu halten – die beiden Dinge, die ihren Mann zugrunde gerichtet haben. Und so stehen auf dem Tisch nur Flaschen mit Essig und Öl, wie zum Hohn und als Strafe für die Frühstückenden, die durchweg verwegene Zecher und Saufbrüder sind.

»Essen Sie, meine Herrschaften!«, fordert die Frau Adelsmarschall auf. »Nur, Sie müssen entschuldigen, Wodka gibt es bei mir keinen ... davon halte ich nichts ...«

Die Gäste nähern sich dem Tisch und machen sich zögernd an die Pastete. Aber das Essen will nicht recht in Gang kommen. Das Gabelstochern, das Schneiden, das Kauen ist irgendwie träge und apathisch ... Offensichtlich fehlt etwas.

»Ich habe ein Gefühl, als ob ich etwas verloren hätte ...«, flüstert der eine Friedensrichter dem anderen zu. »Das gleiche Gefühl hatte ich, als meine Frau mit dem Ingenieur durchbrannte ... Ich kann nicht essen.«

Ehe Marfutkin mit dem Essen beginnt, kramt er lange in den Taschen herum und sucht sein Taschentuch.

»Aber das Taschentuch ist doch im Pelz! Und ich suche es hier ...«, bemerkt er, sich erinnernd, mit lauter Stimme und geht in das Vorzimmer, wo die Pelze hängen.

Aus dem Vorzimmer kehrt er mit glänzenden Äuglein zurück und stürzt sich sofort mit großem Appetit auf die Pastete.

»Ist doch ekelhaft, so trocken zu essen, nicht wahr?«, flüstert er dem Vater Jewmeni zu. »Geh ins Vorzimmer, Väterchen, dort habe ich im Pelz eine Flasche ... Nur: Sei vorsichtig, dass die Flasche nicht klirrt!«

Vater Jewmeni fällt ein, dass er Luka etwas befehlen muss, und trippelt ins Vorzimmer.

»Väterchen, auf ein Wort ... im Vertrauen«, mit diesen Worten holt ihn Dwornjagin ein.

»Aber was für einen Pelz ich mir gekauft habe, Herrschaften, ein Gelegenheitskauf!«, prahlt Chrumow. »Er ist tausend wert, aber ich habe ... Sie werden es nicht glauben ... nur zweihundertfünfzig gegeben! Nicht mehr!«

Zu jeder anderen Zeit hätten die Gäste diese Nachricht gleichgültig aufgenommen, aber jetzt äußern sie ihr Erstaunen und wollen es nicht glauben. Zu guter Letzt strömen sie alle ins Vorzimmer, um den Pelz zu besichtigen, und sie betrachten ihn so lange, bis der Diener des Arztes aus dem Vorzimmer heimlich fünf leere Flaschen hinausträgt ... Als man den gekochten Stör serviert, fällt Marfutkin ein, dass er sein Zigarettenetui im Schlitten vergessen hat, und er geht in den Pferdestall. Damit es ihm allein nicht zu langweilig wird, nimmt er den Diakon mit, der gerade nach seinem Pferd sehen muss ...

Am Abend des gleichen Tages sitzt Ljubow Petrowna in ihrem Arbeitszimmer und schreibt an eine alte Petersburger Freundin.

»Heute fand nach dem Beispiel der vergangenen Jahre«, schreibt sie unter anderem, »bei mir eine Seelenmesse für den Verstorbenen statt. Alle meine Nachbarn waren zur Messe erschienen. Das Volk ist grob und einfach, aber was für Herzen! Ich habe sie ausgezeichnet bewirtet, aber natürlich gab es, wie immer in diesen Jahren, keinen Tropfen Alkohol. Seitdem er an Völlerei gestorben ist, habe ich mir geschworen, in unserem Kreise

Enthaltsamkeit einzuführen und damit seine Sünden zu sühnen. Mit der Enthaltsamkeit habe ich im eigenen Hause begonnen. Vater Jewmeni ist von meiner Aufgabe begeistert und hilft mir mit Rat und Tat. Ach, ma chère, wenn Du wüsstest, wie mich meine Bären lieben! Der Vorsitzende des Semstwos Marfutkin beugte sich nach dem Frühstück über meine Hand und hielt sie lange an seine Lippen, wackelte komisch mit dem Kopf und fing an zu weinen: viel Gefühl, aber keine Worte! Vater Jewmeni, dieser wundervolle kleine Greis, setzte sich zu mir, schaute mich weinerlich an und lallte lange irgendetwas, wie ein Kind. Ich habe seine Worte nicht verstanden, aber für ein aufrichtiges Gefühl habe ich Verständnis. Der Polizeichef, jener schöne Mann, von dem ich Dir geschrieben habe, lag vor mir auf den Knien und wollte selbstgedichtete Verse vortragen (er ist unser Dichter), aber … seine Kräfte reichten nicht aus … er wankte und fiel um … Der Riese bekam einen hysterischen Anfall … Kannst Du Dir meine Begeisterung vorstellen? Es ging allerdings auch nicht ohne Unannehmlichkeiten ab. Der arme Vorsitzende des Friedensgerichts Alalykin, ein beleibter apoplektischer Mann, fühlte sich unwohl und lag zwei Stunden bewusstlos auf dem Sofa. Man musste ihn mit Wasser begießen … Dank schulde ich dem Doktor Dwornjagin; er holte aus seiner Apotheke eine Flasche Kognak und feuchtete ihm damit die Schläfen an; davon kam er zu sich und konnte weggebracht werden …«

Lebendige Chronologie

Der Salon des Staatsrates Scharamykin liegt in angenehmes Halbdunkel gehüllt. Eine große Bronzelampe mit grünem Schirm färbt Wände, Möbel und Gesichter grünlich à la »Ukrainische Nacht« ... Von Zeit zu Zeit flammt im verlöschenden Kamin ein glimmendes Holzscheit auf und übergießt für einen Augenblick die Gesichter mit dem Widerschein des Feuers; aber das stört nicht die allgemeine Harmonie des Lichtes. Der Grundton ist, wie die Maler sagen, durchgehalten.

Im Sessel vor dem Kamin sitzt in der Pose eines Menschen, der soeben zu Mittag gespeist hat, Scharamykin selbst, ein älterer Herr mit dem grauen Backenbart des Beamten und sanften blauen Augen. Sein Gesicht ist zärtlich verklärt, die Lippen sind zu einem wehmütigen Lächeln verzogen. Zu seinen Füßen sitzt, die Beine zum Kamin hin ausgestreckt und sich faul rekelnd, auf einem Bänkchen der Vizegouverneur Lopnew, ein braver Mann von etwa vierzig Jahren. Neben dem Klavier balgen sich Scharamykins Kinder: Nina, Kolja, Nadja und Wanja. Durch die leicht geöffnete Tür, die in Frau Scharamykins Arbeitszimmer führt, schimmert schwaches Licht. Dort hinter der Tür sitzt an ihrem Schreibtisch Scharamykins Gattin Anna Pawlowna, die Vorsitzende des örtlichen Damenkomitees, ein lebhaftes pikantes Dämchen; sie ist etwas über dreißig Jahre alt. Ihre flinken schwarzen Äuglein hinter dem Kneifer eilen über die

Seiten eines französischen Romans. Unter dem Roman liegt der zerrissene Komiteebericht vom vergangenen Jahr.

»Früher war unsere Stadt in dieser Hinsicht glücklicher dran«, sagt Scharamykin und blickt mit zusammengekniffenen Augen auf die glühenden Kohlen. »Kein Winter verging, ohne dass nicht irgendein Star zu uns kam. Da kamen berühmte Schauspieler und Sänger, aber jetzt ... weiß der Teufel! Außer Gauklern und Drehorgelspielern kommt niemand mehr. Kein ästhetisches Vergnügen ... Wir leben wie Hinterwäldler. Jawohl ... Aber erinnern Sie sich, Exzellenz, noch an jenen italienischen Tragöden ... wie hieß er doch gleich? So ein brünetter hochgewachsener Mann ... Gott, mein Gedächtnis ... Ach ja, Luigi Ernesto de Rugiero ... Ein wunderbares Talent ... Eine Kraft! Er brauchte nur ein Wort zu sagen, und das ganze Theater tobte. Meine Anjuta nahm großen Anteil an seinem Talent. Sie hat für ihn das Theater besorgt und sämtliche Karten für zehn Vorstellungen verkauft ... Dafür hat er sie in Deklamation und Mimik unterrichtet. Eine Seele von Mensch! Er kam hierher ... ich will nicht lügen, vor etwa zwölf Jahren ... Nein, ich lüge ... es sind weniger, vor etwa zehn Jahren ... Anjutotschka, wie alt ist unsere Nina?«

»Sie wird zehn!«, ruft Anna Pawlowna aus ihrem Arbeitszimmer. »Weshalb?«

»Es ist nichts, Mamachen, nur so ... Auch gute Sänger pflegten zu kommen ... Erinnern Sie sich an den tenore di grazia Priliptschin? Was für eine Seele von Mensch! Was für eine Erscheinung! Ein Blondkopf ... ein so ausdrucksvolles Gesicht und diese Pariser Manieren ... Und was für eine Stimme, Exzellenz! Nur eins war schlimm:

Er sang einige Noten mit dem Bauch, und das D sang er im Falsett, aber sonst war alles in Ordnung. Bei Tamberlik hat er gelernt, sagte er ... Anjuta und ich haben ihm im Klub einen Saal verschafft, und aus Dankbarkeit hat er uns dafür ganze Tage und Nächte vorgesungen ... Er lehrte Anjutotschka singen ... Er kam angereist, ich erinnere mich noch wie heute, in der großen Fastenzeit ... vor etwa ... zwölf Jahren. Nein, mehr ... Habe ich ein Gedächtnis, verzeih mir Gott! Anjutotschka, wie alt ist unsere Nadetschka?«

»Zwölf!«

»Zwölf ... wenn man zehn Monate zurechnet ... Nun, so sind es auch ... dreizehn ...! Früher war bei uns in der Stadt mehr Leben ... Nehmen wir als Beispiel unsere wohltätigen Abende. Was für herrliche Abende haben wir früher veranstaltet. Wie reizend! Man sang, man spielte, man las ... Nach dem Krieg, erinnere ich mich, als hier gefangene Türken lagen, hat Anjutotschka zugunsten der Verwundeten einen Abend organisiert. Man sammelte elfhundert Rubel ... Die türkischen Offiziere, erinnere ich mich, waren wie verrückt nach Anjutotschkas Stimme, und alle küssten ihr die Hand. Hehe ... Wenn sie auch Asiaten sind, so sind sie doch eine dankbare Nation. Der Abend war so gelungen, dass ich, glauben Sie mir, ihn in mein Tagebuch eingetragen habe. Das war, ich erinnere mich noch wie heute, im Jahre ... sechsundsiebzig ... Nein! Erlauben Sie, wann lagen bei uns die Türken? Anjutotschka, wie alt ist unser Koletschka?«

»Papa, ich bin sieben Jahre alt!«, ruft Kolja, ein Bub mit bräunlichem Gesicht und kohlrabenschwarzem Haar.

»Ja, alt sind wir geworden, und die Energie von früher fehlt uns!«, pflichtet Lopnew seufzend bei. »Hier

Lebendige Chronologie

liegt die Ursache ... Das Alter, mein Lieber! Es gibt keine neuen Initiatoren, und die alten sind alt geworden ... Man hat kein Feuer mehr. Als ich jünger war, konnte ich es nicht mit ansehen, wenn sich die Gesellschaft langweilte ... Ich war der erste Helfer Ihrer Anna Pawlowna ... Ob man einen Abend für wohltätige Zwecke organisierte, eine Lotterie oder eine hergereiste Berühmtheit unterstützen musste – ich ließ alles stehen und liegen und kümmerte mich um alles. Einen Winter, erinnere ich mich, habe ich mich so abgerackert und bin ich so viel herumgelaufen, dass ich erkrankte ... Diesen Winter werde ich nie vergessen! Erinnern Sie sich, was für eine Aufführung wir und Ihre Anna Pawlowna zugunsten der Abgebrannten veranstaltet haben?«

»In welchem Jahr war denn das?«

»Noch nicht lange her ... Neunundsiebzig ... Nein, wie es scheint, war es achtzig! Gestatten Sie, wie alt ist Ihr Wanja?«

»Fünf!«, ruft Anna Pawlowna aus dem Arbeitszimmer.

»Nun, dann war das also vor sechs Jahren ... Ja, mein Lieber, das waren Zeiten! Jetzt sieht es anders aus! Man hat nicht mehr das gleiche Feuer!«

Lopnew und Scharamykin sinnen vor sich hin. Das glimmende Holzscheit flammt zum letzten Mal auf und wird zu Asche.

Allgemeinbildung

*Die neuesten Ergebnisse
der zahnärztlichen Wissenschaft*

»Ich habe kein Glück, was die Zähne betrifft, Ossip Franzytsch!«, sagte seufzend ein hagerer kleiner Mann, der mit einem abgetragenen Mantel und geflickten Stiefeln bekleidet war und einen wie gerupft aussehenden grauen Schnurrbart hatte. Er sprach mit seinem Kollegen, einem wohlbeleibten Deutschen, der einen neuen, teuren Mantel trug und eine Havanna rauchte. »Überhaupt kein Glück! Weiß der Kuckuck, woher das kommt! Ob das daher kommt, dass es heutzutage mehr Zahnärzte als Zähne gibt ... oder ob ich kein wirkliches Talent besitze, das wissen die Götter! Fortuna ist schwer zu verstehen. Nehmen wir mal zum Beispiel Sie. Wir haben zusammen in der Kreisschule den Lehrgang absolviert, wir haben zusammen bei dem Juden Berka Schwacher gearbeitet – und welcher Unterschied ist zwischen uns! Sie besitzen zwei Häuser und eine Sommervilla und fahren in einer Kutsche, aber ich bin, wie Sie sehen, ein armer Teufel. Woher kommt das wohl?«

Der Deutsche Ossip Franzytsch hatte den Lehrgang in der Kreisstadt absolviert und war dumm wie ein Auerhahn, aber Wohlgenährtheit, Beleibtheit und Hausbesitz gaben ihm ein übertriebenes Selbstbewusstsein. Würdevoll zu sprechen, zu philosophieren und Sentenzen von sich zu geben, hielt er für sein verbrieftes Recht.

»Alles Unglück liegt bei uns selbst«, antwortete er würdevoll seufzend auf die Klagen seines Kollegen. »Du

Allgemeinbildung

bist selber schuld, Pjotr Iljitsch! Sei nicht böse, aber ich habe immer gesagt: Uns Spezialisten verdirbt der Mangel an Allgemeinbildung. Wir stecken bis über die Ohren in unserem Spezialgebiet, aber darüber hinaus interessiert uns nichts. Das ist nicht gut, mein Lieber! Ach, wie wenig gut ist das! Du denkst, weil du die Zähne ziehen gelernt hast, kannst du auch schon der Gesellschaft Nutzen bringen? Aber nein, mein Lieber, mit solch engen, einseitigen Ansichten wirst du nicht weit kommen ... in gar keinem Fall, Allgemeinbildung muss man haben!«

»Und was ist Allgemeinbildung?«, fragte Pjotr Iljitsch schüchtern.

Der Deutsche blieb die Antwort schuldig und schwatzte dummes Zeug, aber als er den Wein ausgetrunken hatte, geriet er in Fahrt und erklärte seinem russischen Kollegen, was er unter »Allgemeinbildung« verstand. Er erläuterte es nicht unmittelbar, sondern indirekt, indem er von etwas anderem sprach.

»Die Hauptsache für unsereinen ist eine anständige Einrichtung«, erklärte er. »Das Publikum urteilt nur nach der Einrichtung. Wenn du eine schmutzige Treppe, enge Zimmer und erbärmliche Möbel hast, so bedeutet das, du bist arm, und wenn du arm bist, wird sich auch niemand von dir behandeln lassen. Ist es nicht so? Weshalb soll ich zu dir zur Behandlung kommen, wenn sich niemand bei dir behandeln lässt? Ich gehe lieber zu dem, der eine große Praxis hat! Schaff dir Plüschmöbel an und installiere überall elektrische Klingeln, so giltst du als erfahrener Mann und hast eine große Praxis. Sich eine elegante Wohnung und anständige Möbel zuzulegen, das ist eine Kleinigkeit. Die Möbeltischler müs-

Allgemeinbildung

sen sich heutzutage nach der Decke strecken, treten nicht mehr so auf wie ehedem. Kredit bekommst du, so viel du willst, und seien es hunderttausend, besonders wenn du die Rechnungen mit ›Doktor Soundso‹ unterschreibst. Und anständig kleiden musst du dich auch. Das Publikum urteilt so: Wenn du abgerissen bist und im Schmutz lebst, dann genügt für dich auch ein Rubel, wenn du aber eine goldene Brille und eine dicke Uhrkette trägst und ringsum alles Plüsch ist, dann ist es schon peinlich, dir bloß einen Rubel zu geben, es müssen fünf oder zehn sein. Ist es nicht so?«

»Das ist wahr …«, pflichtete Pjotr Iljitsch bei. »Ich muss zugeben, dass ich mir anfangs auch eine Einrichtung zugelegt hatte. Ich besaß alles: Tischdecken aus Plüsch und Zeitschriften im Wartezimmer, neben dem Spiegel hing ein Bild von Beethoven, aber … weiß der Teufel! Geistesverwirrung kam über mich. Ich gehe in meiner luxuriösen Wohnung umher, und es ist mir aus irgendeinem Grunde peinlich! Als sei ich in eine fremde Wohnung geraten oder hätte das alles gestohlen … ich kann es nicht! Ich kann nicht in einem Plüschsessel sitzen, und damit basta! Und da ist auch noch meine Frau … ein einfaches Weib, sie versteht nicht, wie man die Wohnungseinrichtung zu behandeln hat. Da stinkt das ganze Haus nach Kohlsuppe oder Gänsebraten, da putzt sie die Kronleuchter mit Ziegelmehl, da wäscht sie in Gegenwart der Kranken den Fußboden im Wartezimmer auf … weiß der Teufel! Glauben Sie mir, als wir die ganze Einrichtung auf einer Auktion verkauft hatten, bin ich richtig aufgelebt.«

»Das bedeutet, du bist ein anständiges Leben nicht gewohnt … Was ist denn dabei? Man muss sich eben

Allgemeinbildung

daran gewöhnen! Außer einer Einrichtung braucht man dann noch ein Aushängeschild! Je geringer der Mensch ist, ein umso größeres Schild muss er haben. Ist es nicht so? Das Schild muss so gewaltig sein, dass es noch außerhalb der Stadt zu sehen ist. Wenn du nach Petersburg oder Moskau kommst, dann fallen dir, ehe du die Kirchenglocken erblickst, die Schilder der Zahnärzte in die Augen. Darin, mein Lieber, sind die Ärzte uns beiden weit voraus. Auf dem Schild müssen goldene und silberne Kringel gemalt sein, damit die Leute denken, du besitzt Medaillen: Sie haben gleich mehr Achtung! Außerdem ist Reklame notwendig. Verkauf deine letzte Hose, aber lass eine Anzeige drucken. Setze sie jeden Tag in alle Zeitungen. Wenn du den Eindruck hast, dass einfachere Anzeigen nicht genügen, so komm mit allerlei Hokuspokus: Lass die Anzeige auf dem Kopf stehend drucken, bestelle ein Klischee ›mit Zähnen‹ und ›ohne Zähne‹, bitte die Leser, dich nicht mit anderen Dentisten zu verwechseln, gib bekannt, dass du aus dem Ausland zurückgekehrt bist, dass du Arme und Studierende umsonst behandelst ... Du musst die Anzeigen überall aushängen – auf dem Bahnhof, in den Erfrischungsräumen ... Es gibt viele Methoden!«

»Das ist wahr!« Pjotr Iljitsch seufzte.

»Viele sagen auch, es sei egal, wie man sich den Leuten gegenüber verhält ... Nein, das ist nicht egal! Man muss verstehen, mit den Leuten umzugehen ... Die Leute sind heutzutage wenn auch gebildet, so doch ungeschliffen und unvernünftig. Sie wissen selbst nicht, was sie wollen, und es ist recht schwer, sich ihnen anzupassen. Du kannst ein ganz berühmter Professor sein; wenn du es aber nicht verstehst, auf ihren Charakter einzugehen,

Allgemeinbildung

laufen sie eher zu einem Quacksalber als zu dir ... Nehmen wir mal an, da kommt eine gnädige Frau zu mir wegen ihrer Zähne. Kann man sie denn ohne Hokuspokus behandeln? Keineswegs! Ich mache zuerst ein finsteres Gesicht wie ein Gelehrter und weise schweigend auf den Stuhl: Gelehrte, heißt es, haben keine Zeit, mit den Leuten zu sprechen. Und auch an meinem Behandlungsstuhl ist allerhand Hokuspokus: er hat Schrauben! Wenn du an diesen Schrauben drehst, fährt die Gnädige rauf oder runter. Dann stocherst du in dem kranken Zahn herum. Mit dem Zahn ist nichts mehr los, man muss ihn ziehen und weiter nichts, aber du musst lange stochern, mit Unterbrechungen ... du musst ihr an die zehnmal den Spiegel in den Mund stecken, denn die Damen haben es gern, wenn man sich lange mit ihren Krankheiten beschäftigt. Die Gnädige kreischt, und du sagst zu ihr: ›Gnädige Frau! Es ist meine Pflicht, Ihre schrecklichen Leiden zu lindern, deshalb bitte ich Sie, vertrauen Sie mir‹, und das, weißt du, erhaben, mit tragischer Geste ... Auf dem Tisch vor der Dame liegen Kinnbacken, Schädel, allerlei Knochen, alle möglichen Instrumente, daneben stehen Gläser mit aufgeklebten Totenköpfen – alles ist furchterregend und geheimnisvoll. Ich selbst trage einen schwarzen Kittel wie ein Inquisitor. Gleich neben dem Behandlungsstuhl steht eine Lachgasmaschine. Diese Maschine benutze ich zwar niemals, aber trotzdem macht es einen schreckenerregenden Eindruck! Den Zahn ziehe ich mit einer gewaltig großen Zange. Überhaupt – je größer und schrecklicher die Instrumente, desto besser. Ziehen tue ich schnell, ohne Zaudern.«

»Auch ich ziehe nicht schlecht, Ossip Franzytsch, aber weiß der Teufel! Ich bin gerade dabei, eine Traktion

Allgemeinbildung

zu machen, und will den Zahn ziehen, da kommt mir auf einmal der Gedanke: Was, wenn ich ihn nicht rauskriege oder wenn er abbricht? Bei diesem Gedanken zittert mir die Hand. Und das regelmäßig!«

»Der Zahn kann abbrechen, das ist nicht deine Schuld.«

»Das mag schon sein, aber trotzdem. Es ist schlecht, wenn man kein sicheres Auftreten hat. Nichts ist schlimmer, als wenn man nicht an sich glaubt oder wenn man Zweifel hat. Da war so ein Fall. Ich setze die Zange an, ziehe ... ziehe und merke plötzlich, dass ich schon sehr lange ziehe. Ich war vor Schreck wie gelähmt! Ich hätte loslassen und noch einmal anfangen müssen, aber ich ziehe und ziehe ... ich war verblüfft! Der Kranke sieht an meinem Gesicht, dass ich schwach werde und unsicher. Da springt er auf, und vor Schmerz und Bosheit versetzt er mir eins mit dem Hocker! Ein anderes Mal kam ich ebenfalls durcheinander und zog statt des kranken Zahnes einen gesunden.«

»Eine Lappalie, das passiert jedem. Zieh die gesunden Zähne, du wirst schon an den kranken kommen. Aber du hast recht, ohne sicheres Auftreten geht es nicht. Ein gebildeter Mensch muss sich auch gebildet benehmen. Die Leute begreifen doch nicht, dass wir beide nicht auf der Universität waren. Für sie sind alles Doktoren. Botkin ist Doktor, ich bin Doktor, und du bist Doktor. Deshalb musst du dich auch benehmen wie ein Doktor. Um gelehrt zu erscheinen und den anderen Sand in die Augen zu streuen, musst du eine Broschüre herausgeben: ›Wie erhalte ich mir meine Zähne.‹ Wenn du sie selbst nicht schreiben kannst, dann beauftrage einen Studenten damit. Er wird dir für zehn Rubel auch noch eine Einleitung zusammenschmieren und mit Zitaten

Allgemeinbildung

französischer Autoren um sich werfen. Ich habe schon drei Broschüren herausgegeben. Was noch? Erfinde ein Zahnpulver. Bestelle dir Schachteln mit einem Stempel drauf, schütte hinein, was du willst, bringe eine Plombe an und schreib drauf: ›Preis zwei Rubel, vor Nachahmungen wird gewarnt!‹ Ersinne ein Elixier. Rühre etwas zusammen, das duftet und brennt, und fertig ist das Elixier. Setze keine runden Preise fest, sondern mach das so: Elixier Nummer eins kostet siebenundsiebzig Kopeken, Nummer zwei – zweiundachtzig Kopeken und so weiter. Das ist geheimnisvoller. Verkaufe Zahnbürsten mit deinem Stempel für einen Rubel das Stück. Hast du meine Zahnbürsten gesehen?«

Pjotr Iljitsch kratzte sich nervös den Nacken und ging aufgeregt auf den Deutschen zu …

»Sieh mal einer an!«, sagte er gestikulierend. »So ist das also! Aber ich verstehe das nicht, ich kann es nicht! Nicht, weil ich das für Kurpfuscherei und Gaunerei halte, aber ich kann es nicht, das steht nicht in meiner Macht! Ich habe es hundertmal probiert, aber es ist nichts dabei herausgekommen. Sie sind satt und gut gekleidet. Sie besitzen Häuser, aber ich bekomme eins mit dem Hocker! Ja, es ist tatsächlich schlecht, so ohne Allgemeinbildung! Da haben Sie recht, Ossip Franzytsch! Sehr schlecht ist das!«

GRAM

Wem klage ich meinen Schmerz ...?

Abenddämmerung. Große nasse Schneeflocken wirbeln träge um die eben angezündeten Laternen und legen sich als dünne, weiche Schicht auf Dächer, Pferderücken, Schultern und Mützen. Der Kutscher Jona Potapow ist ganz weiß, wie ein Gespenst. Zusammengekrümmt – mehr kann sich ein menschlicher Körper nicht zusammenkrümmen – kauert er auf dem Kutschbock und regt sich nicht ... Selbst wenn ein ganzer Berg von Schnee auf ihn herunterfallen sollte, er würde es wohl auch dann nicht für nötig halten, ihn abzuschütteln ... Sein Pferdchen ist ebenfalls ganz weiß und rührt sich nicht. In seiner Regungslosigkeit, mit den eckigen Formen und den stockähnlichen Beinen gleicht es sogar von nahem einem Lebkuchenpferdchen für eine Kopeke. Augenscheinlich ist es tief in Gedanken versunken. Wer vom Pflug, von den gewohnten einförmigen Bildern weggerissen und in diesen Strudel unheimlichen Lichts, unablässigen Lärms und rennender Menschen hineingeworfen wird, dem bleibt nichts übrig, als nachzudenken ...

Schon seit langem haben Jona und sein Pferdchen sich nicht von der Stelle gerührt. Sie sind schon vor Mittag vom Hof gefahren, und noch immer haben sie nichts eingenommen. Aber nun senkt sich nächtliches Dunkel auf die Stadt. An Stelle des blassen Laternenlichts treten lebhafte Farben, und der Trubel auf den Straßen wird lauter.

»Kutscher, nach der Wyborger Seite!«, hört Jona jemand rufen. »Kutscher!«

Jona zuckt zusammen und sieht durch die schneeverklebten Wimpern einen Offizier in Mantel und Kapuze.

»Nach der Wyborger Seite!«, wiederholt der Offizier. »Schläfst wohl, was? Nach der Wyborger!«

Zum Zeichen des Einverständnisses zieht Jona an den Zügeln, dabei fallen vom Rücken des Pferdes und von seinen Schultern ganze Schichten von Schnee. Der Offizier steigt in den Schlitten. Der Kutscher schnalzt mit den Lippen, reckt den Hals wie ein Schwan, richtet sich ein wenig auf und schwingt die Peitsche – weil er es einmal so gewohnt ist, keineswegs, weil es nötig wäre. Das Pferdchen reckt ebenfalls den Hals, krümmt seine stockähnlichen Beine und setzt sich unentschlossen in Bewegung ...

»Wo fährst du denn, du Idiot«, ruft es gleich zu Anfang aus der dunklen, hin und her wogenden Menge. »Bist du verrückt? Rrrechts fahren.«

»Kannst du nicht fahren! Halt dich rechts!«, sagt wütend der Offizier.

Von einer Equipage herunter schimpft ein Kutscher; ein Fußgänger, der über die Straße läuft und mit der Schulter gegen die Schnauze des Pferdchens stößt, schaut sich böse um und schüttelt Schnee vom Ärmel. Jona rutscht auf dem Bock hin und her, als säße er auf Nadeln, er spreizt die Ellenbogen, seine Augen irren wie abwesend umher, als verstünde er nicht, wo und wozu er hier fährt.

»Was für Schurken!«, witzelt der Offizier. »Legen es darauf an, mit dir zusammenzustoßen oder unters Pferd zu kommen ... Haben sich wohl verabredet.«

Jona sieht sich nach dem Fahrgast um, seine Lippen bewegen sich. Offenbar will er etwas sagen, doch aus seiner Kehle dringt nur ein Röcheln.

»Wie?«, fragt der Offizier.

Jona verzieht den Mund zu einem Lächeln, strengt seine Kehle an und sagt heiser:

»Und mir, Herr, ist nämlich ... die Woche der Sohn gestorben.«

»Hm ...! Woran ist er denn gestorben?«

Jona dreht sich mit dem ganzen Körper zu dem Fahrgast um und sagt:

»Wer kann das wissen! Sicher am Fieber ... Hat drei Tage im Krankenhaus gelegen und ist gestorben ... Gottes Wille.«

»Weich aus, du Teufel«, ruft es aus der Dunkelheit. »Bist wohl nicht ganz bei Trost, alter Hund? Sperr die Augen auf!«

»Los, los, fahr weiter ...«, sagt der Fahrgast. »Sonst sind wir morgen noch nicht da. Leg mal ein bisschen zu!«

Der Kutscher reckt wieder den Hals, richtet sich etwas auf und schwingt mit ungelenker Grazie die Peitsche. Er schaut sich noch mehrere Male nach dem Fahrgast um, der aber hat die Augen geschlossen und ist offenbar nicht geneigt zuzuhören. Nachdem Jona den Fahrgast auf der Wyborger Seite abgesetzt hat, macht er vor einer Kneipe halt, kauert sich zusammengekrümmt auf den Bock und rührt sich nicht mehr ... Der nasse Schnee hüllt ihn und das Pferdchen wieder in Weiß. Es vergeht eine Stunde, eine zweite ...

Auf dem Bürgersteig tauchen, laut mit den Galoschen aufstampfend und schimpfend, drei junge Männer auf:

Gram

Zwei sind groß und schlank, der Dritte ist klein und bucklig.

»Kutscher, zur Polizei-Brücke!«, ruft der Bucklige mit knarrender Stimme. »Drei Personen ... zwanzig Kopeken!«

Jona zieht an den Zügeln und schnalzt. Zwanzig Kopeken sind kein angemessener Preis, aber ihm geht es jetzt nicht ums Geld ... Ein Rubel oder fünf Kopeken – ihm ist das ganz egal, wenn er nur Fahrgäste hat ... Die jungen Leute treten, einander stoßend und wüst fluchend, an den Schlitten und zwängen sich alle drei gleichzeitig hinein. Sie beginnen zu verhandeln, wer die beiden Sitzplätze einnehmen und wer stehen soll. Nach langem Gefluche, vielem Hin und Her und gegenseitigen Vorwürfen beschließen sie, dass der Bucklige als Kleinster stehen muss.

»Na denn!«, knarrt der Bucklige, der sich auf seinen Stehplatz stellt und Jona in den Nacken pustet. »Saus ab! Eine Mütze hast du da auf, Bruder! Eine schlechtere gibt's in ganz Petersburg nicht.«

»Hoho ... hoho«, lacht Jona, »ist mal so.«

»Na, du Ist-mal-so, fahr zu! Willst wohl den ganzen Weg so trödeln? Was? Kriegst gleich eine geschmiert ...«

»Mir brummt der Schädel«, sagt einer von den beiden Langen. »Gestern bei Dukmassows haben Waska und ich zu zweit vier Flaschen Kognak ausgesoffen.«

»Ich versteh nicht, warum du so lügst!«, ereifert sich der andere Lange. »Lügt wie ein Schwein.«

»Gott strafe mich, aber es ist wahr.«

»Ist ebenso wahr, wie es wahr ist, dass Läuse husten.«

»Hehe!«, kichert Jona. »Luuustige Herrschaften!«

»Tfu, hol dich der Teufel!« Der Bucklige wird böse. »Willst du nun fahren, alte Pest, oder nicht? Wer fährt denn so? Zieh ihm eins mit der Peitsche über! Na, zum Teufel! Los! Gib's ihm!«

Jona spürt hinter seinem Rücken den zappelnden Körper und die knarrende Stimme des Buckligen. Er hört, wie auf ihn geflucht wird, er sieht Menschen, und allmählich weicht aus seiner Brust das Gefühl der Einsamkeit. Der Bucklige schimpft, bis er sich schließlich bei einem ganz saftigen, sechsstöckigen Fluch verschluckt und krampfhaft husten muss. Die beiden Langen reden von irgendeiner Nadeschda Petrowna.

Jona sieht sich nach ihnen um. Er wartet eine kurze Gesprächspause ab, dreht sich noch einmal um und murmelt:

»Mir ist diese Woche ... nämlich ... der Sohn gestorben.«

»Wir müssen alle mal sterben«, seufzt der Bucklige und wischt sich nach dem Husten die Lippen ab.

»Los, fahr schneller, schneller! Herrschaften, ich bin absolut außerstande, so weiterzufahren! Wann werden wir da ankommen?«

»Mach mal ein bisschen Dampf dahinter ... gib ihm eins ins Genick!«

»Hast du verstanden, alte Pest? Ich hau dir die Hucke voll ...! Wenn man bei euresgleichen lange fackelt, kann man auch gleich zu Fuß laufen! Hast du verstanden, alter Drachen? Oder pfeifst du auf unsere Worte?«

Und Jona hört, wie auf seinen Nacken ein Schlag klatscht, er fühlt ihn aber gar nicht richtig.

»Hoho ...«, lacht er, »lustige Herrschaften. Gott gebe ihnen Gesundheit!«

Gram

»Kutscher, bist du verheiratet?«, fragt der eine Lange.

»Ich? Hoho … lustige Herrschaften. Jetzt hab ich nur eine Frau – die feuchte Erde … Hohoho … Das Grab nämlich! Mein Sohn ist nämlich tot, und ich lebe … Seltsame Geschichte, der Tod hat die Tür verwechselt … Statt zu mir zu kommen, ist er zum Sohn …«

Und Jona dreht sich um und will erzählen, wie sein Sohn gestorben ist, aber da seufzt der Bucklige erleichtert auf und erklärt, sie seien Gott sei Dank endlich angelangt. Jona erhält seine zwanzig Kopeken, und er schaut lange den Herrschaften nach, die in einer dunklen Toreinfahrt verschwinden. Wieder ist er ganz allein, und wieder wird es um ihn ganz still … Der Gram, der kurze Zeit nachgelassen hatte, kommt wieder und zerreißt ihm die Brust mit noch größerer Gewalt. Jonas Augen wandern ruhelos und gequält über die Menge, die auf beiden Seiten der Straße hin und her wogt. Wird sich unter diesen Tausenden nicht wenigstens einer finden, der ihn anhört? Aber die Menschen eilen in Massen vorbei und achten weder auf ihn noch auf seinen Gram … Übermächtig ist dieser Gram und ohne Grenzen. Würde Jonas Brust zerspringen und der Gram aus ihr herausströmen – er würde die ganze Welt überfluten, und doch kann ihn niemand sehen. Verborgen in seiner winzigen Schale, wäre er selbst bei Tage mit einer Laterne nicht zu entdecken.

Jona sieht einen Hausknecht mit einem Sack und beschließt, ihn anzusprechen.

»Lieber, wie spät mag es sein?«, fragt er.

»Es geht auf zehn … Was stehst du hier herum? Fahr weiter!«

Jona fährt ein paar Schritte weiter, krümmt sich zusammen und gibt sich seinem Gram hin … Sich an die

Menschen zu wenden, hält er bereits für zwecklos. Aber es vergehen keine fünf Minuten, da richtet er sich auf, schüttelt den Kopf, als spüre er einen stechenden Schmerz, und zieht an den Zügeln ... Er hält es nicht mehr aus.

Nach Hause, denkt er, nur nach Hause.

Und das Pferdchen, als hätte es seinen Gedanken erraten, setzt sich in Trab. Nach anderthalb Stunden sitzt Jona schon neben dem großen, schmutzigen Ofen. Auf dem Ofen, auf dem Fußboden, auf den Bänken schnarchen Leute. Die Luft ist verraucht und stickig ... Jona schaut auf die Schlafenden, kratzt sich den Kopf und bereut, dass er so früh zurückgekommen ist.

Nicht mal genug für Hafer hab ich heute zusammengebracht, denkt er. Daher auch der Gram. Ein Mensch, der seine Sache versteht ... der selbst satt wird und sein Pferd nicht hungern lässt, ist immer zufrieden ...

In einer Ecke richtet sich ein junger Kutscher auf, ächzt verschlafen und langt nach dem Wassereimer.

»Hast wohl Durst?«, fragt Jona.

»Na ja, hab Durst!«

»So ... Wohl bekomm's ... Aber mir, Bruder, ist der Sohn gestorben. Hast du's gehört? Diese Woche im Krankenhaus ... So eine Geschichte!«

Jona schaut, welche Wirkung seine Worte hervorrufen, aber er sieht nichts. Der junge Kutscher hat die Decke wieder über den Kopf gezogen und schläft weiter. Der Alte seufzt und kratzt sich ... So, wie es den Burschen danach verlangte, zu trinken, so verlangt es ihn danach, zu reden. Seit dem Tod des Sohnes ist bald eine Woche vergangen, und er hat sich noch mit niemand so recht aussprechen können ... Darüber muss man doch in aller Ausführlichkeit und vernünftig reden ... Man müsste erzählen, wie der Sohn erkrankt ist, wie er sich gequält hat, welches seine letzten Worte vor dem Tod waren und wie er gestorben ist ... Man müsste die Beerdigung schildern und die Fahrt nach dem Krankenhaus, wo er die Kleidung des Verstorbenen abholte. Im Dorf ist ihm das Töchterchen Anissja geblieben ... Auch von ihr müsste man sprechen ... Und was hätte er jetzt nicht alles zu erzählen! Der Zuhörer müsste stöhnen, seufzen und wehklagen ... Noch besser wäre es, er würde alles den Weibern erzählen. Die sind zwar dumm, aber sie heulen schon beim zweiten Wort.

Werd mal nach dem Pferd sehn, denkt Jona, zum Schlafen ist noch Zeit genug ... Werd mich schon noch ausschlafen.

Er zieht sich an und geht in den Stall, wo sein Pferd steht. Er denkt an den Hafer, ans Heu, ans Wetter ... An den Sohn darf er, wenn er allein ist, nicht denken ... Mit jemand darüber sprechen – das geht; aber für sich allein daran denken und sich das Bild des Sohnes vorstellen – das ist unerträglich, das ist grauenhaft ...

»Kaust du?«, fragt Jona sein Pferd und schaut ihm in die glänzenden Augen. »Na kau nur, kau nur ... Wenn es heute den Hafer nicht eingebracht hat, dann fressen wir eben Heu. Ja ... Bin zum Fahren zu alt ... Der Sohn sollte fahren, aber nicht ich ... Das war ein richtiger Kutscher. Nur leben müsste er ...« Jona schweigt eine Weile und fährt dann fort: »Stutchen, so ist es nun, Bruder ... Kusma Jonytsch ist weg ... Hat uns Lebewohl gesagt ... Ist krank geworden und gestorben, ganz umsonst ... Sagen wir mal, du hast jetzt ein Fohlen und bist von dem Fohlen die leibliche Mutter ... Und plötzlich,

Gram

sagen wir mal, sagt dieses selbe Fohlen dir Lebewohl ... Das tut doch weh?«

Das Pferdchen kaut, hört zu und schnauft seinem Herrn auf die Hände ...

Jona kommt ins Reden und erzählt ihm alles ...

Anjuta

In einem der billigsten möblierten Zimmer der Pension »Lissabon« ging Stepan Klotschkow, Medizinstudent des dritten Studienjahres, aus einer Ecke in die andere und paukte Anatomie. Vom unablässigen, angespannten Pauken war ihm der Mund ganz trocken geworden und Schweiß auf die Stirn getreten.

Vor dem Fenster, dessen Ränder Eisblumen bedeckten, saß auf einem Hocker seine Zimmergenossin Anjuta, eine kleine, schmale Brünette von etwa fünfundzwanzig Jahren; sie war sehr blass und hatte sanfte graue Augen. Den Rücken gebeugt, bestickte sie mit rotem Garn den Kragen einer Herrenbluse. Die Arbeit eilte … Die Uhr auf dem Korridor schlug zwei Uhr mittags, und noch immer war das Zimmer nicht aufgeräumt. Die zerknüllte Bettdecke, die verstreuten Kopfkissen, die Bücher, die Kleidungsstücke, das große, schmutzige, mit Seifenwasser gefüllte Waschbecken, in dem Zigarettenstummel herumschwammen, der Schmutz auf dem Fußboden – das alles schien auf einen Haufen geworfen, absichtlich durcheinandergewürfelt und zerknüllt zu sein …

»Der rechte Lungenflügel besteht aus drei Teilen …«, paukte Klotschkow. »Begrenzungen! Der obere Teil an der vorderen Brustwand reicht bis zur vierten und fünften Rippe, an der Seitenwand bis zur vierten Rippe … hinten bis zur spina scapulae …«

Klotschkow, der Mühe hatte, sich das eben Gelesene einzuprägen, hob die Augen zur Decke. Da er keine klare Vorstellung gewann, fühlte er durch die Weste nach seinen oberen Rippen.

»Die Rippen sind wie die Klaviertasten«, sagte er. »Will man sich nicht irren, muss man sie in den Fingerspitzen haben. Man muss sie am Skelett oder am lebenden Körper studieren ... Na los, Anjuta, mach schon, ich will mich orientieren.«

Anjuta legte ihre Stickarbeit weg, zog die Bluse aus und richtete sich auf. Klotschkow setzte sich ihr gegenüber, runzelte die Stirn und begann ihre Rippen zu zählen.

»Hm ... Die erste Rippe kann man nicht fühlen ... Sie liegt hinter dem Schlüsselbein ... Das hier wird die zweite sein ... So ... Das ist die dritte ... Das hier die vierte ... Hm ... So ... Was krümmst du dich so zusammen?«

»Sie haben kalte Finger!«

»Nun, nun ... wirst schon nicht gleich sterben, zappel nicht so. Das also ist die dritte Rippe und das die vierte ... Ganz mager siehst du aus, die Rippen aber kann man kaum fühlen. Das ist die zweite ... das die dritte ... Nein, so bringt man es durcheinander und bekommt keine klare Vorstellung ... Man muss es aufzeichnen ... Wo ist meine Kohle?«

Klotschkow nahm ein Stückchen Kohle und zog damit auf Anjutas Brust mehrere parallel laufende Linien, die den Rippen entsprachen.

»Ausgezeichnet. Alles wie auf dem Präsentierteller ... Nun, und jetzt kann man auch abklopfen. Steh mal auf!«

Anjuta

Anjuta stand auf und hob das Kinn. Klotschkow begann sie abzuklopfen und versenkte sich so in diese Beschäftigung, dass er nicht merkte, wie Anjutas Lippen, Nase und Finger vor Kälte blau anliefen. Anjuta zitterte und fürchtete, der Mediziner könne das Zittern bemerken und aufhören, sie mit Kohle zu bemalen und abzuklopfen, und dann würde er vielleicht sein Examen schlecht bestehen.

»Nun ist alles klar«, sagte Klotschkow und hörte auf zu klopfen. »Bleib so sitzen und wisch die Kohle nicht ab, ich pauke erst noch ein bisschen.«

Und wieder begann der Mediziner auf und ab zu wandern und zu pauken. Anjuta, die mit den schwarzen Streifen auf der Brust wie tätowiert aussah, krümmte sich vor Kälte zusammen, saß da und dachte nach. Sie redete überhaupt sehr wenig, war stets schweigsam und dachte nur immer nach …

Während der sechs, sieben Jahre ihrer Wanderschaft durch möblierte Zimmer hatte sie bereits fünf Männer von der Art Klotschkows kennengelernt. Diese hatten ihr Studium alle schon beendet, waren etwas geworden und hatten sie als anständige Menschen natürlich längst vergessen. Einer von ihnen lebt in Paris, zwei sind Doktoren, der vierte ist Künstler, der fünfte soll es angeblich sogar schon zum Professor gebracht haben. Klotschkow ist der sechste … Bald wird auch er sein Studium beenden und es zu etwas bringen. Zweifellos winkt ihm eine schöne Zukunft, er wird wahrscheinlich ein großer Mann werden, aber gegenwärtig geht es ihm ganz schlecht: Er hat keinen Tabak und keinen Tee mehr, übrig geblieben sind gerade noch vier Stückchen Zucker. Darum muss sie so schnell wie möglich die Stickerei fertigstellen, zur Auftraggeberin bringen und dann für die ausgezahlten fünfundzwanzig Kopeken Tee und Tabak kaufen.

»Darf man eintreten?«, fragte hinter der Tür eine Stimme.

Anjuta warf sich hastig ein Wolltuch über die Schultern.

In der Tür erschien der Künstler Fetissow.

»Ich komme mit einer Bitte zu Ihnen«, begann er, zu Klotschkow gewandt, und schaute wie ein Tier unter den in die Stirn hängenden Haaren hervor. »Tun Sie mir den Gefallen und leihen Sie mir für etwa zwei Stündchen Ihr schönes Mädchen! Sehen Sie, ich male ein Bild, und ohne Aktmodell geht es einfach nicht.«

»Ach, mit Vergnügen«, stimmte Klotschkow zu. »Mach dich fertig, Anjuta!«

»Was hab ich denn da zu suchen«, sagte Anjuta leise.

»Nun hör aber auf! Der Mann bittet dich um der Kunst willen und nicht wegen irgendwelcher Kleinigkeiten. Warum willst du ihm nicht helfen, wenn du es kannst?«

Anjuta begann sich anzukleiden.

»Und was malen Sie?«, fragte Klotschkow.

»Die Psyche. Ein schönes Sujet, aber es will irgendwie nicht gelingen; ich muss immerzu nach verschiedenen Modellen malen. Gestern hatte ich eine mit blauen Beinen. ›Warum‹, frage ich sie, ›sind deine Beine so blau?‹ – ›Meine Strümpfe färben ab‹, sagt sie. Sie pauken also immerzu! Sie Glücklicher, haben Sie eine Geduld.«

»Das ist nun mal so mit der Medizin, ohne Pauken kommt man da nicht weiter.«

»Hm... Entschuldigen Sie, Klotschkow, aber Sie hausen wie ein Schwein! Weiß der Teufel, wie Sie so wohnen können!«

»Wie ich das kann? Es geht eben nicht anders. Vom alten Herrn bekomme ich zwölf Rubel im Monat; davon anständig zu wohnen ist verdammt schwer.«

»Das stimmt«, sagte der Künstler, der angewidert die Stirn runzelte, »aber man kann trotzdem anständiger wohnen ... Ein gebildeter Mensch muss unbedingt Ästhet sein. Hab ich recht? Aber bei Ihnen ist weiß der Teufel was los! Das Bett nicht gemacht, schmutziges Waschwasser, Dreck ... auf dem Teller noch die Grütze von gestern ... Pfui Teufel!«

»Das ist schon wahr«, sagte der Mediziner und wurde verlegen, »aber Anjuta hatte heute keine Zeit aufzuräumen. Sie war immerzu beschäftigt.«

Als der Künstler und Anjuta fortgegangen waren, legte sich Klotschkow aufs Sofa und paukte im Liegen weiter. Plötzlich übermannte ihn der Schlaf. Als er nach einer Stunde erwachte, stützte er den Kopf auf die Fäuste und begann mit finsterer Miene nachzudenken. Ihm fielen die Worte des Künstlers ein, dass ein gebildeter Mensch unbedingt Ästhet sein müsse, und jetzt erschien ihm seine Umgebung tatsächlich widerwärtig und abstoßend. Gleichsam als würde er mit dem geistigen Auge in seine Zukunft schauen, sah er sich im Arbeitszimmer seine Patienten empfangen; er sah, wie er im geräumigen Speisezimmer in Gesellschaft seiner Gattin, einer anständigen Frau, Tee trank – und jetzt kam ihm diese Waschschüssel mit dem schmutzigen Wasser, in dem Zigarettenstummel schwammen, unvorstellbar eklig vor! Auch Anjuta erschien ihm hässlich, schlampig und jämmerlich ... Und er beschloss, sich unverzüglich von ihr zu trennen, koste es, was es wolle.

Als sie von dem Künstler zurückkam und ihren Pelz auszog, stand er auf und sagte ernst:

»Also, meine Lie-be ... Setz dich hin und hör mir zu. Wir müssen uns trennen! Mit einem Wort, ich möchte nicht länger mit dir zusammenleben.«

Anjuta war ganz mitgenommen und erschöpft von dem Künstler zurückgekehrt. Ihr Gesicht war vom langen Modell-Stehen eingefallen und schmal geworden, das Kinn trat spitz hervor. Sie antwortete auf die Worte des Mediziners nichts, nur ihre Lippen bebten.

»Du wirst zugeben, dass wir uns früher oder später ohnehin trennen müssen«, sagte der Mediziner. »Du bist lieb und nett und nicht dumm, du wirst das schon verstehen.«

Anjuta zog den Pelz wieder an, packte schweigend ihre Stickerei in ein Stück Papier, suchte das Garn und die Nadeln zusammen; auf dem Fensterbrett fand sie das Päckchen mit den vier Stücken Zucker; sie legte es auf den Tisch neben die Bücher.

»Das gehört Ihnen ... der Zucker ...«, sagte sie und wandte sich ab, um ihre Tränen zu verbergen.

»Na, was weinst du denn?«, fragte Klotschkow. Er ging verwirrt im Zimmer auf und ab und sagte:

»Wirklich, du bist komisch ... Weißt doch selbst, dass wir uns trennen müssen. Wir können doch nicht bis in alle Ewigkeit zusammenbleiben.«

Sie hatte bereits ihre Bündel genommen und sich zu ihm umgewandt, um Abschied zu nehmen – da tat sie ihm plötzlich leid.

Vielleicht sollte ich sie doch noch eine Woche dabehalten? dachte er. Meinetwegen, soll sie noch bleiben. In einer Woche sage ich ihr dann, dass sie gehen muss.

Und ärgerlich über seine Wankelmütigkeit fuhr er sie barsch an:

»Na, was stehst du hier herum. Willst du gehen, dann geh. Willst du nicht, dann zieh den Pelz aus und bleib da! Bleib da!«

Anjuta zog schweigend und ganz leise den Pelz aus, dann schnäuzte sie sich, ebenfalls ganz leise, seufzte und begab sich lautlos zu ihrem ständigen Platz, dem Hocker am Fenster.

Der Student griff nach dem Lehrbuch und wanderte wieder aus einer Ecke in die andere.

»Der rechte Lungenflügel besteht aus drei Teilen«, paukte er. »Der obere Teil an der vorderen Brustwand reicht bis zur vierten oder fünften Rippe …«

Im Korridor schrie jemand aus vollem Halse:

»Grigori, den Samowar!«

Im Sumpf

I

In den großen Hof der Wodkafabrik »M. J. Rotstein & Erben« ritt, sich graziös im Sattel wiegend, ein junger Mann in schneeweißem Offizierskittel. Die Sonne lächelte sorglos auf die Leutnantssternchen, die weißen Birkenstämme und die hier und da im Hof verstreuten Scherbenhaufen. Über alles breitete sich die helle, gesunde Schönheit des Sommertages, und nichts hinderte das saftige junge Grün, lustig zu zittern und dem strahlend blauen Himmel zuzublinzeln. Sogar der Anblick der schmutzigen, rauchgeschwärzten Ziegelschuppen und der beklemmende Fuselgeruch vermochten die allgemeine gute Stimmung nicht zu stören. Der Leutnant sprang fröhlich aus dem Sattel, übergab das Pferd einem herbeilaufenden Mann und schritt, mit dem Finger seinen schmalen Schnurrbart glättend, durch das Eingangsportal. Auf der obersten Stufe der altmodischen, aber hellen und weich federnden Treppe empfing ihn ein Dienstmädchen mit nicht mehr jungem und etwas hochmütigem Gesicht. Der Leutnant überreichte ihr schweigend seine Karte.

Auf dem Weg durch die Zimmerflucht warf das Dienstmädchen einen Blick auf die Karte: »Alexander Grigorjewitsch Sokolski.« Nach einer Minute kehrte sie zurück und sagte dem Leutnant, die gnädige Frau könne ihn nicht empfangen, sie fühle sich nicht ganz wohl. Sokolski blickte zur Decke und schob die Unterlippe vor.

Im Sumpf

»Ärgerlich!«, fuhr es ihm heraus. »Hören Sie zu, meine Liebe«, sagte er plötzlich lebhaft, »gehen Sie noch einmal und sagen Sie Susanna Moissejewna, dass ich sie dringend sprechen muss. Dringend! Ich werde sie nur eine Minute in Anspruch nehmen. Sie möchte mich entschuldigen.«

Das Dienstmädchen zuckte mit einer Schulter und ging widerstrebend zu ihrer Herrin.

»Gut!«, seufzte sie, als sie kurz darauf zurückkehrte. »Bitte, kommen Sie!«

Der Leutnant folgte ihr durch fünf, sechs große, luxuriös eingerichtete Zimmer, einen Korridor und befand sich schließlich in einem geräumigen quadratischen Zimmer, in dem ihn gleich beim Eintreten die zahlreichen blühenden Gewächse und ein süßlicher, beinahe unerträglich starker Jasminduft überraschten. Die blühenden Pflanzen zogen sich an Spalieren die Wände entlang, verdeckten die Fenster, hingen von der Decke herab, rankten in den Ecken, so dass das Zimmer eher einer Orangerie als einem Wohnraum glich. Meisen, Kanarienvögel und Stieglitze schwirrten zwitschernd durch die grünen Ranken und stießen gegen die Fensterscheiben.

»Verzeihen Sie bitte, dass ich Sie hier empfange!« Der Leutnant hörte eine volle weibliche Stimme, die auf recht angenehme Weise das R hinten im Rachen rollte. »Gestern hatte ich eine Migräne, und damit sie sich heute nicht wiederholt, vermeide ich jede Bewegung. Was wünschen Sie?«

Genau gegenüber dem Eingang, in einem hohen Großvaterstuhl, saß, in ein Kissen zurückgelehnt, eine Frau in einem kostbaren chinesischen Schlafrock und mit umwickeltem Kopf. Unter dem verschlungenen

Im Sumpf

Wolltuch sah man nur die blasse lange Nase, die spitz zulief und einen kleinen Höcker hatte, und ein großes schwarzes Auge. Der weite Schlafrock verhüllte die Figur und die Formen, aber nach der schönen weißen Hand, der Stimme, der Nase und dem Auge zu urteilen, konnte sie höchstens sechsundzwanzig bis achtundzwanzig Jahre alt sein.

»Verzeihen Sie meine Zudringlichkeit ...«, begann der Leutnant und klirrte mit den Sporen. »Ich habe die Ehre, mich vorzustellen: Sokolski! Ich komme im Auftrag meines Cousins, Ihres Nachbarn Alexej Iwanowitsch Krjukow, der ...«

»Ah, ich weiß!«, unterbrach ihn Susanna Moissejewna. »Krjukow kenne ich. Setzen Sie sich, ich habe es nicht gern, wenn vor mir etwas Großes steht.«

»Mein Vetter hat mich gebeten, Sie um eine Gefälligkeit zu ersuchen«, fuhr der Leutnant fort, der nochmals mit den Sporen klirrte und sich setzte. »Die Sache ist die: Ihr verstorbener Herr Vater hat im Winter bei meinem Vetter Hafer gekauft und ist ihm eine geringe Summe schuldig geblieben. Die Frist für den Wechsel läuft erst in einer Woche ab, aber mein Vetter lässt Sie dringend bitten, ob Sie die Schuld nicht heute zurückzahlen können.«

Während der Leutnant sprach, blickte er verstohlen nach allen Seiten.

Das ist hier doch nicht etwa das Schlafzimmer? dachte er.

In der einen Zimmerecke, wo das Grün dichter und höher war, stand unter einem rosaroten Baldachin, der wie ein Beerdigungsbaldachin aussah, ein ungemachtes, zerwühltes Bett. Auf zwei Sesseln lagen Haufen zerknüllter Damenkleidung. Rockenden und Ärmel mit zerknitterten Spitzen und Falbeln hingen auf den Teppich hinab, auf dem weiße Zwirnsfäden, zwei, drei Zigarettenstummel und Bonbonpapier verstreut lagen ... Unter dem Bett schauten die runden und eckigen Spitzen einer langen Reihe diverser Morgenschuhe hervor. Und dem Leutnant schien es, als käme der widerlich süße Jasminduft nicht von den Blüten, sondern von dem Bett und von diesen Morgenschuhen.

»Und auf welche Summe ist der Wechsel ausgestellt?«, fragte Susanna Moissejewna.

»Zweitausenddreihundert.«

»Oho!«, sagte die Jüdin und ließ nun auch ihr anderes großes schwarzes Auge sehen. »Und das nennen Sie eine – geringe Summe! Im Grunde wäre es natürlich gleich, ob man heute oder in einer Woche zahlt, aber ich hatte in diesen zwei Monaten seit dem Tode meines Vaters so viele Ausgaben ... so viel dumme Aufregungen, dass sich mir der Kopf dreht! Ich bitte ergebenst, ich muss ins Ausland reisen und werde gezwungen, mich mit diesem Blödsinn zu befassen. Schnaps, Hafer ...«, murmelte sie und deckte ihre Augen wieder halb zu. »Hafer, Wechsel, Prozente, oder wie mein Hauptverwalter sich ausdrückt ›Pruzzente‹... Schrecklich ist das. Gestern habe ich den Steuereinnehmer einfach hinausgeworfen. Geht mir mit seinem Trulles auf die Nerven. Ich sage ihm: Scheren Sie sich zum Teufel mit Ihrem Trulles, ich empfange niemand! Er küsste mir die Hand und ging weg. Hören Sie zu, kann Ihr Vetter nicht noch zwei, drei Monate warten?«

»Eine harte Frage!« Der Leutnant musste lachen. »Mein Vetter kann noch ein Jahr warten, aber ich kann nicht warten! Ich muss Ihnen nämlich sagen, dass ich mich meinetwegen bemühe. Ich brauche um jeden Preis Geld, und ausgerechnet jetzt hat mein Vetter keinen einzigen Rubel übrig. So muss ich, ob es mir passt oder nicht, herumreiten und Schulden eintreiben. Ich war gerade bei einem Bauern, einem Pächter, jetzt sitze ich hier bei Ihnen, von hier reite ich noch irgendwohin und so weiter, bis ich fünftausend zusammen habe. Ich brauche das Geld ganz dringend!«

»Hören Sie auf, wozu braucht ein junger Mann Geld? Mutwille, Kaprizen. Haben Sie ein leichtes Leben geführt, haben Sie Spielschulden, wollen Sie heiraten?«

»Sie haben es erraten!«, sagte lachend der Leutnant, der sich ein wenig erhob und mit den Sporen klirrte. »So ist es, ich will heiraten …«

Susanna Moissejewna sah ihren Besucher durchdringend an, machte ein saures Gesicht und seufzte.

»Ich begreife nicht, was die Leute am Heiraten finden«, sagte sie und tastete nach ihrem Taschentuch. »Das Leben ist so kurz, man hat so wenig Freiheit, sie aber binden sich noch fester.«

»Jeder hat seine eigenen Ansichten …«

»Jaja, natürlich, jeder hat seine eigenen Ansichten … Aber hören Sie mal, heiraten Sie etwa ein armes Mädchen? Aus leidenschaftlicher Liebe? Und warum brauchen Sie unbedingt fünftausend, warum nicht vier oder drei?«

Hat die aber ein Mundwerk! dachte der Leutnant und erwiderte:

»Die Geschichte ist die, laut Gesetz darf ein Offizier erst ab achtundzwanzig Jahren heiraten. Wenn man vorher heiraten will, muss man entweder den Dienst quittieren oder fünftausend Rubel Kaution hinterlegen.«

»Aha, jetzt verstehe ich. Hören Sie, Sie sagten da eben, jeder habe seine eigenen Ansichten ... Vielleicht ist Ihre Braut etwas ganz Besonderes, etwas Bedeutendes, aber ... ich verstehe einfach nicht, wie ein anständiger Mensch mit einer Frau zusammenleben kann. Schlagen Sie mich tot, ich verstehe es nicht. Ich lebe nun bereits, Gott sei's gedankt, meine siebenundzwanzig Jahre, aber noch kein einziges Mal in meinem Leben habe ich eine irgendwie erträgliche Frau gesehen. Alle eingebildet, unmoralisch, verlogen ... Ich dulde hier bei mir nur Dienstmädchen und Köchinnen, die sogenannten anständigen Frauen halte ich mir einen Kanonenschuss weit vom Leib. Und Gott sei Dank, sie hassen mich auch und kommen gar nicht erst angekrochen. Wenn eine Geld braucht, schickt sie ihren Mann, selbst kommt sie auf gar keinen Fall, nicht etwa aus Stolz, nein, einfach aus Feigheit, sie fürchtet, ich könnte ihr eine Szene machen. Ach, ich verstehe sehr wohl, warum sie mich hassen! Wie sollte es anders sein! Ich ziehe alles ans Tageslicht, was sie nach Kräften vor Gott und den Menschen zu verheimlichen suchen. Wie sollten sie mich nicht hassen? Sicher hat man Ihnen über mich schon wer weiß was erzählt ...«

»Ich bin erst so kurze Zeit hier, dass ...«

»Aber, aber, aber ... ich sehe es Ihnen an den Augen an! Hat Ihnen etwa die Frau Ihres Vetters nichts auf den Weg mitgegeben? Einen so jungen Mann zu einer so furchtbaren Frau lassen und ihn nicht warnen – ist denn so etwas möglich? Hahaha ... Aber sagen Sie mal, wie geht es denn Ihrem Vetter? Ein feiner Mann und so hübsch ... Ich habe ihn mehrmals beim Gottesdienst gesehen. Was schauen Sie mich so an? Ich gehe sehr oft in die Kirche! Es gibt für alle nur einen Gott. Ja, für den gebildeten Menschen ist nicht das Äußere wichtig, sondern die Idee ... Nicht wahr?«

»Ja, natürlich ...« Der Leutnant lächelte.

»Ja, die Idee ... Sie sind Ihrem Vetter aber gar nicht ähnlich. Sie sind auch hübsch, aber Ihr Vetter ist viel hübscher, wie wenig Ähnlichkeit!«

»Sehr einfach: Wir sind auch nur entfernt verwandt.«

»Ja, richtig. Sie brauchen das Geld also unbedingt heute? Warum heute?«

»In den nächsten Tagen geht mein Urlaub zu Ende.«

»Was soll ich nun bloß mit Ihnen machen!« Susanna Moissejewna seufzte. »Es muss eben sein, ich gebe Ihnen das Geld, obwohl ich weiß, dass Sie nachher auf mich schimpfen werden. Sie werden sich nach der Hochzeit mit Ihrer Frau verzanken und dann heißt es: ›Hätte diese lumpige Jüdin mir kein Geld gegeben, dann wäre ich jetzt vielleicht frei wie ein Vogel!‹ Sieht Ihre Braut gut aus?«

»Ja, das tut sie ...«

»Hm ...! Immerhin etwas, wenigstens Schönheit, besser als nichts. Im Übrigen kann eine Frau dem Mann mit keiner Schönheit entgelten, dass sie innerlich leer ist.«

»Das ist originell«, sagte der Leutnant lachend. »Sie sind selbst eine Frau und dann dieser Frauenhass!«

»Ich eine Frau ...« Susanna lachte höhnisch. »Bin ich etwa schuld daran, dass Gott mir diese Hülle gegeben hat? Daran bin ich ebenso wenig schuld, wie Sie daran schuld sind, dass Sie einen Schnurrbart haben. Die Wahl des Futterals hängt nicht von der Geige ab. Ich liebe mich selbst sehr, aber wenn man mich daran erinnert, dass ich eine Frau bin, so fange ich an, mich zu hassen. Aber nun gehen Sie mal hinaus, ich will mich ankleiden. Warten Sie im Empfangszimmer auf mich.«

Der Leutnant ging hinaus und holte erst einmal tief Luft, um den schweren Jasminduft loszuwerden, von dem ihm schwindelig wurde und der Hals zu kratzen begann. Er war überrascht.

Eine merkwürdige Frau! dachte er, während er sich umschaute. Spricht vernünftig, aber ... reichlich viel und allzu offenherzig. Sicher eine Psychopathin.

Das Empfangszimmer, in dem er jetzt stand, war komfortabel eingerichtet, mit einer Prätention auf Luxus und Mode. Er sah dunkle Bronzeschalen mit Reliefs, Tische mit eingelegten Ansichten von Nizza und vom Rhein, alte Wandleuchter, japanische Statuetten, aber dieser ganze Hang zu Luxus und Mode bildete nur einen schwachen Kontrast zu der schreienden Geschmacklosigkeit, die unbarmherzig aus allem sprach – den vergoldeten Gesimsen, den geblümten Tapeten, den grellbunten Samttischdecken und den schlechten Öldrucken in ihren schweren Rahmen. Dieser Eindruck von Geschmacklosigkeit verstärkte sich noch, weil alles unvollständig und in unnötiger Weise überladen wirkte. Überall schien etwas zu fehlen, und zugleich hätte man vieles hinauswerfen müssen. Man merkte der ganzen Einrichtung an: Sie war nicht auf einmal, sondern Stück für Stück angeschafft worden, wenn sich günstige Gelegenheiten zum Ankauf geboten hatten.

Der Leutnant besaß weiß Gott keinen sonderlich entwickelten Geschmack, aber auch er spürte, dass diese ganze Einrichtung eine besondere Note hatte, die sich weder durch Luxus noch durch Mode verbergen ließ: Nirgends sah man Spuren von dem Wirken besorgter Hausfrauenhände, die bekanntlich einer Zimmereinrichtung erst ihre Wärme, Poesie und Gemütlichkeit geben. Hier herrschte eine Kälte wie in Wartesälen, Klubräumen und Theaterfoyers.

Etwas spezifisch Jüdisches gab es in dem Zimmer fast überhaupt nicht, außer vielleicht dem großen Gemälde, das die Aussöhnung von Jakob und Esau darstellte. Der Leutnant schaute sich nach allen Seiten um und dachte achselzuckend über seine seltsame neue Bekannte nach, über ihre Ungezwungenheit und ihre Art zu reden, doch da öffnete sich die Tür, und auf der Schwelle erschien sie selbst, schlank, in langem schwarzem Kleid, mit stark geschnürter, wie gemeißelter Taille. Jetzt sah der Leutnant nicht mehr nur die Nase und die Augen, sondern auch das helle, schmalgeschnittene Gesicht und die kurzen schwarzen Löckchen auf dem Kopf. Sie gefiel ihm nicht, obwohl er sie nicht unschön fand. Er hatte gegen nichtrussische Gesichter überhaupt ein Vorurteil, hier aber fiel ihm obendrein auf, dass das weiße Gesicht der Hausherrin, dessen Farbe ihn irgendwie an den betäubend süßen Jasminduft erinnerte, so gar nicht zu ihren schwarzen Löckchen und den dichten Brauen passte und dass die Ohren und die Nase erstaunlich blass wirkten, als wären sie tot oder aus durchsichtigem Wachs geformt. Beim Lächeln zeigte sie nicht nur die Zähne, sondern auch das bleiche Zahnfleisch, was ihm ebenfalls nicht gefiel.

Bleichsucht …, dachte er. Sicher nervös wie eine Pute.

»Da bin ich! Kommen Sie mit!«, sagte sie und ging eilig voran. Unterwegs zupfte sie von den Pflanzen gelb gewordene Blätter ab. »Jetzt gebe ich Ihnen das Geld, und, wenn es Ihnen recht ist, lade ich Sie dann zum Frühstück ein. Zweitausenddreihundert Rubel! Nach so einem Geschäft werden Sie Appetit haben. Gefallen Ihnen meine Räume? Die Frauen von hier sagen, es rieche bei mir nach Knoblauch. Ihr ganzer Scharfsinn erschöpft sich in diesem Küchenwitz. Ich beeile mich, Ihnen zu versichern, dass ich nicht einmal im Keller Knoblauch habe; als einmal ein Doktor, der nach Knoblauch roch, bei mir Visite machte, ersuchte ich ihn, seinen Hut zu nehmen und seine Wohlgerüche anderswo zu verbreiten. Es riecht bei mir nicht nach Knoblauch, sondern nach Arzneien. Mein Vater lag nach seinem Schlaganfall anderthalb Jahre gelähmt und hat das ganze Haus mit dem Geruch seiner Arzneien verpestet. Anderthalb Jahre! Es tut mir leid um ihn, aber ich bin froh, dass er gestorben ist: er hat so gelitten!«

Sie führte den Offizier durch zwei Zimmer, die dem Empfangszimmer glichen, und durch einen großen, saalartigen Raum in ihr Arbeitszimmer, wo ein kleiner, ganz mit Nippsachen vollgestellter Damenschreibtisch stand. Neben dem Schreibtisch lagen mehrere aufgeschlagene Bücher umgedreht auf dem Teppich. Durch eine kleine Tür des Arbeitszimmers sah man einen Tisch, der für das Frühstück gedeckt war.

Ohne in ihrem Geplauder innezuhalten, zog Susanna ein Bund kleiner Schlüssel aus der Tasche und schloss einen seltsamen Sekretär mit gebogenem, schrägem Deckel auf. Als der Deckel sich hob, gab der Sekretär einen kläglich singenden Ton von sich, der den Leutnant an eine Äolsharfe erinnerte. Susanna suchte noch einen anderen Schlüssel heraus und ließ ein zweites Schloss aufschnappen.

Im Sumpf

»Hier gibt es unterirdische Gänge und Geheimtüren«, sagte sie und nahm eine kleine Tasche aus Saffianleder heraus. »Ein amüsanter Sekretär, nicht wahr? In dieser Tasche steckt ein Viertel meines Vermögens. Schauen Sie mal, wie dick sie ist! Sie werden mich doch nicht erwürgen?«

Susanna hob ihre Augen zu dem Leutnant und lachte gutmütig. Der Leutnant lachte auch.

Eine prächtige Frau! dachte er, während er zusah, wie die Schlüssel flink durch ihre Finger glitten.

»Da ist er!«, sagte sie. Sie hatte das Schlüsselchen für die Tasche gefunden. »Nun, Herr Gläubiger, bitte den Wechsel präsentiert! Wirklich, was für ein Blödsinn ist das Geld! Was für eine Belanglosigkeit, und doch, wie haben die Frauen es gern! Wissen Sie, ich bin Jüdin durch und durch, ich liebe die Schmuls und Jankiels grenzenlos, aber was mir an unserem semitischen Blut missfällt, das ist die Gewinnsucht. Da häufen sie eins aufs andere und wissen nicht, wozu. Man muss leben und das Leben genießen, sie jedoch zittern um jede lumpige Kopeke. In dieser Hinsicht bin ich eher ein Husar als ein Schmul. Ich mag es nicht, wenn das Geld lange an einem Ort liegt. Und überhaupt habe ich, wie mir scheint, wenig von einer Jüdin; was meinen Sie, verrät mich mein Akzent sehr?«

»Was soll ich Ihnen sagen?«, stotterte der Leutnant. »Sie sprechen rein, aber mit einem Rachen-R.«

Susanna lachte auf und steckte das Schlüsselchen in das Schloss der Tasche. Der Leutnant zog einen Packen Wechsel aus der Rocktasche und legte ihn zusammen mit dem Notizbuch auf den Tisch.

»Nichts verrät den Juden so sehr wie sein Akzent«, fuhr Susanna fort und schaute den Leutnant fröhlich an.

Im Sumpf

»Er kann sich noch so große Mühe geben und den Russen oder Franzosen spielen, lassen Sie ihn nur mal das Wort puch aussprechen, da sagt er Ihnen: pächchch ... Ich spreche es richtig: puch! puch! puch!«

Beide mussten lachen.

Bei Gott, eine prächtige Frau! dachte Sokolski.

Susanna legte die Tasche auf den Stuhl, trat einen Schritt auf den Leutnant zu, näherte ihr Gesicht dem seinen und fuhr fröhlich fort:

»Nach den Juden liebe ich niemand so sehr wie die Russen und die Franzosen. Ich war im Gymnasium eine schlechte Schülerin und verstehe von Geschichte nichts, aber mir scheint, das Schicksal der Erde liegt in den Händen dieser beiden Völker. Ich habe lange im Ausland gelebt ... sogar in Madrid habe ich ein halbes Jahr zugebracht ... ich habe mir die Menschen genau angesehen und bin zu der Ansicht gekommen, dass es außer den Russen und Franzosen kein einziges anständiges Volk gibt ... Nehmen Sie die Sprachen ... Deutsch – eine Pferdesprache, Englisch – etwas Blöderes kann man sich nicht vorstellen: faitj – fitj – fuitj! Das Italienische hört sich nur gut an, wenn man es langsam spricht; schnattern die Italienerinnen aber los, klingt es wie jiddischer Jargon. Und die Polen? Herr du mein Gott! Etwas Abscheulicheres gibt es gar nicht! Ne pepschi, Petsche, pepschem wepscha, bo moschesch pschepepschit wepscha pepschem. Das heißt: Pfeffere nicht das Ferkel mit Pfeffer, Peter, denn du kannst das Ferkel mit Pfeffer überpfeffern. Hahaha!«

Susanna Moissejewna verdrehte die Augen, und ihr gutmütiges Lachen wirkte so ansteckend, dass auch der Leutnant, der sie immerzu anschaute, ein lautes und lustiges Gelächter anstimmte. Sie fasste ihren Besucher an einen Jackenknopf und fuhr fort:

»Sie lieben natürlich die Juden nicht ... Ich streite es nicht ab, sie haben viele Fehler, wie jede Nation. Aber sind etwa die Juden daran schuld? Nein, nicht die Juden sind schuld, sondern die Jüdinnen! Sie sind beschränkt, gierig, ohne jede Poesie, langweilig ... Sie haben noch nie mit einer Jüdin zusammengelebt und wissen nicht, wie reizend das ist!«

Die letzten Worte sprach Susanna Moissejewna gedehnt und ohne die vorherige Begeisterung. Sie verstummte, als wäre sie über die eigene Offenherzigkeit erschrocken; etwas Merkwürdiges, Unerklärliches entstellte plötzlich ihre Züge. Sie starrte den Leutnant unverwandt an, ihre Lippen öffneten sich und entblößten die fest zusammengepressten Zähne. Über ihr Gesicht, den Hals und die Brust fuhr zitternd ein böser, katzenhafter Ausdruck. Ohne den Blick von dem Leutnant zu wenden, beugte sie sich zur Seite und riss blitzschnell, wie eine Katze, etwas vom Tisch. Alles war das Werk von Sekunden. Der Leutnant, der ihre Bewegungen verfolgte, sah, wie ihre Finger die Wechsel zusammenknüllten, wie das weiße raschelnde Papier an seinen Augen vorbeihuschte und in ihrer geballten Faust verschwand. Dieser plötzliche, ungewöhnliche Übergang vom gutmütigen Lachen zum Verbrechen kam für ihn so überraschend, dass er erbleichte und einen Schritt zurücktrat ...

Sie aber fuhr sich, ohne ihren erschrockenen, forschenden Blick von dem Leutnant zu wenden, mit der Faust über die Hüfte und tastete nach ihrer Tasche. Krampfhaft zuckend wie ein gefangener Fisch glitt die Faust um die Tasche herum und konnte den Schlitz nicht

Im Sumpf

finden. Noch einen Augenblick und die Wechsel waren in den Schlupfwinkeln des Frauenkleides verschwunden. Doch da schrie der Leutnant leise auf und packte, mehr einer instinktiven Eingebung als vernünftiger Überlegung folgend, den Arm der Jüdin beim Handgelenk. Sie versuchte sich mit aller Kraft zu befreien, wobei sie ihre Zähne noch mehr entblößte, und riss den Arm aus der Umklammerung. Da umfasste Sokolski mit dem einen Arm ihre Taille und mit dem anderen ihren Rücken. Es begann ein Zweikampf. Da er fürchtete, ihre Gefühle als Frau zu verletzen und ihr weh zu tun, bemühte er sich nur, ihr keine Bewegungsfreiheit zu lassen und die Faust mit den Wechseln zu packen, sie aber wand sich mit ihrem geschmeidigen, biegsamen Körper in seinen Armen wie ein Aal, versuchte sich loszureißen, stieß ihn mit den Ellenbogen gegen die Brust, kratzte, so dass seine Hände notgedrungen über ihren ganzen Körper glitten, ihr Schmerz zufügten und ihr Schamgefühl verletzten.

Wie ungewöhnlich das ist! Wie merkwürdig! dachte er außer sich vor Überraschung. Er konnte das alles noch nicht fassen und fühlte zugleich mit seinem ganzen Wesen, wie der Jasminduft seine Sinne benebelte.

Schweigend, heftig atmend, gegen die Möbel stoßend, taumelten sie durch das Zimmer. Susanna gab sich ganz dem Kampf hin. Ihr Gesicht war gerötet, die Augen hielt sie geschlossen, und einmal drückte sie sogar unbewusst ihr Gesicht an das Gesicht des Leutnants, so dass ein süßlicher Geschmack auf seinen Lippen zurückblieb. Endlich bekam er ihre Faust zu fassen … Er bog ihre Finger auseinander, fand aber keine Wechsel darin und ließ die Jüdin los. Hochrot, mit zerzausten Haaren und schwer atmend schauten sie einander an. An die Stelle des katzenhaften Ausdrucks im Gesicht der Jüdin trat nach und nach wieder das gutmütige Lächeln. Sie begann laut zu lachen, machte auf einem Bein kehrt und ging in das Zimmer, wo das Frühstück bereitstand. Der Leutnant trottete hinter ihr her. Sie nahm an dem Tisch Platz und trank, immer noch hochrot und schwer atmend, ein halbes Glas Portwein.

»Hören Sie«, brach der Leutnant das Schweigen, »ich hoffe, das ist ein Scherz.«

»Nicht im Geringsten«, antwortete sie und steckte ein Stückchen Brot in den Mund.

»Hm …! Wie darf ich das verstehen?«

»Wie Sie wollen. Setzen Sie sich und frühstücken Sie.«

»Aber … Das ist doch unehrlich!«

»Vielleicht. Übrigens sparen Sie sich die Mühe, mir eine Predigt zu halten. Ich habe eben meine eigenen Ansichten von den Dingen.«

»Sie geben sie nicht heraus?«

»Natürlich nicht! Wären Sie ein armer, unglücklicher Mensch, der nichts zu essen hat, läge die Sache anders, aber so – heiraten möchte er!«

»Aber das Geld gehört doch nicht mir, sondern meinem Vetter!«

»Und wozu braucht Ihr Vetter Geld? Damit er seine Frau modisch herausputzt? Mir ist es völlig egal, ob Ihre belle-sœur Kleider hat oder nicht.«

Der Leutnant war sich schon nicht mehr dessen bewusst, dass er sich in einem fremden Haus, bei einer unbekannten Dame befand, und setzte sich über alle Anstandsregeln hinweg. Er schritt im Zimmer auf und ab, runzelte die Stirn und fingerte an seiner Weste herum.

Da die Jüdin durch ihre ehrlose Handlungsweise in seinen Augen tief gesunken war, fühlte er sich mutiger und ungezwungener.

»Weiß der Teufel, was das bedeuten soll!«, murmelte er. »Hören Sie, ich werde von hier nicht fortgehen, ehe ich nicht die Wechsel wiederhabe.«

»Ach, umso besser!«, sagte Susanna lachend. »Sie können auch hier wohnen, da wird es für mich lustiger sein.«

Der von dem Zweikampf erhitzte Leutnant schaute auf das lachende, freche Gesicht Susannas, ihren kauenden Mund und ihre heftig atmende Brust und wurde kühner und verwegener. Statt an die Wechsel zu denken, fielen ihm die Erzählungen seines Vetters von den erotischen Abenteuern der Jüdin und von ihrem freien Leben ein, und diese Erinnerungen stachelten seine Kühnheit nur noch mehr an. Mit einer plötzlichen Bewegung nahm er neben der Jüdin Platz und begann zu essen, ohne weiter an die Wechsel zu denken.

»Wodka oder Wein?«, fragte Susanna lachend. »Sie bleiben also hier, um auf die Wechsel zu warten? Armer Kerl, wie viele Tage und Nächte werden Sie in Erwartung Ihrer Wechsel bei mir verbringen müssen! Wird Ihre Braut nicht böse sein?«

II

Es waren fünf Stunden vergangen. Der Vetter des Leutnants, Alexej Iwanowitsch Krjukow, ging in Schlafrock und Pantoffeln durch die Zimmer seines Gutshauses und schaute ungeduldig zum Fenster hinaus. Er war ein hochgewachsener, kräftiger Mann mit einem großen

Im Sumpf

schwarzen Bart, männlichen Gesichtszügen und, wie die Jüdin richtig bemerkt hatte, wirklich hübsch, obwohl er bereits in die Jahre gekommen war, in denen die Männer reichlich stark und breit werden und ihre Haare sich zu lichten beginnen. Was seine Geistesverfassung und seine Verstandeskräfte anlangte, gehörte er zu den Naturen, von denen es in unserer Intelligenz so viele gibt: Er war gutmütig, offenherzig, gut erzogen, aufgeschlossen für Wissenschaft, Kunst und Religion, von höchst ritterlichen Ehrbegriffen, zugleich aber träge und alles andere als tief. Er liebte es, gut zu essen und zu trinken, spielte blendend Wint, hatte Geschmack an Frauen und Pferden, war jedoch im Übrigen unbeweglich und schwerfällig wie eine Robbe. Um ihn aus der Ruhe zu bringen, musste schon etwas Außergewöhnliches geschehen, etwas, das ihn über alle Maßen empörte; dann allerdings vergaß er alles auf der Welt und wurde plötzlich äußerst beweglich: Er schrie, er werde sich duellieren, schrieb seitenlange Gesuche an den Minister, galoppierte in wilder Jagd durch den ganzen Bezirk, brachte den »Schurken« in der Öffentlichkeit ins Gerede, prozessierte und so weiter.

»Wie kommt es nur, dass unser Sascha noch immer nicht zurück ist?«, fragte er, aus dem Fenster schauend, seine Frau. »Es ist längst Zeit zum Essen!«

Die Krjukows warteten auf den Leutnant bis sechs Uhr und setzten sich dann zu Tisch. Als es immer später wurde und die Zeit zum Abendessen heranrückte, horchte Alexej Iwanowitsch auf jeden Schritt, auf jedes Türenklappen und zuckte die Achseln.

»Seltsam!«, sagte er. »Der Nichtsnutz von Fähnrich muss beim Pächter hängengeblieben sein.«

Im Sumpf

Als Krjukow nach dem Abendessen zu Bett ging, war er fest davon überzeugt, dass der Leutnant bei dem Pächter eingekehrt war und nach einer tüchtigen Sauferei dort übernachtete.

Alexander Grigorjewitsch kehrte am nächsten Morgen heim. Er machte einen äußerst verwirrten und zerknitterten Eindruck.

»Ich muss mit dir unter vier Augen sprechen ...«, sagte er geheimnisvoll zu seinem Vetter.

Sie gingen ins Arbeitszimmer. Der Leutnant verriegelte die Tür und schritt, ehe er zu reden begann, lange aus einer Ecke in die andere.

»Es ist etwas passiert, Bruder«, begann er. »Ich weiß gar nicht, wie ich es dir sagen soll. Du wirst es mir nicht glauben ...«

Stotternd, errötend, ohne seinen Vetter anzusehen, erzählte er die Geschichte mit den Wechseln. Krjukow stand breitbeinig da, mit gesenktem Kopf, hörte zu und runzelte die Stirn.

»Du scherzt doch wohl?«, fragte er.

»Was, zum Teufel, gibt es da zu scherzen! Es ist wirklich kein Scherz!«

»Das verstehe ich nicht!«, murmelte Krjukow, der rot anlief und die Arme ausbreitete. »Das ist von dir sogar ... unmoralisch. Das Weibsstück macht vor deinen Augen weiß der Teufel was, sie handelt niederträchtig, ja kriminell, und du fängst an, dich mit ihr zu kussen!«

»Aber ich weiß doch selbst nicht, wie das gekommen ist!«, flüsterte der Leutnant, schuldbewusst mit den Augen blinzelnd. »Ehrenwort, es ist mir unbegreiflich! Noch nie im Leben ist mir ein solches Ungeheuer über den Weg gelaufen! Sie macht es nicht mit Schönheit oder mit Klugheit, sondern mit Frechheit, verstehst du, mit Zynismus ...«

»Mit Frechheit, mit Zynismus ... Eine saubere Geschichte! Wenn du so auf Zynismus und Frechheit aus bist, solltest du dir so ein Weibsstück aus der Gosse holen, und dann mach, was du willst! Das ist wenigstens billiger, aber so – zweitausenddreihundert Rubel!«

»Wie gepflegt du dich ausdrückst!« Der Leutnant machte ein finsteres Gesicht. »Ich gebe dir die zweitausenddreihundert zurück!«

»Weiß ich, dass du sie mir zurückgibst, aber geht es denn hier um das Geld? Zum Teufel mit dem Geld! Dass du ein schlapper Kerl bist, ein Waschlappen – das empört mich ... dieser verdammte Kleinmut! Ist verlobt! Hat eine Braut!«

»Erinnere mich nicht daran ...«, sagte der Leutnant errötend. »Ich komme mir ja selbst ekelhaft vor. In die Erde könnte ich versinken ... Wie ärgerlich und abscheulich, dass man jetzt wegen der Fünftausend die Tante angehen muss ...«

Krjukow schimpfte und wütete noch lange. Endlich beruhigte er sich, setzte sich aufs Sofa und begann sich über seinen Vetter lustig zu machen.

»Diese Leutnants!«, sagte er, und in seiner Stimme lag verächtliche Ironie. »Wollen verlobt sein!«

Plötzlich sprang er hoch, als hätte ihn etwas gestochen, stampfte mit dem Fuß auf und rannte im Arbeitszimmer hin und her.

»Nein, das geht mir nicht so durch«, sagte er und schüttelte die Faust. »Die Wechsel kriege ich wieder! Verlass dich drauf! Der heiz ich tüchtig ein! Man soll Frauen nicht prügeln, die aber schlag ich zum Krüppel

Im Sumpf

… nicht einmal ein nasser Fleck wird von ihr übrig bleiben! Ich bin nicht so ein Leutnant! Mich betört man nicht mit Zynismus und Frechheit! Neiiin, zum Teufel mit ihr! Mischka«, schrie er, »los, sag Bescheid, sie sollen die Renndroschke anspannen!«

Krjukow kleidete sich eilends um, stieg, ohne auf den erregten Leutnant zu hören, in die Renndroschke, schwenkte entschlossen den Arm und brauste ab zu Susanna Moissejewna. Der Leutnant sah vom Fenster aus noch lange der Staubwolke nach, die hinter der Droschke aufwirbelte. Er reckte die Arme, gähnte und ging auf sein Zimmer. Eine Viertelstunde später lag er bereits in tiefem Schlaf.

Um sechs Uhr wurde er geweckt. Man bat ihn zu Tisch.

»Das ist wirklich nett von Alexej!«, sagte die Schwägerin, die ihn im Esszimmer begrüßte. »Lässt einen mit dem Essen warten!«

»Ist er denn noch nicht zurück?«, fragte gähnend der Leutnant. »Hm … vielleicht ist er zum Pächter gefahren.«

Aber auch zum Abendessen kehrte Alexej Iwanowitsch nicht zurück. Seine Frau und Sokolski kamen zu dem Schluss, dass er beim Pächter Karten spielte und höchstwahrscheinlich dort übernachten würde. Es verhielt sich jedoch keineswegs so, wie sie annahmen.

Krjukow kam am nächsten Morgen nach Hause und verschwand, ohne jemanden zu begrüßen und ohne ein Wort zu sagen, in seinem Arbeitszimmer.

»Na, was ist?«, flüsterte der Leutnant und sah ihn mit großen Augen an.

Krjukow winkte ab und lachte lautlos in sich hinein.

Im Sumpf

»Was ist los? Was lachst du?«

Krjukow warf sich aufs Sofa, vergrub den Kopf in ein Kissen und schüttelte sich vor Lachen. Kurz darauf erhob er sich, blickte mit vor Lachen tränenden Augen den Leutnant an und sagte:

»Mach mal die Tür zu. Na, ein Weiiib ist das, kann ich dir sagen!«

»Hast du die Wechsel bekommen?«

Krjukow winkte ab und begann wieder laut zu lachen.

»Ein Weib ist das!«, fuhr er fort. »Merci, Bruder, für diese Bekanntschaft! Ein Teufel in Röcken ist das! Ich komme hin, gehe hinein, weißt du, wie Jupiter – ich fürchtete mich vor mir selber ... finsteres Gesicht, gerunzelte Stirn, sogar die Fäuste hatte ich geballt, um äußerst gewichtig zu wirken. ›Meine Dame‹, sage ich, ›ich lasse nicht mit mir spaßen.‹ Und so weiter in diesem Ton. Ich drohte mit dem Gericht und mit dem Gouverneur ... Sie fing zunächst an zu weinen und sagte, sie habe sich mit dir einen Scherz erlaubt; sie führte mich sogar zu dem Sekretär, um das Geld zurückzugeben. Dann begann sie mir klarzumachen, dass die Zukunft Europas in den Händen der Russen und Franzosen liege, und schimpfte über die Frauen ... Ich war wie du ganz Ohr, ich Esel ... Sie sang ein Loblied auf meine Schönheit und befühlte meinen Arm oben an der Schulter, um zu sehen, wie stark ich bin, und ... und ... Wie du siehst, bin ich erst jetzt von ihr weggegangen ... Haha ... Von dir ist sie begeistert!«

»Du bist mir der Richtige!«, sagte der Leutnant lachend. »Ein Ehemann, eine angesehene Persönlichkeit ... Na, schämst du dich nicht? Ist es dir nicht widerlich?

Im Sumpf

Aber ganz im Ernst, Bruder, ihr habt euch in eurem Bezirk eine wahre Königin Tamara zugelegt ...«

»Was Teufel, in unserem Bezirk? In ganz Russland wirst du ein solches Chamäleon vergebens suchen! So etwas habe ich Zeit meines Lebens noch nicht gesehn, und bin ich auf dem Gebiet etwa kein Kenner? Mit Hexen bin ich, wie mir scheint, schon zusammengekommen, aber so etwas habe ich noch nicht gesehn. Wie du sagst, sie schafft es mit Frechheit und Zynismus. Was sie anziehend macht, sind diese plötzlichen Übergänge, dieses Spiel der Farben, diese gottverdammte Wendigkeit ... Brr! Die Wechsel sind futsch. Auf Nimmerwiedersehn. Wir beide sind große Sünder, teilen wir uns den Schaden. Ich berechne dir nicht zweitausenddreihundert, sondern nur die halbe Summe. Halt mal, meiner Frau sagst du, ich sei bei dem Pächter gewesen.«

Krjukow und der Leutnant vergruben beide das Gesicht in die Kissen und wollten sich ausschütten vor Lachen. Sie hoben den Kopf, sahen einander an und ließen sich wieder in die Kissen fallen.

»Diese Verlobten!«, stichelte Krjukow. »Diese Leutnants!«

»Diese Ehemänner!«, gab der Leutnant zurück. »Angesehene Persönlichkeiten! Familienväter!«

Beim Mittagessen sprachen sie in Andeutungen, blinzelten einander zu und prusteten zur Verwunderung der Diener fortwährend in ihre Servietten. Noch immer in gehobener Stimmung, verkleideten sie sich nach dem Essen als Türken und führten den Kindern, mit dem Gewehr hintereinander herjagend, ein Kriegsspiel vor. Abends debattierten sie lange. Der Leutnant suchte zu beweisen, dass es gemein und niedrig sei, eine Frau mit

Im Sumpf

Mitgift zu heiraten, sogar im Falle gegenseitiger leidenschaftlicher Liebe. Krjukow hingegen hämmerte mit den Fäusten auf den Tisch und sagte, das sei absurd, ein Mann, der nicht wünsche, dass die Ehefrau Eigentum besitze, sei ein Egoist und Despot. Beide schrien in hitziger Erregung aufeinander ein, redeten aneinander vorbei, tranken enorme Mengen und verzogen sich schließlich, die Schöße der Hausröcke anhebend, jeder in sein Schlafzimmer. Schon nach kurzer Zeit waren sie fest eingeschlafen.

Das Leben ging weiter wie vorher – gleichmäßig, träge, unbekümmert. Schatten bedeckten die Erde, in den Wolken grollte der Donner, und ab und zu heulte der Wind so jämmerlich, als wolle er zeigen, dass auch die Natur weinen kann, aber nichts störte die gewohnte Ruhe dieser Menschen. Von Susanna Moissejewna und den Wechseln sprachen sie nicht. Beiden war es irgendwie peinlich, über diese Geschichte laut zu reden. Statt dessen schwelgten sie in Erinnerungen, und alles kam ihnen vor wie eine amüsante Farce, die das Leben ganz zufällig und unerwartet mit ihnen gespielt hatte und an die sie auf ihre alten Tage mit Vergnügen zurückdenken würden ...

Am sechsten oder siebenten Tag nach dem Zusammentreffen mit der Jüdin saß Krjukow in seinem Arbeitszimmer und schrieb einen Gratulationsbrief an die Tante. Vor dem Schreibtisch ging Alexander Grigorjewitsch schweigend auf und ab. Der Leutnant hatte die Nacht schlecht geschlafen, war in miserabler Stimmung aufgewacht und langweilte sich jetzt. Er ging auf und ab und dachte an das Ende seines Urlaubs, an seine wartende Braut und daran, wie öde es für einen Menschen sein müsse, zeitlebens auf dem Lande zu wohnen. Er trat ans Fenster, schaute lange die Bäume an, rauchte nacheinander drei Zigaretten und drehte sich plötzlich zu seinem Vetter um.

»Ich habe eine Bitte an dich, Aljoscha«, sagte er. »Leih mir doch für heute ein Reitpferd …«

Krjukow sah ihn durchdringend an, runzelte die Stirn und schrieb weiter.

»Du gibst es mir also?«, fragte der Leutnant.

Krjukow sah ihn noch einmal an, zog dann langsam die Schreibtischschublade auf, nahm einen großen Packen Scheine heraus und gab sie dem Vetter.

»Hier hast du die Fünftausend …«, sagte er. »Sie gehören zwar nicht mir, aber Gott steh dir bei, es macht mir nichts aus. Ich gebe dir einen guten Rat: Bestell dir sofort Postpferde und fahr ab. Wirklich!«

Nun sah der Leutnant Krjukow durchdringend an und begann plötzlich zu lachen.

»Du hast es erraten, Aljoscha«, sagte er und wurde rot. »Ich wollte tatsächlich zu ihr reiten. Als mir gestern die Wäscherin diese verdammte Jacke gab, die ich damals anhatte, und als ich diesen Jasminduft roch, da … hat es mich wieder gepackt.«

»Du musst weg von hier.«

»Ja, wirklich. Übrigens ist der Urlaub ja auch schon zu Ende. Wirklich, ich werde heute abreisen! Bei Gott! Solange man lebt, immer muss man abreisen … Ich reise!«

Noch am selben Tag, vor dem Mittagessen, wurden die Postpferde gebracht; der Leutnant verabschiedete sich von Krjukow und fuhr, von guten Wünschen begleitet, los.

Im Sumpf

Eine weitere Woche verstrich. Es war ein trüber, aber schwüler Tag. Krjukow war vom frühen Morgen an planlos durch die Zimmer gewandert, hatte aus dem Fenster geschaut und die ihm längst langweilig gewordenen Alben durchgeblättert. Wenn seine Frau oder die Kinder ihm vor Augen kamen, begann er böse zu knurren. Ihm kam es an diesem Tag so vor, als wäre das Betragen der Kinder unausstehlich, als kümmerte sich seine Frau mangelhaft um die Beaufsichtigung des Dienstpersonals, als stünden die Ausgaben im Missverhältnis zu den Einnahmen. Alles das besagte, dass »der Herr« schlecht gelaunt war.

Nach dem Mittagessen befahl Krjukow, dem weder die Suppe noch der Braten geschmeckt hatte, die Renndroschke anzuspannen. Er fuhr langsam vom Hof und ließ das Pferd noch eine Viertelwerst im Schritt gehen. Dann machte er halt.

Sollte ich wirklich zu dieser ... zu diesem Teufel fahren? dachte er und schaute auf den wolkenverhangenen Himmel.

Und Krjukow musste sogar lachen, als hätte er sich die Frage an diesem ganzen Tag das erste Mal vorgelegt. Plötzlich war ihm leicht ums Herz, und seine trägen Augen funkelten vergnügt. Er hieb auf das Pferd ein ...

Während der Fahrt malte er sich in der Phantasie aus, wie die Jüdin über seine Ankunft staunen würde und wie er scherzen, plaudern und angeregt heimkehren würde ...

Einmal im Monat muss man sich mit etwas nicht Alltäglichem ermuntern, sagte er sich, mit etwas, das den erschlafften Organismus gehörig aufpulvert ... eine Reaktion bewirkt ... Egal, ob es Schnaps ist oder ... Susanna. Ohne das kommt man nicht aus.

Im Sumpf

Es dunkelte schon, als er in den Hof der Wodkafabrik einfuhr. Aus den offenen Fenstern des Herrenhauses hörte man Gelächter und Singen.

»Grrreller als Blitze, heiißer als Feuer ...«, sang eine kräftige tiefe Bassstimme.

Sieh an, sie hat Gäste! dachte Krjukow.

Es war ihm nicht angenehm, dass sie Gäste hatte. Sollte ich nicht umkehren? dachte er, als er nach der Klingel fasste, aber er läutete doch und stieg die bekannte Treppe hinauf. Aus dem Vorzimmer sah er in den Salon hinein. Dort befanden sich fünf Herren – alles Gutsbesitzer und Beamte aus seinem Bekanntenkreis. Der eine, ein hochgewachsener, hagerer Mann, saß am Flügel, hämmerte mit seinen langen Fingern auf die Tasten und sang. Die anderen hörten zu und bleckten vor Vergnügen die Zähne. Krjukow betrachtete sich im Spiegel und wollte schon in den Salon gehen, da kam Susanna Moissejewna selbst ins Vorzimmer geflattert, fröhlich und in demselben schwarzen Kleid ... Als sie Krjukow erblickte, war sie einen Augenblick lang wie versteinert, dann schrie sie auf und strahlte vor Freude.

»Sie hier?«, sagte sie und griff nach seiner Hand. »Welche Überraschung!«

»Ah, da ist sie ja!« Krjukow lächelte und fasste sie um die Taille. »Nun, wie steht's? Liegt das Schicksal Europas in den Handen der Russen und Franzosen?«

»Ich bin so froh!«, sagte die Jüdin, die vorsichtig seinen Arm wegschob. »Kommen Sie, gehen Sie in den Salon. Dort sind lauter Bekannte ... Ich gehe nur und lasse Ihnen Tee bringen. Sie heißen Alexej? Also, gehen Sie, ich komme gleich ...«

Im Sumpf

Sie warf ihm ein Kusshändchen zu, lief aus dem Vorzimmer hinaus und ließ wieder jenen unerträglich süßlichen Jasminduft hinter sich zurück. Krjukow hob den Kopf und ging in den Salon. Er war mit allen, die sich im Salon aufhielten, sehr gut bekannt, aber er nickte kaum, und auch sie erwiderten den Gruß kaum, als wäre der Ort dieses Zusammentreffens nicht ganz schicklich oder als hätten sie sich insgeheim verabredet, einander lieber nicht zu kennen.

Vom Salon ging Krjukow ins Empfangszimmer und von dort in ein zweites Empfangszimmer. Unterwegs begegneten ihm drei, vier Gäste, ebenfalls Bekannte, die ihn aber ebenso wenig kennen wollten. Aus ihren Zügen sprach trunkene Heiterkeit. Alexej Iwanowitsch warf ihnen von der Seite her einen Blick zu und fragte sich, wie sie als Familienväter, als angesehene, in Not und Leid geprüfte Männer, sich zu einem so erbärmlichen, billigen Amüsement herablassen konnten! Er zuckte die Achseln und ging weiter.

Es gibt Orte, sagte er sich, wo dem Nüchternen schlecht wird, dem Betrunkenen aber freudig zumute ist. Ich entsinne mich, dass ich nicht ein einziges Mal nüchtern in die Operette oder zu den Zigeunern gefahren bin. Schnaps macht den Menschen schwach und söhnt ihn mit dem Laster aus.

Plötzlich blieb er wie angewurzelt stehen und hielt sich mit beiden Händen am Türrahmen fest. In Susannas Arbeitszimmer, an ihrem Schreibtisch saß Alexander Grigorjewitsch, der Leutnant. Er unterhielt sich mit einem dicken, aufgedunsenen Mann. Als er seinen Vetter erblickte, wurde er flammend rot und senkte die Augen auf ein vor ihm liegendes Album.

Im Sumpf

In Krjukow empörte sich das Gefühl des Anstands, und das Blut schoss ihm in den Kopf. Fassungslos vor Überraschung, Scham und Zorn ging er schweigend um den Tisch herum. Sokolski senkte den Kopf noch tiefer. Quälende Scham verzerrte sein Gesicht.

»Ach, du bist es, Aljoscha!«, sagte er, während er mühsam den Kopf zu heben und zu lächeln versuchte. »Ich bin hierher gefahren, um mich zu verabschieden, und, wie du siehst ... Aber morgen reise ich bestimmt ab!«

Was soll ich ihm sagen? Was nur? dachte Alexej Iwanowitsch. Kann ich über ihn richten, wenn ich selbst hier bin?

Er sagte kein Wort, ächzte und ging langsam hinaus.

»Himmlisch nenn sie nicht, sie bleibe irdisch ...«, sang im Salon die Bassstimme.

Kurz darauf stuckerte die Rennkutsche Krjukows schon wieder auf der staubigen Straße.

WANKA

Wanka Schukow, ein neunjähriger Junge, den man vor drei Monaten zu dem Schuster Aljachin in die Lehre gegeben hatte, legte sich in der Weihnachtsnacht nicht schlafen. Er wartete ab, bis die Meistersleute mit den Gesellen zur Frühmesse gegangen waren, und holte dann aus dem Schrank des Meisters ein Fläschchen mit Tinte und einen Federhalter mit einer verrosteten Feder. Dann breitete er ein zerknittertes Blatt Papier vor sich aus und begann zu schreiben. Bevor er den ersten Buchstaben malte, schaute er sich mehrmals ängstlich nach der Tür und dem Fenster um, schielte nach dem dunklen Heiligenbild, zu dessen beiden Seiten sich Regale mit Schuhleisten hinzogen, und seufzte tief. Das Papier lag auf der Bank, er selbst kniete davor.

»Lieber Großvater Konstantin Makarytsch!«, schrieb er. »Ich schreibe Dir einen Brief. Ich gratuliere Euch zu Weihnachten und wünsche Dir vom lieben Gott alles Gute. Ich habe ja keinen Vater und keine Mutter mehr, nur Du allein bist mir geblieben.«

Wanka ließ den Blick zu dem dunklen Fenster schweifen, in dem sich der Schein der Kerze spiegelte, und stellte sich lebhaft seinen Großvater Konstantin Makarytsch vor, der bei den Herrschaften Schiwarew als Nachtwächter in Diensten steht.

Er ist ein kleiner, hagerer, aber ungewöhnlich beweglicher Greis von fünfundsechzig Jahren, hat ein ewig lachendes Gesicht und die Augen eines Trinkers. Tagsüber schläft er in der Gesindeküche oder schäkert mit den Köchinnen herum, nachts aber geht er, in einen weiten Bauernpelz gehüllt, um den Gutshof herum und schlägt an sein Klopfholz. Hinter ihm trotten mit gesenktem Kopf die alte Hündin Kaschtanka und der junge Rüde Wjun, der ein ganz schwarzes Fell hat und dessen Körper so lang wie der eines Wiesels ist. Dieser Wjun benimmt sich ungewöhnlich respektvoll und freundlich, und er schaut die eigenen Leute ebenso lieb an wie die Fremden, aber er genießt keinen guten Ruf. Hinter seiner Ergebenheit und Demut verbirgt sich eine ausgesprochen jesuitische Tücke. Niemand vermag sich besser anzuschleichen und einen am Bein zu packen, in den Erdkeller einzudringen oder einem Bauern ein Huhn zu stibitzen als er. Man hat ihm schon mehrmals fast die Hinterbeine entzweigeschlagen, zweimal hat man ihn aufgehängt, jede Woche halb totgeprügelt, aber immer wieder ist er auf die Beine gekommen.

Jetzt steht der Großvater wohl am Tor, blinzelt zu den grellroten Fenstern der Dorfkirche hinüber und schwatzt mit dem Hofgesinde, wobei er in seinen Filzstiefeln von einem Bein aufs andere tritt. Sein Klopfholz hat er an den Gürtel gebunden. Er klatscht in die Hände, kichert greisenhaft und zwickt bald das Stubenmädchen, bald die Köchin.

»Wollen wir nicht ein bisschen Tabak schnupfen?«, sagt er und hält den Frauen seine Tabaksdose hin.

Die Frauen nehmen eine Prise und niesen. Der Großvater gerät in unbeschreibliches Entzücken, schüttelt sich vor Lachen und schreit:

»Reiß ab, sonst friert's an!«

Man lässt auch die Hunde Tabak schnuppern. Kaschtanka niest, verzieht die Schnauze und geht beleidigt weg. Wjun jedoch niest aus Ehrerbietung nicht und wedelt mit dem Schwanz. Das Wetter ist prächtig, die Luft still, durchsichtig und frisch. Die Nacht scheint dunkel, aber man sieht das ganze Dorf mit seinen weißen Dächern und den Rauchfahnen, die aus den Schornsteinen emporsteigen, die vom Reif versilberten Bäume, die Schneewehen. Der ganze Himmel ist besät mit fröhlich blinkenden Sternen, und die Milchstraße zeichnet sich so deutlich ab, als habe man sie vor dem Fest gewaschen und mit Schnee abgerieben.

Wanja seufzte auf, tauchte die Feder ein und schrieb weiter:

»Gestern hab ich Prügel bekommen. Der Meister hat mich an den Haaren auf den Hof gezerrt und mich mit dem Spannriemen verprügelt, weil ich nämlich sein Kind in der Wiege schaukeln sollte und dabei eingeschlafen bin. Und vorige Woche befahl mir die Frau, einen Hering zu putzen, da habe ich am Schwanzende angefangen, da hat sie den Hering genommen und ihn mir in den Mund gestopft. Die Gesellen necken mich immer, sie schicken mich in die Kneipe nach Wodka und verlangen von mir, dass ich der Meisterin Gurken stehle, und der Meister schlägt mit allem zu, was ihm gerade in die Hände kommt. Das Essen ist auch nichts. Morgens gibt es Brot, zu Mittag Grütze und zum Abend ebenfalls Brot, und was Tee ist oder Kohlsuppe, die essen die Meistersleute selber. Schlafen muss ich auf dem Flur, und wenn das Kind weint, kann ich gar nicht schlafen, da muss ich die Wiege schaukeln. Lieber Großvater, sei um Gottes willen so gut und hol mich wieder nach Hause ins Dorf, hier kann ich es nicht aushalten ... Ich bitte Dich auf den Knien, ewig will ich für Dich zu Gott beten, hol mich fort von hier, sonst sterbe ich ...«

Wanka verzog den Mund, rieb sich mit seiner schwarzen Faust die Augen und schluchzte.

»Ich will für Dich Tabak reiben«, fuhr er fort, »ich will zu Gott beten, und wenn was ist, dann kannst Du mich windelweich schlagen. Und wenn Du denkst, ich habe keine Stelle, dann will ich um Christi willen den Verwalter bitten, dass ich ihm die Stiefel putzen darf, oder ich will für Fedka als Hirtenjunge gehen. Lieber Großvater, hier kann ich es nicht aushalten, es ist einfach mein Tod. Ich würde ja zu Fuß ins Dorf laufen, aber ich habe keine Schuhe, und ich fürchte mich vor dem Frost. Aber wenn ich groß bin, dann will ich Dich dafür ernähren, und keiner darf Dich beleidigen, und wenn Du stirbst, will ich für Dein Seelenheil beten, genauso wie für mein Mütterchen Pelageja.

Moskau ist eine große Stadt. Die Häuser sind alle herrschaftlich, und Pferde sind viele da, aber Schafe gibt es keine, und die Hunde sind nicht böse. Mit dem Stern gehen die Kinder hier nicht, und keinen lässt man im Kirchenchor singen, und einmal sah ich in einem Laden im Fenster Haken für alle Arten Fische, gleich mit der Angelschnur, sehr nützlich, und ein solcher Haken hält einen Wels von einem Pud aus. Dann hab ich Laden gesehen, wo es allerlei Flinten gibt, wie die Herren welche haben, so für hundert Rubel das Stück ... Und in den Fleischerläden sind Birkhühner und Haselhühner und Hasen, aber wo sie geschossen werden, davon erzählen die Verkäufer nichts.

Lieber Großvater, wenn die Herrschaften einen Tannenbaum mit Naschwerk haben, dann nimm für mich eine vergoldete Nuss und leg sie in den grünen Kasten. Bitte das Fräulein Olga Ignatjewna und sag, es ist für Wanka.«

Wanka seufzte krampfhaft und starrte wieder zum Fenster. Ihm fiel ein, dass der Großvater ihn immer mitgenommen hatte, wenn er nach einem Tannenbaum für die Herrschaften in den Wald gegangen war. Das war eine lustige Zeit! Der Großvater ächzte, der Frost ächzte, und wenn Wanka das so sah, ächzte er auch. Bevor der Großvater die Tanne umlegte, rauchte er ein Pfeifchen, schnupfte ausgiebig Tabak, und er lachte den verfrorenen Wanka aus ... Die jungen reifbedeckten Tannen standen regungslos und warteten darauf, welche von ihnen sterben musste. Ehe man sichs versah, sauste ein Hase wie ein Pfeil durch die Schneewehen ... Der Großvater konnte nicht anders, er musste schreien:

»Halt ihn, halt ihn fest! Ach, dieser kurzschwänzige Teufel!«

Der Großvater schleppte die geschlagene Tanne in das herrschaftliche Haus, wo man sich daran machte, sie zu schmücken ... Am meisten hatte das Fräulein Olga Ignatjewna zu tun, Wankas Liebling. Als Wankas Mutter Pelageja noch lebte und bei den Herrschaften Stubenmädchen war, da fütterte Olga Ignatjewna Wanka mit Kandiszucker, und aus Langeweile brachte sie ihm Lesen und Schreiben bei, lehrte ihn bis hundert zählen und sogar Quadrille tanzen. Als aber Pelageja starb, wurde die Waise Wanka zum Großvater in die Gesindeküche abgeschoben und aus der Küche dann zum Schuster Aljachin nach Moskau ...

»Komm, lieber Großvater«, schrieb Wanka weiter, »ich bitte Dich um Christi willen, nimm mich fort von hier. Hab Mitleid mit mir unglücklichem Waisenkind, sonst haut man mich bloß immer, und ich möchte gern richtig essen, und ich habe solche Sehnsucht, dass man es gar nicht sagen kann, und ich weine immerzu. Neulich hat mich der Meister mit dem Schuhleisten auf den Kopf geschlagen, so dass ich hingefallen bin und nur mit Mühe wieder zu mir gekommen bin. Mein Leben ist hin, ich lebe schlimmer als jeder Hund … Und grüße noch Aljona und den einäugigen Jegorka und den Kutscher, und gib niemandem meine Harmonika. Immer Dein Enkel Iwan Schukow, komm doch, lieber Großvater.«

Wanka faltete das beschriebene Blatt viermal und steckte es in den Umschlag, den er am Vortag für eine Kopeke gekauft hatte … Er überlegte einen Augenblick, tauchte die Feder ein und schrieb als Adresse:

»An den Großvater im Dorf.«

Darauf kratzte er sich, dachte nach und fügte hinzu: »Konstantin Makarytsch.« Zufrieden, dass man ihn beim Schreiben nicht gestört hatte, setzte er seine Mütze auf, und ohne sein Pelzmäntelchen überzuwerfen, rannte er, nur im Hemd, auf die Straße …

Die Verkäufer aus dem Fleischerladen, die er am Vortag danach fragte, hatten ihm gesagt, dass man Briefe in Briefkästen steckt, von wo aus sie in Posttroikas mit betrunkenen Kutschern und klingenden Glöckchen über die ganze Erde verteilt würden. Wanka rannte bis zum ersten Briefkasten und steckte den kostbaren Brief durch den Schlitz.

Von süßen Hoffnungen gewiegt, schlief er eine Stunde später bereits fest … Er träumte von einem Ofen, darauf saß der Großvater, baumelte mit den nackten Beinen und las den Köchinnen den Brief vor. Vor dem Ofen lief Wjun auf und ab und wedelte mit dem Schwanz.

Weiber

In dem Dorf Raibusch, gerade gegenüber der Kirche, steht ein zweistöckiges Haus mit Steinfundament und einem Eisendach. Im unteren Stockwerk wohnt der Hausherr, Filipp Iwanow Kaschin, genannt Djudja, mit seiner Familie; im Obergeschoss, wo es im Sommer sehr heiß und im Winter sehr kalt ist, finden durchreisende Beamte, Kaufleute und Gutsbesitzer Quartier. Djudja pachtet Grundstücke, betreibt an der Landstraße eine Schenke, handelt mit Teer, Honig und Vieh und hat schon an die achttausend Rubel zusammengespart, die in der Stadt auf der Bank liegen.

Sein ältester Sohn Fjodor arbeitet als Obermechaniker in einer Fabrik und ist, wie die Bauern von ihm sagen, ein großes Tier geworden, an das man jetzt nicht mehr rankommt. Fjodors Frau Sofja, ein hässliches, kränkliches Weib, lebt im Hause des Schwiegervaters, sie weint immerzu und fährt jeden Sonntag zur Behandlung ins Krankenhaus. Djudjas zweiter Sohn, der bucklige Aljoschka, lebt ebenfalls im Hause seines Vaters. Man hat ihn vor kurzem mit Warwara verheiratet, einer jungen, schönen, gesunden und putzsüchtigen Frau, die aus einer armen Familie stammt. Wenn Beamte und Kaufleute in dem Wirtshaus absteigen, verlangen sie stets, dass niemand anders als Warwara ihnen den Samowar bringt und das Bett macht.

An einem Juniabend, als die Sonne unterging und es in der Luft nach Heu, warmem Dünger und frisch gemolkener Milch duftete, fuhr auf Djudjas Hof ein einfacher Wagen, auf dem drei Personen saßen – ein Mann von etwa dreißig Jahren in einem Anzug aus Segeltuch, neben ihm ein Knabe von sieben oder acht Jahren in langem schwarzem Überrock mit großen Hornknöpfen und ein junger Bursche in rotem Hemd, der Kutscher.

Der Bursche spannte die Pferde aus und führte sie zum Abkühlen auf die Straße; der Reisende wusch sich und betete, wobei er sich der Kirche zuwandte, dann breitete er neben dem Wagen eine Decke aus und setzte sich mit dem Knaben zum Abendessen hin. Er aß gemächlich und besonnen, und Djudja, der in seinem Leben schon viele Reisende gesehen hatte, erkannte an seinen Manieren den ernsten Geschäftsmann, der sich seines Wertes bewusst war.

Djudja saß auf der Haustreppe, in Weste und ohne Mütze, und wartete darauf, dass der Reisende zu reden begann. Er war es gewohnt, dass die Reisenden abends vor dem Schlafengehen allerlei Geschichten erzählten, und das hatte er gern. Seine Frau, die alte Afanassjewna, und die Schwiegertochter Sofja melkten unter dem Vordach die Kühe; Warwara, seine andere Schwiegertochter, saß im oberen Stockwerk am offenen Fenster und knabberte Sonnenblumenkerne.

»Das Bübchen da ist wohl dein Sohn, was?«, fragte Djudja den Reisenden.

»Nein, ein Pflegekind, er ist Waise. Ich habe ihn um meines Seelenheils willen zu mir genommen.«

Sie kamen ins Gespräch. Der Reisende erwies sich als unterhaltsamer, redegewandter Mann, und Djudja erfuhr, dass er ein Kleinbürger und Hausbesitzer aus der Stadt war, dass er Matwej Sawwitsch hieß und jetzt unterwegs war, um Gärten zu besichtigen, die er von den deutschen Siedlern gepachtet hatte, und dass der Knabe Kuska genannt wurde. Der Abend war heiß und schwül, und niemand mochte schlafen. Als es dunkel wurde und am Himmel hier und da bleiche Sterne aufblinkten, begann Matwej Sawwitsch zu erzählen, wie er zu Kuska gekommen war. Afanassjewna und Sofja standen etwas abseits und hörten zu. Kuska ging ans Tor.

»Ja, Großvater, das ist eine außerordentlich umständliche Geschichte, und wenn ich dir alles erzählen wollte, so würde die Nacht nicht dazu ausreichen. Vor zehn Jahren wohnte in unserer Straße, direkt in dem Häuschen neben mir, wo jetzt die Kerzenfabrik und die Ölmühle steht, Marfa Simonowna Kaplunzewa, eine alte Witwe. Sie hatte zwei Söhne; der eine arbeitete als Schaffner bei der Eisenbahn, und Wassja, der andere, mein Altersgenosse, lebte zu Hause bei der Mutter. Der verstorbene alte Kaplunzew hatte Pferde gehalten, fünf Paar, und Gespanne in die Stadt geschickt; seine Witwe gab dieses Geschäft nicht auf und kommandierte die Kutscher nicht schlechter als der Verewigte, so dass sie an manchen Tagen fünf Rubel Reinverdienst einfuhren. Und der Bursche hatte auch seine kleinen Einnahmen. Er züchtete Rassetauben und verkaufte sie an Liebhaber; dauernd stand er auf dem Dach, warf einen Besen in die Luft und pfiff; die Tümmler standen hoch am Himmel, ihm aber war das noch zu wenig, und er wollte noch hoher hinaus. Er fing Zeisige und Stare und baute Käfige für sie ... Eine wertlose Sache, aber sieh einer an, mit solchen Bagatellen brachte er im Monat an die zehn Rubel zusammen. Nun, im Laufe der Zeit wurden der Alten die Beine schwach, und sie musste sich ins Bett legen.

So kam es, dass das Haus ohne Herrin war, und das ist ebenso wie ein Mensch ohne Augen. Die Alte machte sich Sorgen und beschloss, ihren Wassja zu verheiraten. Man holte sogleich die Brautwerberin, die Weiber schwatzten und kamen vom Hundertsten ins Tausendste, und unser Wassja ging auf Brautschau. Er freite um Maschenka, die Tochter der Witwe Samochwalicha. Man überlegte nicht lange, gab ihnen den Segen, und in einer Woche war die ganze Sache geschaukelt. Das Mädel war siebzehn Jahre alt, zwar ein bisschen klein geraten, aber sie hatte ein weißes Gesicht, war angenehm und von allen Qualitäten wie ein feines Fräulein; und auch die Mitgift langte zu: fünfhundert Rubel bar, eine Kuh und Bettzeug ... Die Alte aber, als hätte sie es geahnt, machte sich am dritten Tag nach der Hochzeit auf ins himmlische Jerusalem, allwo es weder Krankheit noch Seufzer gibt. Die jungen Leute ließen eine Totenmesse lesen und begannen sich einzuleben. Ein halbes Jährchen lebten sie herrlich und in Freuden, aber auf einmal gab es neuen Kummer. Wenn das Unglück da ist, ist es nicht aufzuhalten. Wassja wurde auf die Behörde bestellt, wo er das Los ziehen musste. Man holte das Herzchen zu den Soldaten und gab ihm keinerlei Vergünstigung. Sie steckten ihn in den bunten Rock und schickten ihn ins Königreich Polen. Es war Gottes Wille, da war nichts zu machen. Als er seiner Frau auf dem Hof Lebewohl sagte, ging es noch an, aber wie er das letzte Mal zum Taubenschlag hinaufblickte, da rollten ihm die Tränen nur so über die Wangen. Es tat einem leid, wenn man ihn so sah. In der ersten Zeit nahm Maschenka, damit es ihr nicht so langweilig wurde, die Mutter zu sich, die wohnte da bis zur Entbindung, als der Junge hier geboren wurde, und dann fuhr sie nach Obojan zur anderen Tochter, die auch verheiratet ist, und Maschenka blieb mit ihrem Kindchen allein. Fünf Fuhrleute, ein ewig betrunkenes, ausgelassenes Volk, dazu die Pferde und Wagen, und mal fiel der Zaun um, mal brannte der Ruß im Schornstein – das waren alles keine Frauensachen, und so fing sie an, sich wegen jeder Kleinigkeit an mich als ihren Nachbarn zu wenden. Nun, ich ging hin, traf Anordnungen, erteilte Ratschläge … Und wie das bekanntlich so geht, man kommt ins Haus, trinkt Tee und plaudert ein bisschen. Ich war ein junger Mann, geistig rege, sprach über die verschiedensten Sachen, sie war ebenfalls gebildet und zuvorkommend; sie kleidete sich sauber und ging im Sommer mit einem Sonnenschirm. Manchmal erzählte ich ihr von göttlichen Dingen oder von Politik, dann fühlte sie sich geschmeichelt und bewirtete mich mit Tee und Eingemachtem … Kurzum, was soll ich das noch lang und breit beschreiben, ich sage dir, Großvater, es war noch kein Jahr vergangen, da hatte mich der Teufel, der Feind des Menschengeschlechts, umgarnt. Ich merkte, dass ich mich nicht wohl fühlte, dass mir langweilig war, wenn ich einen Tag mal nicht zu ihr ging. Und ich dachte mir immer etwas aus, damit ich zu ihr hingehen konnte. ›Es ist an der Zeit‹, sagte ich, ›in Ihre Fenster Winterrahmen einzusetzen.‹ Und dann trödelte ich den ganzen Tag bei ihr herum und setzte die Rahmen ein, aber ich passte gut auf, dass noch zwei Rahmen für den nächsten Tag übrig blieben. ›Man müsste Wassjas Tauben zählen, ob nicht welche verlorengegangen sind.‹ Und so in diesem Sinne. Anfangs besprach ich immer alles mit ihr über den Zaun, schließlich machte ich aber, damit ich nicht so weit zu laufen brauchte, ein

Pförtchen in den Zaun. Viel Böses kommt auf dieser Welt vom weiblichen Geschlecht und allerlei Unheil. Nicht nur wir Sünder, auch heilige Männer haben sich verführen lassen. Maschenka wies mich nicht zurück. Statt an ihren Mann zu denken und auf sich zu halten, verliebte sie sich in mich. Ich merkte, dass ihr's auch langweilig war und dass sie immerzu am Zaun entlangstrich und durch die Ritzen in meinen Hof guckte. In meinem Hirn drehte die Phantasie alles um und um. Am Gründonnerstag ging ich früh am Morgen, kaum dass es hell war, auf den Markt. Wie ich an ihrem Tor vorbeikam, war der Böse schon da; als ich hinguckte – die Pforte hatte so ein kleines Gitter obendrauf –, stand sie mitten im Hof, war schon auf und fütterte die Enten. Ich konnte mich nicht beherrschen und rief sie. Sie kam näher und sah mich durchs Gitter an. Das Gesichtchen so weiß; zärtliche, verschlafene Äuglein ... Sie gefiel mir sehr, und ich machte ihr Komplimente, als ständen wir nicht am Gitter, sondern wären auf einer Namenstagsfeier, und sie wurde rot, lachte, sah mir in die Augen, ohne zu blinzeln. Ich verlor den Verstand und fing an, ihr meine verliebten Gefühle zu erklären ... Sie machte die Pforte auf und ließ mich ein, und von diesem Morgen an lebten wir wie Mann und Frau.«

Von der Straße her kam der bucklige Aljoschka atemlos auf den Hof und eilte, ohne jemand anzusehen, ins Haus; einige Augenblicke später kam er mit einer Harmonika in der Hand wieder herausgerannt, und in seiner Tasche klimperten Kupfermünzen. Er knackte im Laufen Sonnenblumenkerne und verschwand hinter dem Tor.

»Wer war denn das?«, fragte Matwej Sawwitsch.

»Mein Sohn Alexej«, erwiderte Djudja. »Er geht bummeln, der Halunke. Gott hat ihn mit dem Buckel gestraft, so sind wir nicht allzu streng gegen ihn.«

»Und immer treibt er sich mit den anderen Burschen herum, nichts als sich rumtreiben tut er«, fügte die Afanassjewna seufzend hinzu. »Vor der Butterwoche haben wir ihn verheiratet, dachten, 's ist besser so, aber 's ist nur noch schlimmer mit ihm geworden.«

»Hat nichts genutzt. Haben umsonst ein fremdes Mädel glücklich gemacht«, meinte Djudja.

Irgendwo hinter der Kirche wurde ein wunderschönes wehmütiges Lied angestimmt. Die Worte konnte man nicht verstehen, man hörte nur die Stimmen – zwei Tenöre und einen Bass. Da alle lauschten, wurde es auf dem Hof ganz still … Zwei Stimmen brachen plötzlich den Gesang mit einem schallenden Gelächter ab, nur die dritte, die Tenorstimme, sang weiter und nahm einen derart hohen Ton, dass alle unwillkürlich nach oben blickten, als reiche die Stimme bis an den Himmel. Warwara kam aus dem Haus und schaute, die Augen mit der Hand schützend, als blende sie die Sonne, zur Kirche hin.

»Das sind die Popensöhne und der Lehrer«, sagte sie.

Wieder sangen die drei Stimmen. Matwej Sawwitsch seufzte und fuhr fort:

»So war das, Großvater. Etwa nach zwei Jahren bekamen wir von Wassja aus Warschau einen Brief. Er schrieb, die Vorgesetzten wollten ihn zur Erholung nach Hause schicken. Krank war er. Zu der Zeit hatte ich mir die Grillen aus dem Kopf geschlagen, und man hatte für mich eine gute Braut gefreit, ich wusste nur noch nicht, wie ich von meinem Liebchen loskommen sollte. Jeden Morgen nahm ich mir vor, mit Maschenka zu reden, aber ich wusste nicht, wie ich die Sache anpacken sollte, damit es nicht zu Weibergeheul käme. Der Brief gab mir freie Hand. Wir lasen ihn zusammen, Maschenka und ich, sie wurde weiß wie Schnee, ich aber sagte zu ihr: ›Gott sei Dank‹, sagte ich, ›das heißt, nun bist du wieder eine Ehefrau.‹ Aber sie antwortete mir: ›Ich werd nicht mit ihm leben.‹ – ›Aber er ist doch dein Mann!‹, sagte ich. – ›Leicht gesagt ... Ich hab ihn nie geliebt und musst ihn gegen meinen Willen heiraten. Meine Mutter hat es befohlen.‹ – ›Hab dich nicht‹, sagte ich, ›antworte, du dumme Gans: Bist du mit ihm in der Kirche getraut worden oder nicht?‹ – ›Ich bin getraut‹, sagte sie, ›aber ich liebe dich und werd bis zum Tod mit dir leben. Sollen die Leute lachen ... das kümmert mich nicht ...‹ – ›Du bist doch gottesfürchtig‹, sagte ich, ›und hast die Heilige Schrift gelesen, was steht dort geschrieben?‹«

»Bist du dem Manne angetraut, sollst du auch mit ihm leben«, sagte Djudja.

»Mann und Frau sind ein Fleisch. ›Wir beide haben gesündigt‹, sagte ich, ›nun ist es genug, man muss ein Gewissen haben und Gott fürchten. Bekennen wir‹, sagte ich, ›vor Wassja unsere Schuld, er ist ein friedlicher, sanftmütiger Mensch, er wird dich nicht umbringen. Und es ist besser‹, sagte ich, ›auf dieser Welt vom gesetzlichen Ehemann Qualen zu leiden als beim Jüngsten Gericht mit den Zähnen zu klappern.‹ Aber das Weib wollte nicht auf mich hören, sie widersetzte sich, ich konnte reden, wie ich wollte! ›Dich liebe ich!‹ – und fertig. Wassja kam gerade am Pfingstsonnabend an, früh am Morgen. Durch den Zaun konnte ich alles sehen:

Weiber

Er eilte ins Haus und kam gleich darauf mit Kuska auf dem Arm zurück, und er lachte und weinte, küsste Kuska und guckte dabei nach dem Taubenschlag – Kuska aus den Armen zu lassen tat ihm leid, aber zu den Tauben wollte er auch gern. Ein zärtlicher Mensch war er, so empfindsam. Der Tag verging ohne Zwischenfall, still und ruhig. Man läutete zur Abendmesse, und ich dachte: Morgen ist Pfingsten, warum haben sie das Tor und den Zaun nicht mit Maigrün geschmückt? Die Sache steht schlecht, dachte ich. Ich ging also zu ihnen. Er saß mitten in der Stube auf dem Fußboden, rollte mit den Augen wie ein Betrunkener, die Tränen liefen ihm die Wangen herunter, und seine Hände zitterten; er nahm Kringel, Halsketten, Pfefferkuchen und allerlei Naschwerk aus einem Beutel und streute alles auf den Fußboden. Kuska – damals war er drei Jahre alt – kroch umher und kaute Pfefferkuchen, und Maschenka stand leichenblass neben dem Ofen, zitterte am ganzen Körper und murmelte: ›Ich bin nicht deine Frau, ich will nicht mit dir leben‹ und lauter so dummes Zeug. Ich verneigte mich tief vor Wassja und sagte: ›Wir sind schuldig vor dir, Wassili Maximytsch, verzeih um Christi willen!‹ Dann richtete ich mich auf und sagte zu Maschenka Folgendes: ›Sie, Marja Semjonowna‹, sagte ich, ›müssen jetzt Wassili Maximytsch die Füße waschen und das Wasser trinken. Und seien Sie ihm eine gehorsame Frau, und für mich beten Sie zu Gott, damit Er‹, sagte ich, ›gnädig ist und mir meine Sünde vergibt.‹ Als ob mir ein Engel des Himmels das eingegeben hätte, so belehrte ich sie, und ich sprach so gefühlvoll, dass mir selbst die Tränen kamen. Zwei Tage darauf kam Wassja zu mir. ›Ich verzeihe dir, Matjuscha‹, sagte er, ›dir und meiner Frau, Gott sei mit euch. Sie ist eine Soldatenfrau und ein schwaches Weib, sie ist jung, und es ist schwer für sie, auf sich achtzugeben. Sie ist nicht die erste und wird nicht die letzte sein. Ich bitte dich nur‹, sagte er, ›lebe so, als wäre zwischen uns nichts geschehen, und lass dir nichts anmerken, und ich‹, sagte er, ›will mich bemühen, ihr in allem gefällig zu sein, damit sie mich wieder liebgewinnt.‹ Er gab mir die Hand, trank mit mir Tee und ging fröhlich heim. Na, Gott sei Dank, dachte ich und war froh, dass alles so gut ausgegangen war. Aber kaum war Wassja fort, da kam Maschenka. Das reinste Strafgericht! Sie fiel mir um den Hals, weinte und flehte: ›Um Gottes willen, lass mich nicht im Stich, ich kann nicht ohne dich leben!‹«

»So ein gemeines Luder!«, warf Djudja seufzend ein.

»Ich schrie sie an, stampfte mit den Füßen, zerrte sie auf den Flur und verriegelte die Tür. ›Geh zu deinem Mann!‹, schrie ich. ›Blamier mich nicht vor den Leuten, fürchte Gott!‹ Aber jeden Tag dieselbe Geschichte. Eines Morgens stand ich auf meinem Hof neben dem Pferdestall und flickte einen Zaum. Auf einmal sehe ich, wie sie durch die Pforte zu mir auf den Hof gerannt kommt, barfuß, bloß in einem Rock, geradewegs zu mir. Sie packt den Zaum mit beiden Händen und beschmiert sich dabei ganz mit Pech, zittert und weint … ›Ich kann mit ihm nicht leben, ich hasse ihn, es geht über meine Kraft! Wenn du mich nicht liebst, dann schlag mich besser tot!‹ Ich wurde wütend und schlug zweimal mit dem Zaum auf sie ein, doch da kam Wassja durch die Pforte gelaufen und schrie mit verzweifelter Stimme: ›Nicht schlagen! Nicht schlagen!‹ Aber als er bei ihr war, holte er wie von Sinnen aus und schlug sie aus Leibeskräften mit den Fäusten; ich wollte sie schützen, er aber nahm die Leine und prügelte sie. Er schlug auf sie ein und wieherte dabei wie ein junger Hengst: Hihihi!«

»Man sollte die Leine nehmen und dich ...«, brummte Warwara und entfernte sich. »So machen sie's mit uns Frauen, die verfluchten Hunde ...«

»Schweig du!«, schrie Djudja ihr nach. »Du Stute!«

»Hihihi!«, fuhr Matwej Sawwitsch fort. »Aus seinem Hof kam ein Kutscher gelaufen, ich rief meinen Knecht herbei, und zu dritt haben wir Maschenka von ihm weggerissen und am Arm nach Hause geführt. Was für eine Schande! Am selben Abend ging ich sie besuchen. Sie lag auf dem Bett, ganz eingehüllt in feuchte Umschläge, nur Augen und Nase waren zu sehen, und guckte an die Decke. Ich sagte: ›Guten Tag, Marja Semjonowna!‹ Sie schwieg. Und Wassja saß in der anderen Stube, hielt sich den Kopf und jammerte: ›Ich Bösewicht! Ich hab mein Leben zugrunde gerichtet! Schick mir, o Herr, den Tod!‹ Ich setzte mich auf ein halbes Stündchen zu Maschenka und las ihr die Leviten. Ich versuchte ihr Angst zu machen. ›Die Gerechten‹, so sagte ich, ›kommen im Jenseits ins Paradies, du aber kommst in die feurige Hölle, zusammen mit allen Buhlerinnen ... Widersetz dich nicht deinem Mann, geh hin und verneige dich vor ihm.‹ Sie sagte kein Sterbenswörtchen und zuckte mit keiner Wimper, als hätte ich zu einem Holzklotz gesprochen. Am nächsten Morgen wurde Wassja krank, so was wie Cholera war's, und gegen Abend hörte ich schon, er sei gestorben. Er wurde beerdigt. Maschenka war nicht mit auf dem Friedhof, sie wollte den Leuten nicht ihr schamloses Gesicht und die blauen Flecke zeigen. Und bald lief unter den Leuten das Gerücht um, Wassja sei nicht eines natürlichen Todes gestorben, sondern Maschenka habe ihn umgebracht. Das hörte auch die Obrigkeit. Wassja wurde ausgegraben und aufgeschnitten, und man fand in seinem Bauch Arsen. Die Sache war sonnenklar; die Polizei kam und holte Maschenka ab und mit ihr auch den armen kleinen Kuska. Man steckte sie ins Gefängnis. So weit hatte es das Weib gebracht, das war die Strafe Gottes ... Nach acht Monaten kam es zur Verhandlung. Ich entsinne mich noch, wie sie auf der Bank saß, ein weißes Tüchlein auf dem Kopf und in einem grauen Kittel, so mager und bleich, mit unstetem Blick, es war ein Jammer, sie anzusehen ... Hinter ihr ein Soldat mit Gewehr. Sie gestand nichts. Die einen vom Gericht sagten, sie habe ihren Mann vergiftet, die anderen wiesen nach, der Mann habe sich aus Kummer selbst vergiftet. Ich war als Zeuge geladen. Als sie mich fragten, habe ich alles gewissenhaft berichtet. ›Ihre Sünde ist's‹, sagte ich. ›Da gibt's nichts zu verheimlichen, sie hat ihren Mann nicht geliebt, sie hatte ihren Kopf für sich ...‹ Die Verhandlung begann am Morgen, und am späten Abend fällten sie das Urteil: dreizehn Jahre Zwangsarbeit in Sibirien. Nach der Verurteilung saß Maschenka noch drei Monate in unserem Gefängnis. Ich ging zu ihr und brachte ihr aus Menschlichkeit Tee und Zucker. Sie aber zitterte am ganzen Körper, wenn sie mich sah, fuchtelte mit den Händen und murmelte: ›Geh weg! Geh weg!‹ Und presste Kuska an sich, als ob sie Angst hätte, ich wollte ihn ihr wegnehmen. ›So weit‹, sagte ich, ›hast du es nun gebracht! Ach, Mascha, Mascha, du verlorene Seele! Hast nicht auf mich gehört, als ich dir Vernunft beibringen wollte, so weine jetzt nur. Du bist‹, sagte ich, ›selber schuld, dich musst du anklagen.‹ So las ich ihr die Leviten, sie aber rief: ›Geh weg! Geh weg!‹, presste sich und Kuska an die Wand und zitterte. Als man sie in die Gouvernementsstadt abtransportierte, begleitete ich sie bis zum Bahnhof und steckte ihr ein Rubelchen ins Bündel, zur Rettung der Seele. Aber sie kam nicht bis nach Sibirien ... In der Gouvernementsstadt erkrankte sie an Fieber und starb im Gefängnis.«

»Für die Hündin ein hündischer Tod«, sagte Djudja.

»Kuska schickte man nach Hause zurück ... Ich überlegte lange und nahm ihn schließlich zu mir. Warum nicht? Wenn er auch ein Sträflingsbalg ist, so ist er doch eine lebendige Seele, eine getaufte ... Er tat mir leid. Er soll bei mir Verkäufer werden, und wenn ich keine eigenen Kinder habe, so will ich einen Kaufmann aus ihm machen. Jetzt nehme ich ihn immer mit, wenn ich wohin fahre – er soll sich daran gewöhnen.«

Während Matwej Sawwitsch erzählte, saß Kuska die ganze Zeit neben dem Tor auf einem kleinen Stein, stützte den Kopf in beide Hände und schaute zum Himmel empor; von weitem sah er in der Dunkelheit wie ein Baumstumpf aus.

»Kuska, komm schlafen!«, rief Matwej Sawwitsch ihm zu.

»Ja, es ist schon Zeit«, meinte auch Djudja und stand auf; er gähnte laut und fügte hinzu: »Jeder will unbedingt nach seinem Kopf leben, keiner will hören, und das kommt dann dabei heraus.«

Über dem Hof stand bereits der Mond am Himmel; er bewegte sich schnell nach der einen Seite, während die Wolken unter ihm nach der anderen wanderten; die

Wolken zogen weiter, und der Mond stand immer noch über dem Hof. Matwej Sawwitsch betete, zur Kirche gewandt, und legte sich, nachdem er eine gute Nacht gewünscht hatte, neben dem Wagen auf die Erde. Kuska betete ebenfalls, legte sich in den Wagen und deckte sich mit seinem Rock zu; um es gemütlicher zu haben, machte er sich im Heu eine kleine Vertiefung und zog die Beine so hoch an, dass seine Ellbogen die Knie berührten. Vom Hof aus sah man, wie Djudja unten im Haus eine Kerze anzündete, die Brille aufsetzte und sich mit einem Buch in die Ecke stellte. Er las lange und verneigte sich dabei.

Die Reisenden waren eingeschlafen. Afanassjewna und Sofja traten zu dem Wagen und betrachteten Kuska.

»Es schläft, das Waisenkind«, sagte die Alte. »Ist ganz dürr und mager, nur Haut und Knochen. Die leibliche Mutter fehlt ihm, und es ist keiner da, der ihn ordentlich füttert.«

»Mein Grischka wird wohl zwei Jährchen älter sein«, sagte Sofja. »Er lebt in der Fabrik, eingesperrt, ohne Mutter. Sicherlich schlägt ihn der Meister. Wie ich vorhin das Bübchen hier sah, fiel mir gleich mein Grischka ein – das Herz wollte es mir zerreißen.«

Eine Minute verging in Schweigen.

»Er erinnert sich wohl nicht mehr an seine Mutter«, sagte die Alte.

»Wie sollte er auch!«

Und große Tränen kullerten aus Sofjas Augen.

»Wie ein Kringel hat er sich zusammengerollt«, sagte sie, aufschluchzend und lachend vor Rührung und Mitgefühl. »Mein armes Waisenkind.«

Weiber

Kuska zuckte zusammen und schlug die Augen auf. Er erblickte vor sich ein hässliches, runzliges, verweintes Gesicht und daneben ein anderes, ein zahnloses Greisinnengesicht mit spitzem Kinn und gebogener Nase, und darüber den abgrundtiefen Himmel mit den dahineilenden Wolken und dem Mond, und er schrie entsetzt auf. Sofja schrie ebenfalls auf; beiden antwortete das Echo, und Unruhe kam in die Schwüle; in der Nachbarschaft klopfte der Wächter, und ein Hund bellte. Matwej Sawwitsch murmelte im Schlaf und drehte sich auf die andere Seite.

Spätabends, als Djudja, die Alte und der Wächter im Nachbarhof bereits schliefen, trat Sofja aus dem Tor und setzte sich auf die Bank. Ihr war unerträglich heiß, und vom Weinen schmerzte ihr der Kopf. Die Straße war breit und lang, sie erstreckte sich etwa zwei Werst nach rechts und zwei Werst nach links, kein Ende war abzusehen. Der Mond stand bereits nicht mehr über dem Hof, sondern hinter der Kirche. Die eine Seite der Straße war in Mondlicht getaucht, die andere lag im Dunkel der Schatten; die langen Schatten der Pappeln und der Starkästen zogen sich über die ganze Straße hin, und der Schatten der Kirche, schwarz und Angst einflößend, legte sich breit auf Djudjas Tor und auf die eine Hälfte des Hauses. Es war still und menschenleer. Vom Ende der Straße her ertönte hin und wieder kaum hörbar Musik; das war sicher Aljoschka, der auf seiner Harmonika spielte.

Im Schatten neben der Kirchhofsmauer bewegte sich jemand, aber man konnte nicht erkennen, ob es ein Mensch war oder eine Kuh oder ob vielleicht überhaupt niemand da war und nur ein großer Vogel in den Bäumen raschelte.

Da trat eine Gestalt aus dem Schatten, blieb stehen, und eine Männerstimme sagte etwas, dann verschwand die Gestalt in der Gasse neben der Kirche. Kurz darauf zeigte sich, etwa sechs Schritte vom Tor entfernt, noch eine Gestalt; sie kam von der Kirche her direkt auf das Tor zu und blieb stehen, als sie Sofja auf der Bank erblickte.

»Bist du's, Warwara?«, fragte Sofja.

»Vielleicht.«

Es war Warwara. Einige Augenblicke stand sie da, dann kam sie zu der Bank und setzte sich.

»Wo warst du?«, fragte Sofja. Warwara gab keine Antwort.

»Wirst dir noch als junge Frau Kummer auf den Hals laden«, sagte Sofja. »Hast du nicht gehört, wie Maschenka mit den Füßen und der Leine bearbeitet wurde? Pass auf, dass dir das nicht auch passiert.«

»Und wennschon.«

Warwara lachte in ihr Taschentuch und flüsterte: »Ich war eben mit dem Popensohn zusammen.«

»Red keinen Unsinn.«

»Wahrhaftig!«

»Das ist Sünde!«, flüsterte Sofja.

»Lass doch ... Was gibt's da zu bedauern? Ist es Sünde, meinetwegen; besser vom Blitz erschlagen werden als solch ein Leben führen. Ich bin jung und gesund, aber mein Mann ist bucklig, und ich hasse ihn; er ist ein Eigenbrötler und schlimmer noch als der verdammte Djudja. Als Mädchen konnte ich mich nicht satt essen und musste barfuß gehen, ich wollte vor diesem Elend weglaufen, ließ mich von Aljoschkas Reichtum verlocken und geriet in die Gefangenschaft wie ein Fisch in die Reuse, und es würde mir leichter fallen, mit einer

Natter zu schlafen als mit diesem räudigen Aljoschka. Und wie ist dein Leben? Ich seh's doch mit eigenen Augen! Dein Fjodor hat dich aus der Fabrik fortgejagt zu seinem Vater und sich eine andere angeschafft; den Jungen haben sie dir weggenommen und ihm die Freiheit geraubt. Du arbeitest wie ein Pferd und hörst nicht einmal ein gutes Wort. Lieber sich sein ganzes Leben als Mädchen abrackern, lieber von den Popensöhnen einen halben Rubel nehmen und Almosen sammeln, lieber kopfüber in den Brunnen ...«

»Das ist Sünde!«, flüsterte Sofja wieder.

»Na wennschon.«

Irgendwo hinter der Kirche sangen wieder dieselben drei Stimmen – die beiden Tenöre und der Bass – ein schwermütiges Lied, und wieder konnte man die Worte nicht verstehen.

»Nachtschwärmer ...«, spottete Warwara.

Und sie begann im Flüsterton zu erzählen, wie sie sich nachts mit dem Popensohn amüsiere, was er zu ihr sage, was für Kameraden er habe und wie sie sich mit den durchreisenden Beamten und Kaufleuten vergnüge. Von dem schwermütigen Lied wehte ein Hauch freien Lebens herüber, und Sofja fing an zu lachen – es schien ihr sündhaft und schrecklich, und doch hörte es sich so süß an, sie beneidete Warwara, und zugleich tat es ihr leid, dass sie selbst nicht gesündigt hatte, als sie noch jung und schön war ...

Von der alten Kirche auf dem Friedhof schlug es Mitternacht.

»Zeit zum Schlafengehen«, sagte Sofja und stand auf, »sonst erwischt uns noch Djudja.« Beide gingen leise auf den Hof.

»Ich bin weggegangen und habe nicht gehört, was er danach noch von Maschenka erzählt hat«, sagte Warwara, während sie unterm Fenster ihr Bett bereitete.

»Sie ist im Gefängnis gestorben, hat er gesagt. Hat ihren Mann vergiftet.«

Warwara legte sich neben Sofja, dachte nach und sagte leise: »Ich könnte meinen Aljoschka auch umbringen, das würde mir nicht leidtun.«

»Red keinen Unsinn, Gott verzeih dir.«

Als Sofja am Einschlafen war, schmiegte sich Warwara an sie und flüsterte ihr ins Ohr:

»Lass uns Djudja und Aljoschka umbringen!«

Sofja zuckte zusammen und sagte nichts, dann schlug sie die Augen auf und schaute lange und starr zum Himmel empor.

»Die Leute werden's rauskriegen«, sagte sie dann.

»Sie werden's nicht. Djudja ist schon alt, für ihn ist es Zeit zu sterben, und von Aljoschka werden sie sagen, er sei im Suff krepiert.«

»Ich habe Angst ... Gott wird uns strafen.«

»Und wennschon.«

Beide schliefen nicht und dachten schweigend nach.

»Es ist kalt«, sagte Sofja, die schon am ganzen Leib zitterte. »Es muss bald Morgen sein ... Schläfst du?«

»Nein ... Hör nicht auf mich, meine Liebe«, flüsterte Warwara. »Ich bin böse auf sie, diese verfluchten Hunde, und weiß selbst nicht, was ich rede. Schlaf, der Himmel rötet sich schon ... Schlaf...«

Beide verstummten, beruhigten sich und waren bald eingeschlafen.

Als Erste erwachte die Alte. Sie weckte Sofja, und beide gingen unter das Vordach die Kühe melken. Der bucklige Aljoschka kam zurück, völlig betrunken und ohne Harmonika; Brust und Knie waren ganz voll Staub und Stroh – wahrscheinlich war er unterwegs hingefallen. Schwankend trat er unter das Vordach, warf sich, ohne sich auszuziehen, auf einen Schlitten und begann sogleich zu schnarchen. Als von der aufgehenden Sonne die Kreuze auf der Kirche und danach die Fenster wie im Schein von Flammen erglühten und die Schatten der Bäume und des Brunnenschwengels sich durch das taufeuchte Gras über den Hof hinzogen, sprang Matwej Sawwitsch auf und eilte geschäftig hin und her.

»Kuska, steh auf!«, rief er. »Zeit zum Anspannen! Los, los!«

Das morgendliche Durcheinander begann. Eine junge Jüdin in einem braunen Rüschenkleid führte ein Pferd zur Tränke auf den Hof. Der Ziehbrunnen ächzte kläglich, der Eimer polterte … Kuska saß verschlafen, matt und von Tau bedeckt auf dem Wagen, zog träge seinen Rock an und hörte zu, wie im Brunnen das Wasser aus dem Eimer schwappte, und er schüttelte sich vor Kälte.

»Tantchen«, rief Matwej Sawwitsch zu Sofja hin, »stoß mal meinen Burschen an, er soll die Pferde anspannen!«

Zur gleichen Zeit rief Djudja aus dem Fenster:

»Sofja, lass dir von der Jüdin für das Tränken eine Kopeke geben! Ist aufdringlich, dieses räudige Volk.«

Auf der Straße liefen Schafe hin und her und blökten; Weiber schrien den Hirten an, der auf seiner Flöte spielte, mit der Peitsche knallte oder mit seiner heiseren Bassstimme antwortete. Drei Schafe kamen in den Hof gelaufen und stießen sich, da sie das Tor nicht fanden, am Zaun. Von dem Lärm erwachte Warwara; sie nahm ihr Bettzeug unter den Arm und ging zum Haus.

»Könntest wenigstens die Schafe wegjagen!«, rief die Alte ihr zu. »Feine Dame!«

»Noch was! Werde doch nicht für euch Gesindel arbeiten!«, murmelte Warwara, als sie ins Haus ging.

Man schmierte den Wagen und spannte die Pferde an. Aus dem Haus trat Djudja mit dem Rechenbrett in der Hand, setzte sich auf die Vortreppe und fing an auszurechnen, wie viel der Reisende für Nachtlager, Hafer und Tränke zu zahlen habe.

»Du verlangst aber viel für den Hafer, Großvater«, sagte Matwej Sawwitsch.

»Wenn er dir zu teuer ist, brauchst du ihn nicht zu nehmen. Wir zwingen dich nicht, Kaufmann.«

Als die Reisenden zu ihrem Wagen gingen, um aufzusteigen und loszufahren, wurden sie noch für einige Augenblicke aufgehalten. Kuskas Mütze war nicht da.

»Wo hast du Ferkel sie gelassen?«, rief Matwej Sawwitsch ärgerlich. »Wo ist sie?«

Kuska verzog erschreckt das Gesicht, rannte um den Wagen herum und eilte, da er die Mütze nicht fand, zum Tor, dann unter das Vordach. Die Alte und Sofja halfen ihm suchen.

»Ich reiß dir die Ohren ab!«, schrie Matwej Sawwitsch. »So ein Schmutzfink!«

Die Mütze fand sich auf dem Boden des Wagens. Kuska wischte mit dem Ärmel das Heu ab, setzte sie auf und kletterte ängstlich, immer noch mit erschreckter Miene, als fürchte er, von hinten geschlagen zu werden, auf den Wagen. Matwej Sawwitsch bekreuzigte sich, der Bursche zog die Zügel an, und das Fahrzeug setzte sich in Bewegung und rollte zum Hof hinaus.

Flattergeist

I

Auf der Hochzeit von Olga Iwanowna waren alle ihre Freunde und guten Bekannten zugegen.

»Sehen Sie ihn an: Nicht wahr, es ist etwas an ihm?«, sagte sie zu ihren Freunden mit einem Kopfnicken zu ihrem Mann hin, als wünschte sie zu erklären, warum sie gerade diesen schlichten, ganz gewöhnlichen und durch nichts bemerkenswerten Menschen geheiratet hatte.

Ihr Mann, Ossip Stepanytsch Dymow, war Arzt und besaß den Rang eines Titularrates. Er war in zwei Krankenhäusern tätig: in dem einen als außerplanmäßiger Stationsarzt und in dem anderen als Prosektor. Täglich von neun Uhr morgens bis Mittag hielt er Sprechstunde ab und arbeitete auf seiner Station, und nachmittags fuhr er mit der Pferdebahn in das andere Krankenhaus, wo er die gestorbenen Kranken sezierte. Seine Privatpraxis war klein, sie brachte ihm etwa fünfhundert Rubel im Jahr ein. Das war alles. Was ließe sich noch von ihm sagen?

Indessen waren Olga Iwanowna und ihre Freunde und guten Bekannten alles andere als gewöhnliche Menschen. Jeder von ihnen war durch irgendetwas bemerkenswert und ein bisschen bekannt, hatte bereits einen Namen und galt als Berühmtheit oder aber, wenn er noch nicht berühmt war, berechtigte er doch zu glänzenden Hoffnungen. So der Schauspieler vom Dramatischen Theater, ein großes, längst anerkanntes Talent, ein eleganter, kluger und bescheidener Mann und ausgezeichneter Rezitator, der Olga Iwanowna rezitieren lehrte; so der Sänger von der Oper, ein gutmütiger Dicker, der Olga Iwanowna mit einem Seufzer versicherte, dass sie sich zugrunde richte: wenn sie nicht so faul wäre und sich zusammennähme, dann könnte aus ihr eine bemerkenswerte Sängerin werden; dann noch einige Künstler und an ihrer Spitze der Genre-, Tier- und Landschaftsmaler Rjabowski, ein sehr schöner, blonder junger Mann von etwa fünfundzwanzig Jahren, der auf Ausstellungen Erfolg gehabt und sein letztes Bild für fünfhundert Rubel verkauft hatte; er korrigierte Olga Iwanownas Studien und sagte, aus ihr könnte vielleicht etwas Vernünftiges werden; dann ein Cellospieler, dessen Instrument schluchzte und der ganz offen zugab, von allen ihm bekannten Frauen verstehe einzig und allein Olga Iwanowna zu begleiten; dann noch ein junger, aber schon bekannter Schriftsteller, der Romane, Theaterstücke und Erzählungen schrieb. Wer noch? Nun, Wassili Wassiljitsch noch, ein gebildeter, wohlhabender Herr, ein Gutsbesitzer, dilettierender Illustrator und Vignettenzeichner, der ein stark entwickeltes Gefühl für den alten russischen Stil, die Bylinen und das Epos besaß; auf Papier, Porzellan und angerußten Tellern vollbrachte er buchstäblich Wunder. Inmitten dieser freien und vom Schicksal verwöhnten Gesellschaft von Künstlern, die zwar taktvoll und bescheiden waren, sich aber der Existenz von irgendwelchen Ärzten nur während einer Krankheit erinnerten und für die der Name Dymow einen ebenso gleichgültigen Klang hatte wie Sidorow oder Tarassow – inmitten dieser Gesellschaft wirkte Dymow fremd, überflüssig und klein, obgleich er groß von Wuchs und breit in den Schultern war. Es schien, als trüge er einen fremden Frack und einen Bart, wie ihn kleine Angestellte haben. Wäre er übrigens Schriftsteller gewesen oder Künstler, man hätte gesagt, dass er mit seinem kurzen Bart an Zola erinnere.

Der Schauspieler sagte zu Olga Iwanowna, sie gleiche mit ihrem flachsblonden Haar und in ihrem Brautkleid einem schlanken Kirschbäumchen, wenn es im Frühling über und über mit zarten weißen Blüten bedeckt sei.

»Nein, hören Sie doch!«, sagte Olga Iwanowna zu ihm und ergriff seine Hand. »Wie konnte das plötzlich geschehen? Hören Sie, hören Sie doch ... Sie müssen wissen, dass mein Vater mit Dymow zusammen am selben Krankenhaus tätig war.

Als der arme Vater erkrankte, hat Dymow ganze Tage und Nächte an seinem Bett gewacht. Eine solche Selbstaufopferung! Hören Sie, Rjabowski ... Auch Sie, Herr Schriftsteller, hören Sie zu, das ist sehr interessant. Kommen Sie ein bisschen näher. Eine solche Selbstaufopferung und aufrichtige Teilnahme! Auch ich habe die Nächte nicht geschlafen und beim Vater gesessen, und plötzlich – da haben wir's, hatte ich den guten Jungen erobert! Mein Dymow hatte sich bis über beide Ohren in mich verliebt. Wirklich, das Schicksal ist manchmal so wunderlich. Nun, nach dem Tode des Vaters besuchte er mich hin und wieder, begegnete mir auf der Straße, und eines schönen Abends – bums! – hat er mir auf einmal einen Heiratsantrag gemacht ... wie ein Blitz aus heiterm Himmel ... Ich habe die ganze Nacht hindurch geweint und mich selber ganz toll verliebt. Und jetzt, wie Sie sehen, bin ich eine Ehefrau geworden. Nicht wahr, er hat etwas Starkes, Machtvolles, Bärenhaftes an sich? Jetzt ist uns sein Gesicht zu drei Vierteln zugekehrt, es ist schlecht beleuchtet, aber wenn er sich umdreht, dann schauen Sie sich seine Stirn an. Rjabowski, was sagen Sie zu dieser Stirn? Dymow, wir sprechen von dir!«, rief sie ihrem Mann zu. »Komm her. Reiche Rjabowski deine ehrenwerte Hand ... So ist's recht. Seid Freunde.«

Dymow streckte Rjabowski gutmütig und naiv lächelnd die Hand entgegen und sagte:

»Sehr erfreut. Mit mir zusammen hat auch ein gewisser Rjabowski sein Studium abgeschlossen. Ist das ein Verwandter von Ihnen?«

II

Olga Iwanowna war zweiundzwanzig Jahre alt, Dymow einunddreißig. Sie führten nach der Hochzeit ein vortreffliches Leben. Olga Iwanowna behängte alle Wände im Salon über und über mit eigenen und fremden Malstudien mit und ohne Rahmen, und um den Flügel und die Möbel herum arrangierte sie ein reizvolles Gedränge aus chinesischen Schirmen, Staffeleien, allerhand Fetzen in verschiedenen Farben, Dolchen, kleinen Büsten und Fotografien ... Im Esszimmer beklebte sie die Wände mit bunten Jahrmarktbildern, hängte Bastschuhe und Sicheln auf, stellte in eine Ecke eine Sense und einen Rechen, und das ergab dann ein Esszimmer im russischen Stil. Im Schlafzimmer hatte sie, damit es einer Höhle ähnlich wurde, die Decke und die Wände mit dunklem Tuch drapiert, über den Betten eine venezianische Laterne aufgehängt und an die Tür eine Figur mit einer Hellebarde gestellt. Und alle fanden, dass die jungen Ehegatten ein sehr hübsches kleines Heim hätten.

Flattergeist

Täglich, wenn sie gegen elf Uhr aufgestanden war, spielte Olga Iwanowna auf dem Flügel, oder aber sie malte, wenn die Sonne schien, irgendetwas mit Ölfarben. Sodann, nach zwölf Uhr, fuhr sie zu ihrer Schneiderin. Da sie und Dymow mit Geld äußerst knapp waren, mussten sie und ihre Schneiderin allerhand Kunstgriffe anwenden, damit sie öfter in neuen Kleidern erscheinen und mit ihren Toiletten Aufsehen erregen konnte. Sehr oft brachten sie aus einem umgefärbten Kleid, aus kleinen Tüll-, Spitzen-, Plüsch- und Seidenresten, die nichts kosteten, wahre Wunderwerke zustande, etwas Bezauberndes, das kein Kleid, sondern ein Traum war. Von der Schneiderin fuhr Olga Iwanowna zu irgendeiner ihr bekannten Schauspielerin, um die Theaterneuigkeiten zu erfahren und bei der Gelegenheit um ein Billett für die Premiere eines neuen Stückes oder für eine Benefizvorstellung zu bitten. Von der Schauspielerin fuhr sie gewöhnlich in das Atelier eines Künstlers oder in eine Bilderausstellung, danach zu irgendeiner Berühmtheit – um sie zu sich einzuladen oder einen Besuch zu erwidern oder einfach um zu plaudern. Und überall wurde sie fröhlich und freundschaftlich empfangen, und man versicherte ihr, sie sei hübsch, nett und ein seltener Mensch ... Diejenigen, die sie als berühmt und groß bezeichnete, nahmen sie auf wie eine der Ihrigen, wie eine Gleichgestellte, und prophezeiten ihr einstimmig, dass aus ihr, bei ihren Talenten, ihrem Geschmack und Verstand, etwas sehr Gescheites werden würde, wenn sie sich nicht zersplittere. Sie sang, spielte Klavier, malte, modellierte, beteiligte sich an Liebhaberaufführungen, doch dies alles nicht irgendwie, sondern mit Talent; ob sie Laternchen für Illuminationen machte, ob sie sich festlich anzog, ob sie jemandem die Krawatte band – alles gelang ihr ungewöhnlich künstlerisch, graziös und reizend. Doch nirgends trat ihre Talentiertheit so deutlich zutage wie in ihrem Geschick, mit berühmten Leuten rasch Bekanntschaft zu schließen und sich mit ihnen anzufreunden. Es brauchte jemand nur ein bisschen berühmt zu werden und von sich reden zu machen, da war sie auch schon mit ihm bekannt, hatte am gleichen Tag mit ihm Freundschaft geschlossen und ihn zu sich eingeladen. Jede neue Bekanntschaft war für sie ein reines Fest. Sie vergötterte berühmte Leute, war stolz auf sie und träumte jede Nacht von ihnen. Sie dürstete nach ihnen und konnte ihren Durst ganz und gar nicht stillen. Alte Bekannte gingen weg und wurden vergessen, neue kamen und lösten sie ab, aber auch an diese gewöhnte sie sich rasch oder war von ihnen enttäuscht, und dann suchte sie begierig nach neuen und immer neuen großen Leuten, fand sie und suchte wieder. Wozu?

Nach vier Uhr aß sie zu Hause mit ihrem Mann zu Mittag. Seine Einfachheit, sein gesunder Verstand und seine Gutmütigkeit versetzten sie in Rührung und Begeisterung. Sie sprang immerfort auf, umfasste ungestüm seinen Kopf und bedeckte ihn mit Küssen.

»Dymow, du bist ein kluger und edler Mensch«, sagte sie, »aber du hast einen sehr schwerwiegenden Fehler. Du interessierst dich überhaupt nicht für die Kunst. Du lehnst sowohl die Musik wie die Malerei ab.«

»Ich verstehe nichts davon«, sagte er sanft. »Ich habe mich mein ganzes Leben lang mit Naturwissenschaften und Medizin befasst, und ich hatte keine Zeit, mich für die Künste zu interessieren.«

»Aber das ist doch entsetzlich, Dymow!«

»Warum denn? Deine Bekannten verstehen nichts von Naturwissenschaften und Medizin, trotzdem machst du ihnen keinen Vorwurf daraus. Jedem das Seine. Ich verstehe auch nichts von Landschaften und Opern, aber ich denke so: Wenn kluge Leute ihnen ihr ganzes Leben widmen, andere kluge Leute dafür aber ungeheure Summen bezahlen, dann sind sie eben notwendig. Ich verstehe nichts davon, aber nicht verstehen heißt noch nicht ablehnen.«

»Komm, lass mich deine ehrenwerte Hand drücken!«

Nach dem Mittagessen fuhr Olga Iwanowna zu Bekannten, dann ins Theater oder in ein Konzert und kehrte nach Mitternacht nach Hause zurück.

So ging es jeden Tag.

Mittwochs fanden bei ihr kleine Abendgesellschaften statt. An diesen Abenden spielten die Hausfrau und ihre Gäste nicht Karten, und sie tanzten auch nicht, sondern unterhielten sich mit allerhand Künsten. Der Schauspieler vom Dramatischen Theater rezitierte, der Sänger sang, die Maler zeichneten etwas in die Alben, von denen Olga Iwanowna eine Menge besaß, der Cellist spielte, und die Hausfrau selber zeichnete und modellierte ebenfalls, sie sang und begleitete sich und die anderen. In den Pausen zwischen den Rezitationen, der Musik und dem Gesang sprach und debattierte man über Literatur, Theater und Malerei. Damen waren nicht anwesend, weil Olga Iwanowna alle Damen außer Schauspielerinnen und ihrer Schneiderin für langweilig und fade hielt. Keine einzige Abendgesellschaft verging, ohne dass die Hausfrau bei jedem Klingeln an der Tür zusammenfuhr und mit einem sieghaften Gesichtsausdruck sagte: »Das ist er!«, und mit diesem

Flattergeist

Wort »er« meinte sie irgendeine neue, eingeladene Berühmtheit.

Dymow war im Salon nicht anwesend, und niemand dachte an seine Existenz. Doch pünktlich um halb zwölf öffnete sich die Tür, die ins Esszimmer führte, Dymow erschien mit seinem gutmütigen, sanften Lächeln und sagte händereibend: »Meine Herren, ich bitte zu einem Imbiss.«

Alle gingen ins Esszimmer, und jedes Mal erblickten sie auf dem Tisch ein und dasselbe: eine Schüssel mit Austern, ein Stück gekochten Schinken oder Kalbfleisch, Sardinen, Käse, Kaviar, Pilze, Wodka und zwei Karaffen Wein.

»Mein lieber maître d'hôtel!«, sagte Olga Iwanowna und schlug vor Begeisterung die Hände zusammen. »Du bist einfach bezaubernd! Meine Herren, sehen Sie sich seine Stirn an! Dymow, dreh mir mal dein Profil zu. Meine Herren, schauen Sie hin: das Gesicht eines bengalischen Tigers, aber der Ausdruck ist gut und lieb wie bei einem Hirsch. Uh, du Lieber!«

Die Gäste aßen und dachten, während sie auf Dymow blickten: Tatsächlich ein netter Kerl!, vergaßen ihn aber bald und fuhren fort, vom Theater, von Musik und Malerei zu reden.

Die jungen Ehegatten waren glücklich, und ihr Leben verlief wie am Schnürchen. Übrigens, die dritte Woche ihres Honigmondes verbrachten sie nicht glücklich, sondern sogar traurig. Dymow hatte sich im Krankenhaus mit Rose angesteckt, er lag sechs Tage zu Bett und musste sein schönes schwarzes Haar ratzekahl abschneiden lassen. Olga Iwanowna saß neben ihm und weinte bitterlich, doch als es ihm besserging, band sie ihm ein weißes Tuch um seinen geschorenen Kopf und malte ihn als Beduinen. Und beide waren vergnügt. Etwa drei Tage nachdem er gesund geworden war und wieder ins Krankenhaus ging, stieß ihm ein neues Missgeschick zu.

»Ich habe kein Glück, Mama!«, sagte er einmal beim Mittagessen. »Heute hatte ich vier Leichen zu sezieren, und ich habe mich gleich in zwei Finger geschnitten. Und erst zu Hause habe ich es bemerkt.«

Olga Iwanowna erschrak. Er lächelte und sagte, das seien Kleinigkeiten und es passiere ihm häufig, dass er sich beim Sezieren in die Hände schneide.

»Ich vergesse alles um mich her, Mama, und ich sehe mich nicht vor.«

Olga Iwanowna befürchtete voller Unruhe eine Leicheninfektion und betete in den Nächten zu Gott, aber alles ging gut ab. Und wieder floss das glückliche Leben dahin, ohne Kümmernisse und Sorgen. Die Gegenwart war wunderschön, und sie wurde abgelöst von dem nahenden Frühling, der ihnen bereits von ferne zulächelte und tausend Freuden versprach. Das Glück würde kein Ende haben! Im April, im Mai und im Juni ein Landhaus weit draußen außerhalb der Stadt, Spaziergänge, Malstudien, Fischfang, Nachtigallen, und dann, vom Juli bis in den Herbst hinein, eine Fahrt mit den Künstlern an die Wolga, und an dieser Fahrt wird – als ständiges Mitglied der société – auch Olga Iwanowna teilnehmen. Sie hatte sich bereits zwei Reisekostüme aus Leinen nähen lassen, Farben, Pinsel, Leinwand und eine neue Palette für unterwegs gekauft. Fast jeden Tag kam Rjabowski zu ihr, um nachzusehen, was für Fortschritte sie in der Malerei gemacht hatte. Wenn sie ihm ihre Malerei zeigte, steckte er die Hände tief in die Taschen, presste die Lippen fest aufeinander, schnaufte und sagte: »Tja ... Ihre Wolke da schreit – die Beleuchtung ist nicht abendlich. Der Vordergrund ist irgendwie gequetscht und, Sie verstehen, ein bisschen ... na, nicht so ... Und die kleine Hütte hat sich an etwas verschluckt und piepst jämmerlich ... diese Ecke müsste ein wenig dunkler genommen werden. Aber im Allgemeinen nicht übel ... Ich muss es loben.«

Und je unverständlicher er sprach, desto leichter verstand ihn Olga Iwanowna.

III

Am zweiten Pfingsttag nach dem Mittagessen kaufte Dymow Konfekt und Verschiedenes zum Imbiss und fuhr zu seiner Frau ins Landhaus. Er hatte sie schon zwei Wochen lang nicht gesehen, und seine Sehnsucht war groß. Während er im Zug saß und nachher, als er in dem großen Waldstück sein Landhaus suchte, verspürte er die ganze Zeit Hunger und Müdigkeit und träumte davon, wie er im Freien zusammen mit seiner Frau zu Abend essen und sich dann schlafen legen würde. Er blickte mit Vergnügen auf sein Paket, in dem Kaviar, Käse und Weißlachs eingewickelt waren.

Als er sein Landhaus gefunden hatte, ging bereits die Sonne unter. Die alte Bediente sagte, die gnädige Frau sei nicht zu Hause, käme aber wahrscheinlich bald. Das Landhaus, das sehr unansehnlich wirkte mit seinen niedrigen, mit Schreibpapier beklebten Decken und den unebenen, rissigen Dielen, hatte nur drei Zimmer. In dem einen stand das Bett, in dem anderen lagen auf Stühlen und Fensterbrettern Gemälde, Pinsel, mit Fett verschmiertes Papier, Herrenhüte und -mäntel herum, und im dritten fand Dymow drei unbekannte Männer vor. Zwei waren bärtige Brünette, der dritte, ein glattrasierter Dicker, war offensichtlich ein Schauspieler. Auf dem Tisch dampfte der Samowar.

»Was wünschen Sie?«, fragte der Schauspieler im Bass und betrachtete Dymow griesgrämig. »Sie wollen zu Olga Iwanowna? Warten Sie, sie wird gleich kommen.«

Dymow setzte sich und wartete. Einer der Brünetten blickte hin und wieder schläfrig und träge zu ihm hinüber, goss sich Tee ein und fragte:

»Wollen Sie vielleicht Tee?«

Dymow hätte gern getrunken und gegessen, aber um sich den Appetit nicht zu verderben, schlug er den Tee aus. Bald ertönten Schritte und ein bekanntes Lachen; eine Tür klappte, und ins Zimmer kam Olga Iwanowna gelaufen, in einem breitrandigen Hut und mit dem Malkasten in der Hand, hinter ihr trat mit einem großen Sonnenschirm und einem Klappstuhl der lustige, rotwangige Rjabowski ein.

»Dymow!«, schrie Olga Iwanowna auf und wurde rot vor Freude. »Dymow!«, wiederholte sie, während sie Kopf und Hände an seine Brust legte. »Du bist es! Warum bist du so lange nicht gekommen? Warum nicht? Warum?«

»Wann sollte ich denn, Mama? Ich habe immer zu tun, und bin ich mal frei, dann klappt es nie mit dem Fahrplan.«

»Aber wie ich mich freue, dich zu sehen! Ich habe die ganze, ganze Nacht von dir geträumt, und ich habe solche Angst gehabt, du könntest krank geworden sein.

Flattergeist

Ach, wenn du wüsstest, wie lieb du bist, wie du zur rechten Zeit gekommen bist! Du wirst mein Retter sein. Du allein kannst mich retten. Morgen wird hier eine überaus originelle Hochzeit sein«, fuhr sie lachend und ihrem Mann die Krawatte bindend fort. »Der junge Telegrafist auf der Station heiratet, ein gewisser Tschikeldejew. Ein schöner junger Mann, na, und er ist auch nicht dumm, und im Gesicht, weißt du, hat er so etwas Starkes, Bärenhaftes ... Man kann nach ihm einen jungen Waräger malen. Wir Sommerfrischler mögen ihn sehr gern und haben ihm das Ehrenwort gegeben, zu seiner Hochzeit zu kommen ... Er ist kein reicher Mann, einsam und schüchtern, und es wäre natürlich eine Sünde, ihm die Teilnahme zu verweigern. Stell dir vor, die Trauung ist nach dem Hochamt, danach gehen alle aus der Kirche zu Fuß zum Haus der Braut ... verstehst du, der Hain, der Gesang der Vögel, Sonnenflecken im Gras, und wir alle als verschiedenfarbige Flecken auf dem leuchtend grünen Hintergrund – sehr originell, im Geschmack der französischen Expressionisten. Aber, Dymow, was soll ich in die Kirche anziehen?«, sagte Olga Iwanowna und machte ein weinerliches Gesicht. »Ich habe nichts hier, buchstäblich nichts! Weder ein Kleid noch Blumen, noch Handschuhe ... Du musst mich retten. Wenn du gekommen bist, hat dir folglich das Schicksal befohlen, mich zu retten. Mein Lieber, nimm die Schlüssel, fahr nach Hause und hole dort mein rosa Kleid aus dem Garderobenschrank. Du erinnerst dich, es hängt als Erstes drin ... Dann in der Vorratskammer, auf der rechten Seite, wirst du auf dem Fußboden zwei Kartons sehen. Wenn du den obersten aufmachst, dann ist dort nichts als Tüll, Tüll, Tüll und allerhand Restchen, und darunter sind Blumen. Die Blumen nimm alle vorsichtig heraus, gib dir Mühe, Liebling, dass du sie nicht zerdrückst, ich wähle sie dann selbst aus ... Und kauf mir Handschuhe.«

»Gut«, sagte Dymow. »Ich fahre morgen und schicke dir alles.«

»Wann denn morgen?«, fragte Olga Iwanowna und blickte ihn verwundert an. »Wie willst du das denn morgen schaffen? Morgen geht der erste Zug um neun Uhr, und die Trauung ist um elf. Nein, Herzchen, es muss heute sein, unbedingt heute! Wenn du morgen nicht herkommen kannst, dann schick es mit einem Boten. Nun, geh schon ... Gleich muss der Personenzug kommen. Verspäte dich nicht, Liebling.«

»Gut.«

»Ach, wie leid es mir tut, dich wegzulassen«, sagte Olga Iwanowna, und Tränen traten ihr in die Augen. »Und warum hab ich dummes Ding dem Telegrafisten mein Wort gegeben!«

Dymow trank schnell ein Glas Tee, nahm einen Kringel und begab sich, sanft lächelnd, zur Station. Den Kaviar, den Käse und den Weißlachs aber aßen die beiden Brünetten und der dicke Schauspieler auf.

IV

In einer stillen Mondscheinnacht im Juli stand Olga Iwanowna auf dem Deck eines Wolgadampfers und blickte bald auf das Wasser, bald auf die schönen Ufer. Neben ihr stand Rjabowski und erzählte ihr, dass die schwarzen

Schatten auf dem Wasser keine Schatten wären, sondern ein Traum, und dass angesichts dieses bezaubernden Wassers mit dem phantastischen Schimmer, angesichts des bodenlosen Himmels und der traurigen, verträumten Ufer, die von der Nichtigkeit unseres Lebens sprächen und dem Vorhandensein von etwas Höherem, Ewigem, Glückseligem, es gut wäre, einzuschlafen, zu sterben, Erinnerung zu werden. Die Vergangenheit sei fade und uninteressant, die Zukunft nicht der Rede wert, und diese wunderbare, im Leben einzigartige Nacht würde bald zu Ende sein, mit der Ewigkeit verschmelzen – wozu denn leben?

Und Olga Iwanowna lauschte bald der Stimme Rjabowskis, bald der nächtlichen Stille und dachte, dass sie unsterblich sei und niemals sterben würde. Das türkisfarbene Wasser – nie hatte sie früher eine solche Farbe gesehen –, der Himmel, die Ufer, die schwarzen Schatten und eine unerklärliche Freude, die ihre Seele erfüllte, sagten ihr, aus ihr würde eine große Künstlerin werden und irgendwo dort in der Ferne, jenseits der Mondscheinnacht, im unendlichen Raum erwarteten sie der Erfolg und der Ruhm, die Liebe des Volkes … Während sie lange und starr in die Ferne schaute, war ihr, als sähe sie große Menschenmengen und Lichter, als hörte sie feierliche Musikklänge und Schreie der Begeisterung, sie sah sich selbst in einem weißen Kleid und Blumen, die von allen Seiten auf sie niederfielen. Sie dachte auch daran, dass neben ihr, die Ellbogen auf das Schiffsgeländer gestützt, ein wirklich großer Mann stand, ein Genie, ein Erwählter Gottes. Alles, was er bisher geschaffen hatte, war herrlich, neu und ungewöhnlich, und das, was er mit der Zeit noch schaffen würde, wenn mit der männlichen Reife sein seltenes Talent gewachsen war, würde überwältigend, unermesslich erhaben sein, das konnte man seinem Gesicht anmerken, seiner Art, sich auszudrücken, und seinem Verhalten zur Natur. Von den Schatten, den abendlichen Tönen, vom Mondschein sprach er irgendwie besonders, in einer ihm eigenen Sprache, so dass man unwillkürlich den Zauber seiner Macht über die Natur verspürte. Er selber war sehr schön, originell, und sein unabhängiges, freies Leben, das nichts zu tun hatte mit allem Alltäglichen, glich dem Leben der Vögel.

»Es wird frisch«, sagte Olga Iwanowna und erschauerte.

Rjabowski hüllte sie in seinen Mantel und sagte traurig: »Ich fühle mich in Ihrer Gewalt. Ich bin Ihr Sklave. Warum sind Sie heute so bezaubernd?«

Er schaute sie immerfort an, ohne den Blick abzuwenden, und seine Augen waren schrecklich, und sie fürchtete sich, ihn anzusehen.

»Ich liebe Sie wahnsinnig …«, flüsterte er, und sein Atem streifte ihre Wange. »Sagen Sie mir ein einziges Wort, und ich werde nicht mehr leben, ich gebe die Kunst auf …«, murmelte er in starker Erregung. »Lieben Sie mich, lieben Sie mich …«

»Sprechen Sie nicht so«, sagte Olga Iwanowna, die Augen schließend. »Das ist furchtbar. Und Dymow?«

»Was soll Dymow? Warum Dymow? Was geht mich Dymow an? Die Wolga, der Mond, die Schönheit, meine Liebe, meine Begeisterung, da gibt es gar keinen Dymow … Ach, ich weiß nichts … Was brauch ich das Vergangene, schenken Sie mir einen Augenblick, nur einen Augenblick.«

Flattergeist

Olga Iwanownas Herz begann zu klopfen. Sie wollte an ihren Mann denken, aber ihre ganze Vergangenheit mit der Hochzeit, mit Dymow und den Abendgesellschaften erschien ihr klein, nichtig, glanzlos, unnötig und weit, weit entfernt ... Tatsächlich: Was sollte Dymow? Warum Dymow? Was ging sie Dymow an? Ja existierte er denn in der Natur, war er nicht vielleicht nur ein Traum?

Für ihn, den einfachen und gewöhnlichen Menschen, genügt auch das Glück, das er schon bekommen hat, dachte sie und bedeckte das Gesicht mit den Händen. Meinetwegen sollen sie mich *dort* verurteilen, verfluchen, ich aber werde ganz einfach, allen zum Trotz, ohne mich lange zu besinnen, zugrunde gehen, jawohl, ich gehe zugrunde ... Man muss alles im Leben kennenlernen. Gott, wie unheimlich ist das und wie schön!

»Nun, was ist?«, murmelte der Künstler, indem er sie umarmte und gierig ihre Hände küsste, mit denen sie den schwachen Versuch machte, ihn abzuwehren. »Liebst du mich? Ja, ja? Oh, welche Nacht! Eine wunderbare Nacht!«

»Ja, welch eine Nacht!«, flüsterte sie, ihm in die Augen schauend, die von Tränen glänzten, dann blickte sie sich rasch um, umarmte ihn und küsste ihn fest auf den Mund.

»Wir nähern uns Kineschma!«, sagte jemand auf der anderen Seite des Decks.

Schwere Schritte ertönten. Der Kellner vom Büfett ging vorbei.

»Hören Sie«, sagte Olga Iwanowna zu ihm, lachend und weinend vor Glück, »bringen Sie uns Wein.«

Der Künstler, blass vor Erregung, setzte sich auf eine Bank, blickte Olga Iwanowna flehend und dankbar an, dann schloss er die Augen und sagte mit einem schmachtenden Lächeln: »Ich bin müde.«

Und lehnte den Kopf an die Reling.

V

Der zweite September war ein warmer und ruhiger, aber trüber Tag. Früh am Morgen zog ein leichter Nebel über die Wolga, und nach neun Uhr fing es an zu regnen. Es bestand keine Hoffnung, dass der Himmel sich aufklären würde. Beim Tee sagte Rjabowski zu Olga Iwanowna, dass die Malerei die allerundankbarste und die allerlangweiligste Kunst sei, dass er kein Künstler wäre und nur Dummköpfe dächten, er habe Talent, und plötzlich ergriff er, mir nichts, dir nichts, ein Messer und kratzte damit auf seiner besten Studie herum. Nach dem Tee saß er düster am Fenster und blickte auf die Wolga. Und die Wolga war bereits ohne Glanz, trübe und farblos, und sah kalt aus. Alles, alles gemahnte an das Herannahen des schwermütigen, düsteren Herbstes. Und es war, als hätte die Natur die üppigen grünen Matten auf den Ufern, die diamantenen Spiegelungen der Sonnenstrahlen, die durchsichtige blaue Ferne und alles Prächtige und Festtägliche jetzt von der Wolga weggenommen und bis zum nächsten Frühling in Truhen verpackt, und Krähen flogen neben der Wolga her und neckten sie: »Kahl bist du! Kahl bist du!« Rjabowski lauschte ihrem Krächzen und dachte daran, dass er schon das Talent verloren und sich verausgabt habe, dass alles auf dieser Welt bedingt, relativ und dumm sei und dass er sich mit dieser Frau nicht hätte einlassen sollen ... Mit einem Wort, er war schlecht gelaunt und blies Trübsal.

Olga Iwanowna saß auf dem Bett hinter einer Trennwand, und während sie mit den Händen durch ihr wunderschönes Flachshaar fuhr, sah sie sich in ihrer Phantasie bald im Salon, bald im Schlafzimmer, bald im Arbeitszimmer ihres Mannes; ihre Phantasie versetzte sie ins Theater, zu ihrer Schneiderin und zu berühmten Freunden. Was taten sie wohl jetzt? Gedachten sie ihrer? Die Saison hatte schon begonnen, und es war Zeit, an die Abendgesellschaften zu denken. Und Dymow? Lieber Dymow! Wie sanft und kindlich-klagend bat er sie in seinen Briefen, recht bald nach Hause zu kommen! Jeden Monat schickte er ihr fünfundsiebzig Rubel, und als sie ihm schrieb, sie habe bei den Künstlern hundert Rubel Schulden, sandte er ihr auch diese hundert. Was für ein guter, großmütiger Mensch! Die Reise hatte Olga Iwanowna ermüdet, sie langweilte sich, und sie wäre so gern recht bald diesen Bauern, der Nähe des Flusses mit dem Geruch von Feuchtigkeit entflohen und das Gefühl der physischen Unsauberkeit losgeworden, das sie die ganze Zeit über empfunden hatte, während sie in Bauernhütten gelebt hatte und von Dorf zu Dorf gezogen war. Wenn Rjabowski den Malern nicht sein Ehrenwort gegeben hätte, dass er mit ihnen bis zum zwanzigsten September hier bliebe, dann hätte man bereits heute wegfahren können. Und wie schön wäre das gewesen!

»Mein Gott«, stöhnte Rjabowski auf, »wann wird es endlich Sonne geben? Ich kann doch eine sonnige Landschaft nicht ohne Sonne weitermalen ...!«

»Aber du hast doch eine Studie mit bedecktem Himmel«, sagte Olga Iwanowna und kam hinter der Trennwand hervor. »Erinnerst du dich, rechts im Vordergrund ist Wald, und links sind Gänse und eine Herde Kühe. Jetzt könntest du sie beenden.«

»Ah!« Der Künstler verzog das Gesicht. »Beenden! Glauben Sie wirklich, ich bin so dumm, dass ich nicht weiß, was ich tun muss!«

»Wie hast du dich mir gegenüber verändert!« Olga Iwanowna seufzte.

»Na und, wunderbar!«

Olga Iwanownas Gesicht fing an zu zittern, sie ging zum Ofen und brach in Tränen aus.

»Ja, nur Tränen haben noch gefehlt. Hören Sie auf! Ich habe tausend Gründe zum Weinen, trotzdem weine ich nicht.«

»Tausend Gründe!«, schluchzte Olga Iwanowna. »Der Hauptgrund ist der, dass Sie in mir schon eine Last sehen. Jawohl!«, sagte sie und weinte laut. »Wenn ich die Wahrheit sagen soll, so schämen Sie sich unserer Liebe. Sie geben sich immer Mühe, dass die Maler nichts merken sollen, obgleich das nicht zu verheimlichen ist und sie alles längst wissen.«

»Olga, ich bitte Sie um eines«, sagte der Künstler flehend und legte die Hand aufs Herz, »um eines: Quälen Sie mich nicht! Weiter verlange ich nichts von Ihnen!«

»Aber schwören Sie mir, dass Sie mich immer noch liebhaben!«

»Das ist qualvoll!«, murmelte der Künstler zwischen den Zähnen und sprang auf. »Es wird damit enden, dass ich mich in die Wolga stürze oder wahnsinnig werde. Lassen Sie mich in Ruhe!«

»So schlagen Sie mich tot, schlagen Sie mich doch tot!«, schrie Olga Iwanowna. »Schlagen Sie mich tot!« Sie begann wieder bitterlich zu weinen und begab sich hinter die Trennwand. Auf das Strohdach der Hütte rauschte der Regen hernieder. Rjabowski fasste sich an den Kopf und ging aus einer Ecke in die andere, dann setzte er mit einem entschlossenen Gesicht, als wollte er jemandem etwas beweisen, die Mütze auf, hängte sich die Flinte über die Schulter und verließ die Hütte.

Als er weggegangen war, lag Olga Iwanowna lange auf dem Bett und weinte. Anfangs dachte sie daran, dass es gut wäre, sich zu vergiften, damit der zurückkehrende Rjabowski sie tot antreffe, aber dann sah sie sich in Gedanken in ihrem Salon, in dem Arbeitszimmer ihres Mannes und stellte sich vor, wie sie unbeweglich neben Dymow sitzen und sich dem Genuss der physischen Ruhe und Sauberkeit hingeben und abends im Theater sitzen und Masini hören würde. Und die Sehnsucht nach der Zivilisation, nach dem Lärm der Stadt und nach den berühmten Leuten machte ihr das Herz schwer. Die Bäuerin betrat die Hütte und begann gemächlich den Ofen zu heizen, um das Mittagessen zu kochen. Es fing an, brandig zu riechen, und die Luft wurde blau von Rauch. Die Künstler kamen in hohen, schmutzigen Stiefeln und mit regennassen Gesichtern, sie betrachteten die Studien und sagten sich selbst zum Trotz, die Wolga habe sogar bei schlechtem Wetter ihre Reize. Und die billige Uhr an der Wand machte ticktack, ticktack ... Die frierenden Fliegen drängten sich im Gotteswinkel um die Heiligenbilder und summten, und man konnte hören, wie in den dicken Pappschachteln unter den Bänken die Schaben herumwuselten ...

Flattergeist

Rjabowski kehrte nach Hause zurück, als die Sonne unterging. Er warf die Mütze auf den Tisch, ließ sich – blass, erschöpft, in schmutzigen Stiefeln – auf eine Bank fallen und schloss die Augen.

»Ich bin müde …«, sagte er und bewegte die Brauen, bemüht, die Augenlider zu heben.

Um sich bei ihm einzuschmeicheln und zu zeigen, dass sie nicht zürnte, trat Olga Iwanowna zu ihm, küsste ihn schweigend und fuhr ihm mit dem Kamm durch das blonde Haar. Sie hätte ihn gern gekämmt.

»Was ist denn?«, fragte er, zuckte zusammen, als hätte man ihn mit etwas Kaltem berührt, und öffnete die Augen. »Was ist denn? Lassen Sie mich in Ruhe, ich bitte Sie.«

Er schob sie mit den Händen beiseite und machte einige Schritte von der Bank weg, und ihr schien, dass sein Gesicht Widerwillen und Ärger ausdrückte. In diesem Augenblick brachte ihm die Bäuerin einen Teller mit Kohlsuppe, den sie vorsichtig mit beiden Händen trug, und Olga Iwanowna sah, wie ihre beiden Daumen von der Kohlsuppe benetzt wurden. Und das schmutzige Weib mit dem starken Bauch und die Kohlsuppe, die Rjabowski gierig zu essen begann, und die Hütte und dieses ganze Leben, das sie anfangs wegen seiner Einfachheit und künstlerischen Unordnung so geliebt hatte, erschienen ihr jetzt als etwas Entsetzliches. Sie fühlte sich plötzlich beleidigt und sagte kalt:

»Wir müssen uns für einige Zeit trennen, sonst könnten wir uns vor Langeweile ernstlich verzanken. Ich bin es leid. Ich reise heute ab.«

»Womit denn? Willst du auf einem Stöckchen reiten?«

»Heute ist Donnerstag, folglich kommt um halb zehn Uhr ein Dampfer.«

»Ach? Ja, ja ... Nun ja, fahre nur ...«, sagte Rjabowski weich und wischte sich statt mit der Serviette mit einem Handtuch den Mund ab. »Du langweilst dich hier und hast auch nichts zu tun, und man müsste ein großer Egoist sein, wenn man dich zurückhalten wollte. Fahre, und nach dem Zwanzigsten sehen wir uns wieder.«

Olga Iwanowna packte fröhlich ihre Sachen, und ihre Wangen röteten sich sogar vor Vergnügen. Sollte das wirklich wahr sein, fragte sie sich, dass sie bald im Salon malen, im Schlafzimmer schlafen und von einem Tischtuch zu Mittag essen würde? Ihr wurde leichter ums Herz, und sie war dem Künstler bereits nicht mehr böse.

»Die Farben und Pinsel lasse ich dir hier, Rjabuscha«, sagte sie. »Was übrig ist, bringst du mit ... Sieh nur zu, dass du ohne mich hier nicht faul bist, fang nicht Grillen, sondern arbeite. Du bist ein prächtiger Mensch, mein Rjabuscha.«

Um neun Uhr küsste Rjabowski sie zum Abschied, um sie, wie sie glaubte, nicht auf dem Dampfer im Beisein der Künstler zu küssen, und geleitete sie zur Anlegestelle. Der Dampfer kam bald, und sie fuhr ab.

Nach zweieinhalb Tagen langte sie zu Hause an. Ohne Hut und Regenmantel abzulegen, schwer atmend vor Aufregung, ging sie in den Salon, von dort ins Esszimmer. Dymow saß ohne Rock, mit aufgeknöpfter Weste am Tisch und schärfte das Messer an der Gabel; vor ihm auf dem Teller lag ein Rebhuhn. Als Olga Iwanowna die Wohnung betrat, war sie überzeugt, dass sie vor ihrem Mann alles verheimlichen müsste und dass es ihr dazu nicht an Geschick und Kraft fehlen würde, aber jetzt, als sie sein breites, sanftes, glückliches Lächeln sah und die strahlenden, freudigen Augen, fühlte sie, dass vor diesem Menschen etwas zu verheimlichen ebenso gemein und ebenso widerwärtig, ebenso unmöglich war und dass ihre Kräfte dazu ebenso wenig ausreichen würden, wie jemanden zu verleumden, zu bestehlen oder zu töten, und sie beschloss plötzlich, ihm alles zu erzählen, was gewesen war. Nachdem sie sich von ihm hatte küssen und umarmen lassen, ließ sie sich vor ihm auf die Knie nieder und bedeckte das Gesicht mit den Händen.

»Was denn? Was ist, Mama?«, fragte er zärtlich. »Hast du Sehnsucht gehabt?«

Sie hob das Gesicht, das rot war vor Scham, und blickte ihn schuldbewusst und flehend an, aber Furcht und Scham hinderten sie, die Wahrheit zu sagen.

»Es ist nichts …«, sagte sie. »Ich hab nur so …«

»Setzen wir uns«, sagte er, hob sie auf und ließ sie am Tisch Platz nehmen. »So ist's recht… Iss von dem Rebhuhn. Du bist hungrig, armes Kind.«

Sie sog gierig die heimatliche Luft in sich ein und aß von dem Rebhuhn, er aber schaute sie voller Rührung an und lachte froh.

VI

Seit Mitte des Winters begann Dymow augenscheinlich zu erraten, dass er betrogen wurde. Als habe er kein reines Gewissen, konnte er seiner Frau nicht mehr gerade in die Augen sehen und nicht mehr freudig lächeln, wenn er mit ihr zusammentraf, und um weniger mit ihr allein zu sein, brachte er häufig zum Mittagessen seinen

Kollegen Korosteljow mit, ein kleines kahlgeschorenes Männlein mit einem zerknitterten Gesicht, der, wenn er sich mit Olga Iwanowna unterhielt, vor Verlegenheit sämtliche Knöpfe seines Jacketts auf- und wieder zuknöpfte und sich danach mit der rechten Hand an der linken Schnurrbartspitze zupfte. Beim Mittagessen sprachen beide Ärzte darüber, dass bei einem hohen Stand des Zwerchfells der Herzschlag manchmal unregelmäßig sei oder dass in der letzten Zeit sehr oft eine Häufung von Nervenentzündungen zu beobachten sei oder dass Dymow gestern, als er eine Leiche mit der Diagnose »perniziöse Anämie« sezierte, bei ihr Bauchspeicheldrüsenkrebs entdeckt habe. Und es schien, als führten sie beide nur deshalb ein medizinisches Gespräch, damit Olga Iwanowna die Möglichkeit habe zu schweigen, das heißt, nicht zu lügen. Nach dem Mittagessen setzte sich Korosteljow an den Flügel, und Dymow seufzte und sagte zu ihm:

»Äh, mein Lieber! Nun, was ist zu machen! Spiel mal irgendetwas Trauriges.«

Mit hochgezogenen Schultern und die Finger weit spreizend, schlug Korosteljow einige Akkorde an und sang mit seiner Tenorstimme:

»Wüsstest du einen Ort mir zu nennen,
Wo der russische Bauer nicht stöhnt?«

Dymow aber seufzte noch einmal, stützte den Kopf auf die Faust und versank in Nachdenken.

In der letzten Zeit benahm sich Olga Iwanowna äußerst unvorsichtig. Jeden Morgen erwachte sie in der allerschlechtesten Stimmung und mit dem Gedanken, dass sie Rjabowski nicht mehr liebe und dass gottlob al-

Flattergeist

les schon zu Ende sei. Sobald sie aber Kaffee getrunken hatte, überlegte sie, dass Rjabowski ihr den Mann genommen habe und dass sie jetzt ohne Mann und ohne Rjabowski sei; dann erinnerte sie sich an die Gespräche ihrer Bekannten darüber, dass Rjabowski für die Ausstellung etwas Überwältigendes vorbereite, eine Mischung von Landschafts- und Genremalerei im Geschmack von Polenow, von der alle, die in seinem Atelier gewesen seien, in Begeisterung gerieten. Aber das hatte er doch, dachte sie, unter ihrem Einfluss geschaffen, und er hatte sich überhaupt dank ihrem Einfluss im guten Sinne stark verändert. Ihr Einfluss war so segensreich und so wesentlich, dass er, wenn sie ihn verließ, womöglich zugrunde gehen konnte. Und sie dachte auch daran, dass er das letzte Mal in einem kurzen changierenden grauen Überröckchen und mit einer neuen Krawatte zu ihr gekommen war und schmachtend gefragt hatte: »Bin ich schön?« Und tatsächlich war er mit seinen langen blonden Locken und den blauen Augen elegant und sehr schön (oder schien es nur so?), und er war freundlich zu ihr gewesen.

Nachdem sie sich an vieles erinnert und vieles erwogen hatte, kleidete sich Olga Iwanowna in großer Erregung an und fuhr ins Atelier zu Rjabowski. Sie traf ihn fröhlich und begeistert von seinem wirklich großartigen Gemälde an; er sprang umher, trieb Unsinn und antwortete auf ernste Fragen mit Späßen. Olga Iwanowna war eifersüchtig auf dieses Bild und hasste es, aber aus Höflichkeit blieb sie etwa fünf Minuten lang schweigend vor dem Bild stehen, und mit einem Seufzer, so wie man vor einem Heiligtum seufzt, sagte sie leise:

»Ja, so etwas hast du noch nie gemalt. Weißt du, man erschrickt geradezu.«

Dann begann sie ihn anzuflehen, er solle sie liebhaben und sie nicht verlassen, er solle Mitleid mit ihr, der Armen und Unglücklichen, haben. Sie weinte, küsste ihm die Hände, verlangte, er solle schwören, dass er sie liebe, und wollte ihm beweisen, dass er ohne ihren guten Einfluss vom Wege abkommen und untergehen würde. Und nachdem sie ihm die gute Stimmung verdorben hatte und sich erniedrigt fühlte, fuhr sie zur Schneiderin oder zu einer ihr bekannten Schauspielerin, bei der sie sich um eine Theaterkarte bemühte.

Wenn sie ihn in seinem Atelier nicht antraf, dann hinterließ sie ihm einen Brief, in welchem sie schwor, sie würde sich unbedingt vergiften, falls er heute nicht zu ihr käme. Er bekam Angst, besuchte sie und blieb zum Mittagessen. Ohne sich in Anwesenheit ihres Mannes zu genieren, sagte er ihr Dreistigkeiten, und sie erwiderte diese. Beide fühlten, dass einer dem anderen Zwang antat, dass sie Despoten und Feinde waren, und sie ärgerten sich, und in ihrem Ärger merkten sie nicht, dass sie sich beide ungehörig benahmen und dass sogar der kahlköpfige Korosteljow alles begriff.

Nach dem Mittagessen beeilte sich Rjabowski, sich zu verabschieden und wegzugehen.

»Wohin wollen Sie?«, fragte ihn Olga Iwanowna im Vorzimmer und blickte ihn voll Hass an.

Er verzog das Gesicht, kniff die Augen zusammen und nannte irgendeine Dame, eine gemeinsame Bekannte, und es war offensichtlich, dass er sich über ihre Eifersucht lustig machte und sie ärgern wollte. Sie ging in ihr Schlafzimmer und legte sich aufs Bett; vor Eifer-

Flattergeist

sucht, Ärger und in dem Gefühl der Erniedrigung und Scham biss sie ins Kissen und fing an, laut zu weinen. Dymow ließ Korosteljow im Salon zurück, ging ins Schlafzimmer, und in seiner Verlegenheit und Verwirrung sagte er leise:

»Weine nicht so laut, Mama ... Wozu? Darüber muss man schweigen ... Man muss sich nichts anmerken lassen ... Weißt du, was geschehen ist, lässt sich bereits nicht wiedergutmachen.«

Da sie nicht wusste, wie sie die bedrückende Eifersucht, von der ihr sogar die Schläfen weh taten, bezähmen sollte, und da sie glaubte, alles könnte noch in Ordnung kommen, wusch sie sich, puderte das verweinte Gesicht und fuhr Hals über Kopf zu der Bekannten. Als sie Rjabowski bei ihr nicht antraf, fuhr sie zu einer anderen, dann zur dritten ... Anfangs schämte sie sich, dass sie das tat, aber dann gewöhnte sie sich daran, und es konnte geschehen, dass sie an einem Abend bei sämtlichen ihr bekannten Frauen herumfuhr, um Rjabowski zu suchen, und alle begriffen das.

Einmal sagte sie zu Rjabowski über ihren Mann:

»Dieser Mensch bedrückt mich mit seiner Großmut!«

Dieser Satz gefiel ihr so gut, dass sie, wenn sie mit den Künstlern zusammenkam, die von ihrer Liebschaft mit Rjabowski wussten, jedes Mal mit einer energischen Handbewegung von ihrem Manne sagte:

»Dieser Mensch bedrückt mich mit seiner Großmut!«

Das Leben verlief nach derselben Ordnung wie im vorigen Jahr. Mittwochs fanden kleine Abendgesellschaften statt. Der Schauspieler rezitierte, die Maler zeichneten, der Cellist spielte, der Sänger sang, und unverändert öffnete sich um halb zwölf die ins Esszimmer führende Tür, und Dymow sagte lächelnd: »Meine Herren, ich bitte zu einem Imbiss.«

Nach wie vor suchte Olga Iwanowna nach großen Leuten, fand sie und war nicht befriedigt und suchte wieder. Nach wie vor kehrte sie jeden Tag spät in der Nacht zurück, aber Dymow schlief nicht mehr wie im vorigen Jahr, sondern saß in seinem Kabinett und arbeitete. Er legte sich gegen drei Uhr morgens schlafen und stand um acht Uhr auf.

Eines Abends, als sie im Begriff war, ins Theater zu gehen, und vor dem Spiegel stand, kam Dymow ins Schlafzimmer, in Frack und mit weißer Halsbinde. Er lächelte sanft und blickte seiner Frau freudig wie früher in die Augen. Sein Gesicht strahlte.

»Ich habe soeben meine Dissertation verteidigt«, sagte er, setzte sich und strich sich über die Knie.

»Mit Erfolg?«, fragte Olga Iwanowna.

»Und ob!« Er lachte und reckte den Hals, um das Gesicht seiner Frau im Spiegel zu sehen, die immer noch, ihm den Rücken zukehrend, vor dem Spiegel stand und ihre Frisur ordnete. »Und ob!«, wiederholte er. »Weißt du, es ist sehr gut möglich, dass man mir eine Privatdozentur für allgemeine Pathologie anbieten wird. Es sieht ganz so aus.«

Seinem glückseligen, strahlenden Gesicht war anzusehen, dass er, hätte Olga Iwanowna seine Freude und seinen Triumph mit ihm geteilt, ihr alles verziehen hätte, das Gegenwärtige und das Zukünftige, und alles vergessen hätte, aber sie verstand nicht, was eine Privatdozentur und allgemeine Pathologie bedeuteten, zudem fürchtete sie, zu spät ins Theater zu kommen, und sagte nichts.

Er blieb noch zwei Minuten sitzen, lächelte schuldbewusst und ging hinaus.

VII

Das war ein höchst unruhiger Tag.

Dymow hatte starke Kopfschmerzen; am Morgen hatte er keinen Tee getrunken, war nicht ins Krankenhaus gegangen und hatte die ganze Zeit in seinem Arbeitszimmer auf dem türkischen Diwan gelegen. Olga Iwanowna hatte sich nach ihrer Gewohnheit kurz nach zwölf Uhr zu Rjabowski begeben, um ihm ihre Studie, ein Stillleben, zu zeigen, und ihn zu fragen, warum er gestern nicht gekommen sei. Die Studie kam ihr miserabel vor, und sie hatte sie nur zu dem Zweck gemalt, um wieder einen Vorwand zu haben, den Künstler aufzusuchen.

Sie trat bei ihm, ohne zu läuten, ein, und als sie im Vorzimmer die Gummischuhe auszog, glaubte sie zu hören, wie im Atelier jemand leise vorbeilief, nach Frauenart mit dem Kleid raschelnd, und als sie schnell ins Atelier hineinschaute, sah sie gerade noch einen Zipfel von einem braunen Rock, der einen Augenblick lang auftauchte und dann hinter dem großen Bild verschwand, das samt der Staffelei bis zum Boden mit schwarzem Kaliko verhängt war. Es gab keinen Zweifel, eine Frau versteckte sich dort. Wie oft hatte Olga Iwanowna selber Zuflucht hinter diesem Bild gefunden!

Rjabowski, offensichtlich sehr verlegen, streckte ihr, wie verwundert über ihren Besuch, beide Hände entgegen und sagte, gezwungen lächelnd: »Aaaah! Sehr erfreut, Sie zu sehen. Was haben Sie Gutes zu erzählen?«

Olga Iwanownas Augen füllten sich mit Tränen. Scham und Bitterkeit überwältigten sie, und nicht für eine Million wäre sie bereit gewesen, in Gegenwart der fremden Frau, einer Rivalin, einer Lügnerin, die jetzt hinter dem Bild stand und wahrscheinlich schadenfroh kicherte, zu sprechen.

»Ich habe Ihnen eine Studie gebracht ...«, sagte sie schüchtern, mit dünnem Stimmchen, und ihre Lippen begannen zu beben, »nature morte.«

»Aha ... eine Studie?«

Der Maler nahm die Studie in die Hand, und während er sie betrachtete, ging er gleichsam mechanisch ins andere Zimmer.

Olga Iwanowna folgte ihm ergeben.

»Nature morte ... erste Sorte«, murmelte er, nach einem Reim suchend, »Kurorte ... Torte ... Forte ...«

Im Atelier ertönten eilige Schritte und das Rascheln von Kleidern. Sie war weggegangen. Olga Iwanowna hatte Lust, laut aufzuschreien, den Künstler mit irgendetwas Schwerem auf den Kopf zu schlagen und wegzugehen, aber sie konnte vor Tränen nichts sehen, sie war niedergedrückt von ihrer Scham und fühlte sich schon nicht mehr als Olga Iwanowna und nicht als Künstlerin, sondern als ein winziges Käferchen.

»Ich bin müde ...«, sagte der Künstler matt, während er die Studie betrachtete und den Kopf schüttelte, um die Schläfrigkeit zu vertreiben. »Das ist nett, natürlich, aber heute eine Studie und im vorigen Jahr eine Studie, und einen Monat später wird es wieder eine Studie sein ... Wird Ihnen das nicht langweilig? Ich würde an Ihrer Stelle die Malerei aufgeben und mich ernsthaft mit der Musik oder sonst etwas befassen. Sie sind ja doch keine

Malerin, sondern Musikerin. Aber wissen Sie, ich bin so müde! Ich werde gleich bitten, dass man uns Tee bringt ... Ja?«

Er ging aus dem Zimmer, und Olga hörte, wie er seinem Diener einen Befehl gab. Um sich nicht verabschieden zu müssen und einer Auseinandersetzung aus dem Weg zu gehen, hauptsächlich aber, um nicht laut zu weinen, lief sie, ehe Rjabowski zurückkehrte, ganz schnell ins Vorzimmer, zog die Gummischuhe an und trat auf die Straße hinaus. Dort atmete sie erleichtert auf und fühlte sich für immer befreit – von Rjabowski, von der Malerei und von der drückenden Scham, die im Atelier so auf ihr gelastet hatte. Alles war zu Ende.

Sie fuhr zur Schneiderin, dann zu Barnay, der erst gestern angekommen war, von Barnay in einen Musikalienladen, und die ganze Zeit dachte sie daran, wie sie an Rjabowski einen kalten und schroffen Brief schreiben würde, voll von dem Gefühl der eigenen Würde, und wie sie im Frühjahr oder im Sommer mit Dymow auf die Krim reisen, sich dort endgültig von der Vergangenheit befreien und ein neues Leben anfangen würde.

Als sie spät am Abend nach Hause zurückkehrte, setzte sie sich, ohne sich umzuziehen, im Salon hin, um den Brief abzufassen. Rjabowski hatte ihr gesagt, sie sei keine Malerin, und sie würde ihm jetzt aus Rache schreiben, dass er jedes Jahr immer ein und dasselbe male und jeden Tag ein und dasselbe spreche, dass er erstarrt sei und nicht mehr erreichen würde, als er bis jetzt erreicht hatte. Sie hätte ihm auch gern geschrieben, dass er viel ihrem guten Einfluss zu verdanken habe, und wenn er schlecht handelte, so nur deshalb, weil ihr Einfluss durch allerhand zweifelhafte Personen zerstört werde, von der Art jener, die sich heute hinter dem Bild verborgen habe.

»Mama!«, rief Dymow aus dem Arbeitszimmer, ohne die Tür zu öffnen. »Mama!«

»Was willst du?«

»Mama, komm nicht zu mir herein, sondern geh nur bis zur Tür ... Also höre ... Vorgestern habe ich mich im Krankenhaus mit Diphtherie angesteckt, und jetzt ... ist mir nicht gut. Schicke ganz schnell nach Korosteljow.«

Olga Iwanowna rief ihren Mann, wie alle ihr bekannten Männer, nicht beim Taufnamen, sondern beim Familiennamen; sein Vorname, Ossip, gefiel ihr nicht, weil er sie an den gogolschen Ossip und an einen damit zusammenhängenden Kalauer erinnerte. Nun aber schrie sie auf:

»Ossip, das kann nicht sein!«

»Schicke nach ihm! Mir ist nicht gut ...«, sagte Dymow hinter der Tür, und man konnte hören, wie er zum Diwan ging und sich niederlegte. »Schicke nach ihm!«, ertönte dumpf seine Stimme.

Was soll das heißen? dachte Olga Iwanowna, und ihr wurde kalt vor Entsetzen. Das ist doch gefährlich!

Ohne jede Notwendigkeit nahm sie eine Kerze und ging in ihr Schlafzimmer, und da, während sie noch überlegte, was sie tun sollte, sah sie sich zufällig im Spiegel. Mit dem bleichen, erschrockenen Gesicht, in dem Jackett mit den hohen Keulenärmeln, mit den gelben Volants auf der Brust und dem ungewöhnlichen Verlauf der Streifen auf dem Rock erschien sie sich selbst schreckenerregend und hässlich. Ihr tat Dymow plötzlich so leid, dass es sie schmerzte, ihr tat seine grenzenlose Liebe zu ihr leid, sein junges Leben und sogar dieses verwaiste Bett, in dem er schon lange nicht mehr geschlafen hatte, und sie erinnerte sich an sein ständiges, sanftes, ergebenes Lächeln. Sie fing bitterlich zu weinen an und schrieb einen flehenden Brief an Korosteljow. Es war zwei Uhr nachts.

VIII

Als Olga Iwanowna gegen acht Uhr morgens mit einem vor Schlaflosigkeit schweren Kopf, unfrisiert, unschön und mit einem schuldbewussten Ausdruck aus dem Schlafzimmer kam, ging ein schwarzbärtiger Herr an ihr vorbei ins Vorzimmer, augenscheinlich ein Arzt. Es roch nach Medikamenten. An der Tür zum Arbeitszimmer stand Korosteljow und drehte mit der rechten Hand die linke Schnurrbartspitze.

»Entschuldigen Sie, zu ihm lasse ich Sie nicht hinein«, sagte er mürrisch zu Olga Iwanowna. »Das ist ansteckend. Ja, und was wollen Sie eigentlich bei ihm? Er phantasiert ja doch.«

»Hat er eine richtige Diphtherie?«, flüsterte Olga Iwanowna.

»Wer mit dem Kopf durch die Wand rennen will, gehört von Rechts wegen vor Gericht«, murmelte Korosteljow, ohne Olga Iwanownas Frage zu beantworten. »Wissen Sie, wobei er sich infiziert hat? Am Dienstag hat er bei einem Knaben durch ein Röhrchen den Diphtheriebelag abgesaugt. Und wozu? Dumm ... Ganz törichterweise ...«

»Ist es gefährlich? Sehr?«, fragte Olga Iwanowna.

»Ja, es heißt, es sei die schwere Form. Eigentlich sollte man Schreck holen lassen.«

Es kam ein kleiner, rotblonder Mann mit langer Nase und jüdischem Akzent, dann ein großer, gebückter, zotteliger, der wie ein Protodiakon aussah, dann ein junger, sehr korpulenter, mit einem roten Gesicht und einer Brille. Das waren die Ärzte, sie kamen, um bei ihrem Kollegen zu wachen. Als Korosteljow seine Wachzeit absolviert hatte, ging er nicht nach Hause, sondern blieb da und wanderte wie ein Schatten durch alle Zimmer. Das Stubenmädchen servierte den wachhabenden Ärzten Tee und lief oft in die Apotheke, und es war niemand da, der die Zimmer aufgeräumt hätte. Es war still und trostlos.

Olga Iwanowna saß in ihrem Schlafzimmer und dachte darüber nach, dass Gott sie jetzt dafür strafte, dass sie ihren Mann betrogen hatte. Ein schweigsames, demütiges, unbegreifliches Wesen, das durch seine Sanftmut seine Individualität eingebüßt hatte, das charakterlos und schwach war vor allzu großer Güte, litt dort einsam auf seinem Diwan und klagte nicht. Und wenn es geklagt hätte, und sei es nur in seinen Fieberphantasien, dann hätten die Ärzte erfahren, dass da nicht allein die Diphtherie schuld war. Hätten sie Korosteljow gefragt: Der wusste alles und blickte nicht umsonst so vorwurfsvoll auf die Frau seines Freundes, als sei sie die hauptsächliche und wirkliche Übeltäterin und die Diphtherie nur ihre Helfershelferin. Sie dachte nicht mehr an den Abend im Mondschein auf der Wolga und an die Liebeserklärungen und an das poetische Leben in der Hütte, sie wusste nur noch, dass sie aus einer nichtigen Laune heraus, aus Mutwillen sich selber ganz und gar samt Händen und Füßen mit etwas Schmutzigem, Klebrigem beschmiert hatte, das sich jetzt niemals mehr würde abwaschen lassen …

Ach, wie furchtbar habe ich mich belogen! dachte sie, als sie sich an die unruhige Liebe zwischen ihr und Rjabowski erinnerte. Verflucht soll das alles sein …!

Um vier Uhr setzte sie sich zusammen mit Korosteljow an den Mittagstisch. Er aß nichts, trank nur Rotwein und machte ein finsteres Gesicht. Sie aß ebenfalls nichts. Bald betete sie in Gedanken und gelobte Gott, dass sie, würde Dymow gesund, ihn wieder liebhaben und ihm eine treue Frau sein würde. Dann wieder, wenn sie sich auf einen Augenblick vergaß, blickte sie Korosteljow an und dachte bei sich: Ist es denn nicht langweilig, ein einfacher, durch nichts bemerkenswerter, unbekannter Mensch zu sein, noch dazu mit einem so zerknitterten Gesicht und schlechten Manieren? Bald schien ihr, dass Gott sie im selben Augenblick dafür töten würde, dass sie aus Angst vor der Ansteckung noch kein einziges Mal bei ihrem Mann im Zimmer gewesen war. Im Allgemeinen aber empfand sie ein dumpfes Gefühl der Niedergeschlagenheit und die Gewissheit, dass das Leben verpfuscht und durch nichts wiedergutzumachen sei …

Nach dem Mittagessen trat die Dämmerung ein. Als Olga Iwanowna in den Salon kam, schlief Korosteljow auf der Chaiselongue, unter den Kopf hatte er sich ein in Gold gesticktes Seidenkissen gelegt. »Kchi-pua …«, schnarchte er, »kchi-pua.«

Und die Ärzte, die kamen, um Wache zu halten, und wieder fortgingen, bemerkten diese Unordnung nicht. Dass ein fremder Mensch im Salon schlief und

Flattergeist

schnarchte, dass Studien an den Wänden hingen und die Einrichtung ungewöhnlich war und auch dass die Hausfrau unfrisiert und nachlässig gekleidet war – all dies erweckte jetzt nicht das geringste Interesse. Einer der Ärzte hatte zufällig über etwas gelacht, und dieses Lachen klang irgendwie seltsam und schüchtern, es wurde einem sogar unheimlich dabei.

Als Olga Iwanowna zum zweiten Mal in den Salon kam, schlief Korosteljow nicht mehr, er saß da und rauchte.

»Er hat Nasenhöhlendiphtherie«, sagte er halblaut. »Und das Herz arbeitet auch nicht mehr besonders. Im Grunde genommen stehen die Dinge schlecht.«

»Schicken Sie doch nach Schreck«, sagte Olga Iwanowna.

»Der war schon da. Er hat ja festgestellt, dass die Diphtherie in die Nase übergegangen ist. Äh, was ist denn Schreck! Im Grunde genommen ist Schreck nichts. Er ist Schreck, ich bin Korosteljow – und weiter nichts.«

Die Zeit zog sich entsetzlich lange hin. Olga Iwanowna lag angekleidet im Halbschlummer auf dem seit dem Morgen nicht gemachten Bett. Ihr war, als sei die Wohnung vom Fußboden bis zur Decke von einem riesigen Stück Eisen ausgefüllt und als brauche man nur das Eisen hinauszutragen, damit allen wieder fröhlich und leicht zumute würde. Beim Erwachen fiel ihr ein, dass es kein Eisen war, sondern Dymows Krankheit.

Nature morte, Forte ... Kurorte ..., dachte sie und fiel wieder in einen Dämmerzustand, Sport ... Kurort ... Und wie war es mit Schreck? Schreck, greck, wreck ... kreck. Und wo sind jetzt meine Freunde? Wissen sie, dass wir Kummer haben? Herrgott, rette ... hilf. Schreck, greck ...

Flattergeist

Und wieder war das Eisen da … Die Zeit zog sich lange hin, die Uhr im unteren Stockwerk schlug oft. Hin und wieder hörte man läuten; die Ärzte kamen … Das Stubenmädchen erschien mit einem leeren Glas auf einem Tablett und fragte:

»Gnädige Frau, befehlen Sie, das Bett zu machen?«

Und sie ging hinaus, da sie keine Antwort bekam. Unten schlug die Uhr; ihr träumte vom Regen an der Wolga.

Und wieder betrat jemand das Schlafzimmer, ein Fremder, wie es schien. Olga Iwanowna sprang auf und erkannte Korosteljow.

»Wie spät ist es?« fragte sie.

»Gegen drei.«

»Nun, wie steht's?«

»Wie soll es stehen! Ich bin gekommen, um Ihnen zu sagen: Es geht zu Ende mit ihm …«

Er schluchzte auf, setzte sich neben sie auf das Bett und wischte die Tränen mit dem Ärmel ab. Sie hatte nicht gleich begriffen, aber ihr wurde ganz kalt, und sie begann sich langsam zu bekreuzigen.

»Es geht zu Ende mit ihm …«, wiederholte er mit dünner Stimme und schluchzte wieder auf. »Er stirbt, weil er sich selbst geopfert hat … Was für ein Verlust für die Wissenschaft!«, sagte er voll Bitterkeit. »Er war, wenn man uns alle mit ihm vergleicht, ein großer, ungewöhnlicher Mensch! Welche Begabung! Welche Hoffnungen hat er bei uns allen erweckt!«, fuhr Korosteljow fort und rang die Hände. »Herr mein Gott, das wäre ein solcher Gelehrter geworden, wie man ihn jetzt mit der Laterne nicht findet. Oska Dymow, Oska Dymow, was hast du angerichtet! Oje, oje, mein Gott!«

Korosteljow bedeckte vor Verzweiflung das Gesicht mit beiden Händen und wiegte den Kopf hin und her.

»Und was für eine sittliche Kraft!«, sprach er weiter, immer mehr gegen irgendjemanden in Zorn geratend. »Eine gute, reine, liebende Seele, ein glasklarer Mensch! Er diente der Wissenschaft und ist an der Wissenschaft gestorben. Und gearbeitet hat er wie ein Ochse, Tag und Nacht, keiner hat ihn geschont, und der junge Gelehrte, der künftige Professor musste sich eine Praxis suchen und nachts Übersetzungen machen, um diese … elenden Fetzen zu bezahlen!«

Korosteljow blickte voller Hass auf Olga Iwanowna, ergriff das Laken mit beiden Händen und riss böse daran, als wäre es schuld.

»Sich selbst hat er nicht geschont, und ihn hat man nicht geschont. Äh, was gibt es da im Grunde noch zu reden!«

»Ja, ein seltener Mensch!«, sagte mit Bassstimme jemand im Salon.

Olga Iwanowna dachte an ihr ganzes Leben mit ihm, vom Anfang bis zum Ende, mit allen Einzelheiten, und plötzlich begriff sie, dass er tatsächlich ein ungewöhnlicher, seltener und im Vergleich mit denen, die sie kannte, ein großer Mensch war. Und als sie sich daran erinnerte, wie ihr verstorbener Vater und alle seine Kollegen, die Ärzte, zu ihm gestanden hatten, da begriff sie, dass sie alle in ihm eine künftige Berühmtheit gesehen hatten. Die Wände, die Zimmerdecke, die Lampe und der Teppich auf dem Fußboden blinzelten ihr spöttisch zu, als wollten sie sagen: »Verpasst! Verpasst!« Weinend stürzte sie aus dem Schlafzimmer, schlüpfte im Salon an einem unbekannten Mann vorbei und lief in das Arbeitszimmer ihres Mannes. Er lag unbeweglich auf dem türkischen Diwan, bis zum Gürtel unter einer Bettdecke. Sein Gesicht war furchtbar eingefallen und abgemagert und hatte eine graugelbe Farbe angenommen, wie sie bei Lebenden niemals anzutreffen ist; und nur an der Stirn, den schwarzen Augenbrauen und an dem bekannten Lächeln konnte man erkennen, dass dies Dymow war. Olga Iwanowna tastete rasch seine Brust, die Stirn und die Hände ab. Die Brust war noch warm, aber die Stirn und die Hände waren unangenehm kalt. Und die halbgeöffneten Augen blickten nicht auf Olga Iwanowna, sondern auf die Bettdecke.

»Dymow!«, rief sie laut. »Dymow!«

Sie wollte ihm erklären, dass es ein Irrtum gewesen sei, dass noch nicht alles verloren war, dass das Leben noch herrlich und glücklich sein konnte, dass er ein seltener, ungewöhnlicher, großer Mensch sei und dass sie ihn ihr ganzes Leben lang verehren, anbeten und vor ihm eine heilige Ehrfurcht empfinden würde ...

»Dymow!«, rief sie ihn; sie rüttelte ihn an der Schulter und glaubte nicht daran, dass er niemals mehr aufwachen würde. »Dymow, aber Dymow!«

Im Salon jedoch sagte Korosteljow zu dem Stubenmädchen:

»Was gibt's da zu fragen? Gehen Sie zum Kirchenwächter und fragen Sie, wo die Armenhäuslerinnen wohnen. Sie werden dann die Leiche waschen und zurechtmachen, sie werden alles tun, was nötig ist.«

Rothschilds Geige

Das Städtchen war klein, schlimmer als ein Dorf, und es lebten darin fast nur alte Leute, von denen so selten welche starben, dass es einen beinahe ärgerte. Vom Krankenhaus und vom Gefängnis wurden nur sehr wenig Särge angefordert. Mit einem Wort – die Geschäfte gingen schlecht. Wäre Jakow Iwanow Sargtischler in der Gouvernementsstadt gewesen, er besäße wahrscheinlich ein eigenes Haus, und man würde ihn mit Jakow Matwejitsch anreden, hier aber, im Städtchen, nannte man ihn einfach Jakow, und aus irgendeinem Grund hatte er den Spitznamen Bronze. Er lebte arm wie ein einfacher Bauer, in einer kleinen alten Hütte, in der es nur ein einziges Zimmer gab, und in diesem Zimmer befanden sich er, Marfa, der Ofen, ein Doppelbett, Särge, eine Hobelbank und die ganze Wirtschaft.

Jakow zimmerte gute, dauerhafte Särge. Für Bauern und Kleinbürger machte er sie nach seiner eigenen Größe und irrte sich dabei nie, denn es gab niemand, der größer und kräftiger gewesen wäre als er, auch nicht im Gefängnis, obwohl er schon siebzig Jahre zählte. Für die Herrschaften und die Frauen aber arbeitete er nach Maß und benutzte dazu eine eiserne Elle. Bestellungen auf Kindersärge nahm er nur sehr ungern entgegen, und er baute sie voller Verachtung und ohne Maß zu nehmen, und jedes Mal, wenn er das Geld für solche Arbeit erhielt, sagte er: »Offen gestanden, mit Lappalien befasse ich mich nicht gern.«

Neben seinem Handwerk brachte ihm auch das Geigenspiel noch kleinere Einnahmen. Im Städtchen spielte auf den Hochzeiten gewöhnlich ein jüdisches Orchester; es wurde von dem Verzinner Moissej Iljitsch Schachkes geleitet, der mehr als die Hälfte der Einnahmen für sich beanspruchte. Da Jakow sehr gut Geige spielte, besonders russische Lieder, forderte ihn Schachkes zuweilen auf, in seinem Orchester mitzuspielen, gegen eine Bezahlung von fünfzig Kopeken pro Tag, die Geschenke der Gäste nicht gerechnet. Wenn Bronze im Orchester saß, dann trat ihm der Schweiß auf die Stirn, und sein Gesicht rötete sich; im Saal war es heiß, und es roch nach Knoblauch zum Erbrechen, die Geige winselte, an seinem rechten Ohr röchelte der Kontrabass, an seinem linken klagte die Flöte, gespielt von einem rothaarigen hageren Juden, dessen Gesicht von einem ganzen Netz roter und blauer Äderchen überzogen war und der den Namen des berühmten Krösus Rothschild trug. Dieser verdammte Jude brachte es fertig, selbst das heiterste Stück wehmütig zu spielen. Ohne ersichtlichen Grund empfand Jakow allmählich Hass und Verachtung für die Juden, besonders für Rothschild; er fing an, Händel zu suchen, ihn mit unschönen Worten zu schelten, und wollte ihn einmal sogar verprügeln. Rothschild war gekränkt, sah ihn wütend an und sagte:

»Würde ich Sie nicht wegen Ihres Talents achten, wären Sie schon längst aus dem Fenster geflogen.«

Darauf weinte er. Bronze wurde deshalb nicht oft eingeladen, sondern nur im äußersten Notfall, wenn einer der Juden fehlte.

Rothschilds Geige

Jakow war niemals guter Laune, weil er ständig furchtbare Verluste hinnehmen musste. An Sonn- und Feiertagen zu arbeiten war zum Beispiel eine Sünde, der Montag war ein schwieriger Tag, und so kamen im Jahr an die zweihundert Tage zusammen, an denen er notgedrungen mit den Händen im Schoß dasitzen musste. Und was für ein Verlust war das! Feierte jemand in der Stadt seine Hochzeit ohne Musik oder wurde Jakow von Schachkes nicht eingeladen, so war das ebenfalls ein Verlust. Der Polizeiinspektor war zwei Jahre krank und siechte dahin, und Jakow wartete ungeduldig auf seinen Tod, aber der Inspektor fuhr zur Behandlung in die Gouvernementsstadt und starb dort auch. Das war schon ein Verlust von mindestens zehn Rubel, denn man hätte doch einen teuren Sarg mit Glanzbrokat machen müssen. Die Gedanken an die Verluste quälten Jakow besonders nachts; er legte die Geige neben sich aufs Bett, und wenn ihm allerlei Unsinn durch den Kopf ging, strich er über die Saiten, die Geige gab im Dunkeln einen Ton von sich, und ihm wurde leichter ums Herz.

Am sechsten Mai vergangenen Jahres wurde Marfa plötzlich krank. Die alte Frau atmete schwer, trank viel Wasser und konnte sich kaum auf den Beinen halten, trotzdem heizte sie am Morgen selbst den Ofen und holte Wasser. Gegen Abend legte sie sich hin. Jakow spielte den ganzen Tag Geige; als es völlig dunkel geworden war, nahm er das Büchlein, in das er jeden Tag seine Verluste eintrug, und begann aus Langeweile die Bilanz des Jahres zu ziehen. Er kam auf über tausend Rubel. Das erschütterte ihn so, dass er das Rechenbrett auf den Fußboden schleuderte und mit den Füßen stampfte. Dann hob er das Rechenbrett auf, klapperte wieder lange damit und seufzte tief und angestrengt. Sein Gesicht war puterrot und nass von Schweiß. Er dachte daran, dass ihm die verlorenen tausend Rubel, hätte er sie auf die Bank legen können, jährlich mindestens vierzig Rubel Zinsen eingebracht hätten, das heißt, auch diese vierzig Rubel waren als Verlust zu buchen. Kurz und gut – wie er sich drehte und wendete, überall gab es nur Verluste, nichts als Verluste.

»Jakow!«, rief Marfa plötzlich. »Ich sterbe!«

Er blickte sich nach seiner Frau um. Ihr Gesicht war rosarot vom Fieber, ungewöhnlich hell und heiter. Bronze, der gewohnt war, ihr Gesicht immer bleich, ängstlich und unglücklich zu sehen, geriet nun in Verwirrung. Es sah ganz so aus, als wollte sie tatsächlich sterben und als wäre sie froh, endlich aus dieser Hütte, von den Särgen und von Jakow für immer fortgehen zu können … Sie blickte zur Decke und bewegte die Lippen, und ihr Gesichtsausdruck war so glückselig, als sähe sie den Tod, ihren Erlöser, und flüstere mit ihm.

Es dämmerte bereits, durchs Fenster konnte man sehen, wie das Morgenrot aufglühte. Als Jakow die Alte anschaute, musste er daran denken, dass er sie wohl das ganze Leben nicht ein einziges Mal geliebkost oder bedauert hatte und nie darauf gekommen war, ihr ein Tüchlein zu kaufen oder ihr von einer Hochzeit etwas Süßes mitzubringen. Er hatte sie immer nur angeschrien, über seine Verluste geschimpft und sich mit den Fäusten auf sie gestürzt. Geschlagen hatte er sie freilich nie, wohl aber eingeschüchtert, und sie war jedes Mal vor Schreck ganz starr gewesen. Ja, er hatte ihr nicht einmal erlaubt, Tee zu trinken, weil die Ausgaben ohnehin schon hoch genug waren, und so trank sie nur heißes Wasser. Da begriff er, weshalb ihr Gesicht jetzt einen so seltsamen, heiteren Ausdruck hatte, und ihm wurde angst.

Als es Morgen war, lieh er sich von seinem Nachbarn ein Pferd und brachte Marfa ins Krankenhaus. Es waren nur wenige Patienten da, deshalb brauchte er nicht lange zu warten, nur etwa drei Stunden. Zu seiner großen Befriedigung wurden die Patienten diesmal nicht vom Arzt empfangen, der selbst krank war, sondern vom Heilgehilfen Maxim Nikolajitsch, einem alten Mann, von dem es in der ganzen Stadt hieß, er verstehe mehr als der Doktor, wenn er auch trinke und sich prügele.

»Wir wünschen Gesundheit«, sagte Jakow, als er seine Frau in das Sprechzimmer führte. »Entschuldigen Sie, Maxim Nikolajitsch, dass wir Sie dauernd mit unseren nichtigen Angelegenheiten behelligen. Sehen Sie doch bitte selbst, meine bessere Hälfte ist krank geworden. Meine Lebensgefährtin, wie man so sagt, entschuldigen Sie den Ausdruck ...«

Der Heilgehilfe runzelte die Brauen, strich sich den Backenbart und musterte die alte Frau; sie saß zusammengekauert auf einem Schemel, dürr, mit spitzer Nase und offenem Mund, und sah im Profil wie ein Vogel aus, der trinken will.

»Hm ja ... so ...«, meinte der Heilgehilfe langsam und seufzte. »Influenza, vielleicht auch Fieber. In der Stadt geht jetzt Typhus um. Was ist dabei? Die gute Alte hat das Leben genossen, Gott sei Dank ... Wie alt ist sie denn?«

»Sie wird siebzig, Maxim Nikolajitsch.«

»Na und? Die Alte hat ihr Leben genossen. Jetzt ist es nun so weit.«

»Das haben Sie natürlich richtig zu bemerken geruht, Maxim Nikolajitsch«, erwiderte Jakow und lächelte höflich, »und wir danken Ihnen herzlich für Ihre Freundlichkeit, aber erlauben Sie den Ausdruck, jedes Tierchen hängt doch am Leben.«

»Was nicht noch alles!«, sagte der Heilgehilfe in einem Ton, als hinge es von ihm ab, ob die alte Frau leben oder sterben werde. »Nun, mein Lieber, leg ihr kalte Kompressen auf den Kopf und gib ihr zwei von diesen Pulvern am Tag. Und damit auf Wiedersehen, bonschur!«

An seiner Miene konnte Jakow erkennen, dass die Sache schlecht stand und keinerlei Pulver mehr helfen würden; es war ihm jetzt klar, Marfa würde sehr bald sterben, wenn nicht heute, dann morgen. Er zupfte den Heilgehilfen am Ärmel, zwinkerte mit einem Auge und sagte halblaut:

»Man müßte ihr vielleicht Schröpfköpfe setzen, Maxim Nikolajitsch.«

»Keine Zeit, mein Lieber, keine Zeit. Nimm deine Alte und geh mit Gott. Auf Wiedersehen.«

»Seien Sie doch so gut«, bettelte Jakow. »Sie belieben doch selbst zu wissen, Pulver und Tropfen wären gut, wenn ihr, sagen wir mal, der Bauch weh täte oder irgendein Eingeweide, aber sie hat doch eine Erkältung! Bei einer Erkältung ist das erste – Blut abziehen, Maxim Nikolajitsch.«

Der Heilgehilfe hatte bereits den nächsten Patienten aufgerufen, und eine Bauersfrau mit einem Jungen betrat das Sprechzimmer.

»Geh schon, geh«, sagte er zu Jakow, die Stirn runzelnd. »Du brauchst mir nichts zu erzählen!«

»In diesem Fall setzen Sie ihr wenigstens Blutegel an! Wir werden ewig zu Gott für Sie beten!«

Der Heilgehilfe brauste auf und schrie:

»Red du noch viel! Du Holzkopf ...«

Jakow geriet ebenfalls in Wut und wurde ganz rot, aber er sagte kein Wort, sondern nahm Marfa bei der Hand und führte sie aus dem Sprechzimmer. Erst als sie wieder auf den Wagen stiegen, blickte er streng und spöttisch zum Krankenhaus hin und sagte:

»Da hat man die richtigen Künstler hierhergesteckt! Einem Reichen setzt ihr bestimmt Schröpfköpfe, aber für einen armen Menschen ist schon ein Blutegel zu schade! Ihr Halsabschneider!«

Als sie zu Hause anlangten und Marfa wieder in die Hütte kam, blieb sie wohl zehn Minuten lang stehen und hielt sich am Ofen fest. Sie glaubte, wenn sie sich hinlegte, würde Jakow von Verlusten reden und mit ihr schimpfen, dass sie nur immer daliege und nicht arbeiten wolle. Jakow sah sie missmutig an und dachte daran, dass morgen der Tag Johannes' des Almosenspenders sei, übermorgen der Tag Nikolaus' des Wundertäters, dann Sonntag und dann Montag, der schwierige Tag. Vier Tage würde man nicht arbeiten können, und Marfa würde sicher an einem dieser Tage sterben, das bedeutete, man musste noch heute einen Sarg machen. Er nahm seine eiserne Elle, trat zu der Alten und nahm bei ihr Maß. Darauf legte sie sich hin, er aber bekreuzigte sich und machte sich daran, einen Sarg zu zimmern.

Als die Arbeit beendet war, setzte Bronze seine Brille auf und schrieb in sein Büchlein: »Ein Sarg für Marfa Iwanowna – 2 Rubel 40 Kopeken.«

Und er seufzte. Die alte Frau lag die ganze Zeit über

schweigend und mit geschlossenen Augen da. Am Abend aber, als es schon dunkelte, rief sie plötzlich ihren Mann.

»Weißt du noch, Jakow?«, fragte sie und sah ihn heiter an. »Weißt du noch, wie uns Gott vor fünfzig Jahren ein Kindchen mit blonden Locken schenkte? Wir beide saßen damals immerzu am Flüsschen und sangen Lieder … unter der Weide.« Und bitter lächelnd fügte sie hinzu: »Gestorben ist das Mädelchen.«

Jakow strengte sein Gedächtnis an, aber er konnte sich weder an das Kindchen noch an die Weide erinnern.

»Das bildest du dir nur ein«, sagte er.

Der Priester kam, um ihr das letzte Abendmahl zu reichen und die Letzte Ölung vorzunehmen. Danach begann Marfa etwas Unverständliches zu murmeln, und gegen Morgen verschied sie.

Alte Frauen aus der Nachbarschaft wuschen sie, kleideten sie an und legten sie in den Sarg. Um nicht unnötig für den Küster bezahlen zu müssen, las Jakow die Psalmen selbst, und für das Grab nahm man nichts von ihm, weil der Friedhofswächter sein Gevatter war. Vier Bauern trugen den Sarg zum Friedhof, aber nicht gegen Bezahlung, sondern aus Achtung. Hinter dem Sarg gingen alte Frauen, Bettler und zwei Gottesnarren; die Leute, die ihnen begegneten, bekreuzigten sich ehrfürchtig … Jakow war sehr zufrieden: alles war so fein und so anständig und dabei so billig und für niemanden kränkend. Als er zum letzten Mal von Marfa Abschied nahm, berührte er mit der Hand den Sarg und dachte: Gute Arbeit!

Auf dem Heimweg vom Friedhof aber übermannte ihn große Schwermut. Er fühlte sich nicht recht wohl –

sein Atem war heiß und ging schwer, er konnte die Beine kaum heben und hatte großes Verlangen zu trinken. Ihm ging so allerhand durch den Kopf. Er musste wieder daran denken, dass er in seinem ganzen Leben kein einziges Mal Marfa bedauert oder geliebkost hatte. Die zweiundfünfzig Jahre, die sie zusammen in einer Hütte gelebt hatten, waren lang, sehr lang gewesen, aber irgendwie hatte es sich ergeben, dass er die ganze Zeit über kein einziges Mal an sie gedacht und sie überhaupt nicht beachtet hatte, als sei sie eine Katze oder ein Hund. Dabei hatte sie doch jeden Tag den Ofen geheizt, gekocht und gebacken, Wasser geholt, mit ihm in einem Bett geschlafen, und jedes Mal, wenn er betrunken von einer Hochzeit zurückkehrte, hatte sie andächtig seine Geige an die Wand gehängt und ihn schlafen gelegt – und das alles schweigend, mit schüchterner, besorgter Miene.

Jakow entgegen kam Rothschild, er lächelte und grüßte.

»Ich suche Sie gerade, mein Bester!«, sagte er. »Moissej Iljitsch lässt Sie grüßen und hat befohlen, dass Sie sofort zu ihm kommen.«

Jakow hatte keine Lust, er hätte am liebsten geweint.

»Lass mich in Ruhe!«, erwiderte er und ging weiter.

»Wie ist das möglich?«, sagte Rothschild aufgeregt und lief vor ihm her. »Moissej Iljitsch wird beleidigt sein! Er hat doch befohlen: Sofort!«

Jakow war es widerlich, wie der Jude keuchte und blinzelte und dass er so viele rötliche Sommersprossen hatte. Sein grüner Überrock mit den dunklen Flicken und überhaupt seine ganze gebrechliche, schwächliche Gestalt ekelten ihn an.

»Was willst du von mir, du Knoblauch?«, schrie Jakow. »Bleib mir vom Leibe!«

Der Jude geriet in Zorn und schrie ebenfalls:

»Wollen Sie sein still, bitte, sonst fliegen Sie über den Zaun!«

»Geh mir aus den Augen!«, heulte Jakow und stürzte sich mit geballten Fäusten auf ihn. »Es ist ja nicht auszuhalten mit euch Gesindel!«

Rothschild erstarrte vor Schreck, er hockte sich hin und schwenkte die Arme über dem Kopf, als wolle er sich vor Schlägen schützen; dann sprang er auf und rannte weg, so schnell er konnte. Er hüpfte beim Laufen und fuchtelte mit den Armen, und man konnte sehen, wie sich sein langer hagerer Rücken krümmte. Die Straßenjungen freuten sich über den Vorfall und rannten mit dem Ruf »Jude! Jude!« hinter ihm her. Auch die Hunde liefen ihm bellend nach. Jemand lachte, dann ertönte ein Pfiff, und die Hunde bellten noch lauter und einmütiger … Darauf musste ein Hund Rothschild gebissen haben, denn man hörte einen verzweifelten, jammervollen Schrei.

Jakow schlenderte über den Weideplatz, dann am Rand der Stadt entlang, immer der Nase nach, und die Straßenjungen riefen: »Bronze kommt! Bronze kommt!« Da war auch der Fluss. Schnepfen strichen pfeifend darüber hin, und Enten schnatterten. Die Sonne brannte, und das Wasser glitzerte so, dass beim Hinschauen die Augen schmerzten. Jakow wanderte am Ufer einen Pfad entlang, sah eine korpulente rotwangige Dame aus der Badeanstalt kommen und dachte: Du Otter! Unweit der Badeanstalt waren Jungen dabei, mit Fleisch Krebse zu fangen; als sie Jakow erblickten, riefen sie gehässig:

»Bronze! Bronze!« Da war auch der breite alte Weidenbaum, mit der riesigen Höhlung und den Krähennestern in der Krone ... Und plötzlich tauchten vor Jakows Augen wie lebendig das Kindchen mit den blonden Locken und auch die Weide auf, von der Marfa gesprochen hatte. Ja, das war dieselbe Weide – grün, still, traurig ... Wie alt sie geworden war, die Ärmste!

Er setzte sich unter den Baum und hing seinen Erinnerungen nach. Auf dem jenseitigen Ufer, wo jetzt die überschwemmte Wiese war, stand damals ein großer Birkenhain, und drüben auf dem kahlen Berg, am Horizont, erhob sich damals ein dunkler uralter Kiefernwald, und auf dem Fluss schwammen Kähne. Jetzt aber war alles glatt und eben, und auf dem anderen Ufer stand nur noch eine kleine Birke, schlank und rank wie ein junges Mädchen, auf dem Fluss gab es nur Enten und Gänse, und nichts erinnerte mehr daran, dass hier einmal Kähne gefahren waren. Es kam ihm so vor, als seien es gegenüber früher auch weniger Gänse geworden. Jakow schloss die Augen, und in seiner Phantasie zogen gewaltige Schwärme von weißen Wildgänsen vorbei.

Er konnte nicht begreifen, wie es gekommen war, dass er in den letzten vierzig oder fünfzig Jahren seines Lebens kein einziges Mal am Fluss gewesen war, und wenn vielleicht doch, warum er ihn nicht beachtet hatte. Der Fluss war doch ganz ordentlich und gar nicht so klein; man könnte Fische fangen und sie an Krämer, Beamte oder den Büfettier auf dem Bahnhof verkaufen und dann das Geld auf die Bank tragen. Man könnte in einem Boot von Gutshof zu Gutshof fahren und Geige spielen; und Leute jeden Standes würden ihm Geld dafür zahlen; man könnte auch versuchen, wieder Kähne schwimmen zu lassen, das wäre besser, als Särge zu zimmern. Schließlich könnte man auch Gänse aufziehen, sie schlachten und im Winter nach Moskau schicken; allein schon die Daunen würden wohl an die zehn Rubel einbringen. Er aber hatte es versäumt und nichts dergleichen getan. Was für Verluste! Oh, was für Verluste! Und wenn man alles zusammen nähme – den Fischfang, das Geigenspiel, die Bootsfahrten und das Schlachten der Gänse, was für ein Kapital hätte das gegeben! Doch nicht einmal im Traum gab es etwas von alledem, das Leben floss nutzlos dahin, ohne jegliches Vergnügen, sinnlos war es vertan, für nichts und wieder nichts; für die Zukunft blieb nichts mehr zu hoffen, und blickte man zurück, dann gab es nichts als Verluste, so furchtbare Verluste, dass es einen schauderte. Warum konnte der Mensch nicht so leben, dass diese Verluste nicht entstanden? Er fragte sich, weshalb man den Birkenhain und den Kiefernwald abgeholzt hatte. Weshalb war die Viehweide leer? Warum taten die Menschen immer gerade nicht das, was nötig war? Warum hatte Jakow sein ganzes Leben lang geschimpft, gebrüllt, mit den Fäusten gedroht, seine Frau gekränkt, und, so musste man fragen, warum hatte er vorhin erst den Juden erschreckt und beleidigt? Was für Verluste ergab das! Was für schreckliche Verluste! Gäbe es nicht so viel Hass und Bosheit, die Menschen hätten gewaltigen Nutzen voneinander.

Am Abend und in der Nacht erschienen ihm das Kindchen, der Weidenbaum, Fische, geschlachtete Gänse und Marfa, die im Profil wie ein Vogel aussah, der trinken will, das blasse, klägliche Gesicht Rothschilds, und irgendwelche Fratzen näherten sich ihm von allen Seiten und murmelten etwas von Verlusten. Er wälzte sich von

Rothschilds Geige

einer Seite auf die andere und stand an die fünfmal auf, um ein wenig Geige zu spielen.

Am nächsten Morgen erhob er sich nur mit großer Mühe und ging zum Krankenhaus. Derselbe Maxim Nikolajitsch verordnete ihm kalte Kompressen und gab ihm Pulver, und seinem Gesicht und seinem Tonfall konnte Jakow entnehmen, dass es schlecht um ihn stand und dass keinerlei Pulver mehr helfen würden. Als er dann nach Hause ging, überlegte er sich, dass man vom Tod eigentlich nur Nutzen hatte: Man brauchte weder zu essen noch zu trinken, man brauchte keine Steuern zu zahlen und nicht die Leute zu kränken, und da der Mensch nicht ein Jahr, sondern Hunderte, ja Tausende von Jahren im Grabe liegt, war der Nutzen, wenn man alles zusammenrechnete, gewaltig. Vom Leben hatte der Mensch Verluste, vom Tod hatte er Nutzen. Diese Überlegung war natürlich richtig, trotzdem aber kränkend und bitter – wozu war es auf Erden so sonderbar eingerichtet, dass das Leben, das dem Menschen nur ein einziges Mal gegeben war, ohne Nutzen vorüberging?

Es tat ihm also nicht leid, dass er sterben musste, kaum aber erblickte er daheim seine Geige, da krampfte sich sein Herz zusammen, und jetzt tat es ihm leid. Die Geige konnte er nicht mit ins Grab nehmen, nun würde sie verwaist zurückbleiben, und mit ihr würde das Gleiche geschehen wie mit dem Birkenhain und dem Kiefernwald. Alles auf Erden ging zugrunde, und auch in Zukunft würde es zugrunde gehen! Jakow trat hinaus und setzte sich auf die Schwelle seiner Hütte, die Geige an die Brust gedrückt. Er dachte an sein sinnloses, an Verlusten reiches Leben und fing an zu spielen, ohne zu wissen, was, aber es klang traurig und rührend, und Tränen liefen ihm über die Wangen. Und je mehr er überlegte, desto trauriger sang die Geige.

Die Klinke knarrte ein- oder zweimal, und in der Gartenpforte erschien Rothschild. Kühn ging er über den halben Hof, aber als er Jakow erblickte, blieb er plötzlich stehen, krümmte sich ganz zusammen und machte, wohl aus Angst, mit den Händen Zeichen, als wolle er mit den Fingern anzeigen, wie spät es sei.

»Tritt näher, sei unbesorgt!«, sagte Jakow freundlich und winkte ihn zu sich. »Tritt näher!«

Mit ungläubigem, furchtsamem Gesicht näherte sich Rothschild und blieb drei Schritte von ihm entfernt stehen.

»Oje, seien Sie so lieb, schlagen Sie mich nicht!«, sagte er und machte eine Verbeugung. »Moissej Iljitsch hat mich noch mal geschickt. ›Hab keine Angst‹, hat er gesagt, ›geh noch mal zu Jakow und sag ihm‹, hat er gesagt, ›dass es ohne ihn nicht geht.‹ Mittwoch ist eine Hochzeit ... Jawohl! Herr Schapowanow verheiratet seine Tochter mit einem guten Mann. Und es wird eine reiche Hochzeit sein, oooh!«, setzte der Jude hinzu und zwinkerte mit einem Auge.

»Ich kann nicht ...«, murmelte Jakow, schwer atmend. »Bin krank geworden, Bruder.«

Wieder fing er an zu spielen, und Tränen tropften auf die Geige. Rothschild lauschte aufmerksam; er stand seitlich von ihm, die Arme auf der Brust gekreuzt. Der erschreckte, misstrauische Gesichtsausdruck wich allmählich einem traurigen, leidvollen, er rollte mit den Augen, als durchlebe er quälendes Entzücken, und murmelte: »Achhhh!« Langsam liefen die Tränen über sein Gesicht und tropften auf seinen grünen Überrock.

Darauf lag Jakow den ganzen Tag danieder und grämte sich. Als am Abend der Priester ihn bei der Beichte fragte, ob er nicht an eine besondere Sünde denke, da fiel ihm, während er sein schwach gewordenes Gedächtnis anstrengte, Marfas unglückliches Gesicht und der verzweifelte Schrei des Juden ein, den ein Hund gebissen hatte, und er flüsterte kaum hörbar:

»Die Geige geben Sie Rothschild.«

»Gut«, antwortete der Priester.

Und nun fragen sich alle in der Stadt: woher hat der Rothschild so eine schöne Geige? Hat er sie gekauft oder gestohlen, oder hat man sie ihm vielleicht als Pfand überlassen? Das Flötenspiel hat er längst aufgegeben, er spielt nur noch auf der Geige. Er entlockt ihr so klagende Töne wie vordem der Flöte; wenn er aber das zu wiederholen versucht, was Jakow gespielt hat, als er auf der Schwelle saß, dann klingt es so verzagt und traurig, dass die Zuhörer weinen, und er selbst rollt zum Schluss mit den Augen und sagt: »Achhhh!« Und diese neue Melodie hat in der Stadt solchen Anklang gefunden, dass Rothschild ununterbrochen von Kaufleuten und Beamten eingeladen wird, die sie sich wohl zehnmal vorspielen lassen.

Anna am Halse

I

Nach der Trauung gab es nicht einmal einen kleinen Imbiss; die Jungvermählten tranken ein Glas Wein, zogen sich um und fuhren zum Bahnhof. Statt eines fröhlichen Hochzeitsfestes und eines Abendessens, statt Musik und Tanz – eine Wallfahrt von zweihundert Werst. Viele billigten das und sagten, Modest Alexejewitsch habe schon einen hohen Dienstrang und sei nicht mehr jung, eine lärmende Hochzeit könne da vielleicht nicht als besonders schicklich gelten; außerdem stimme die Musik wehmütig, wenn ein Beamter von zweiundfünfzig Jahren ein Mädchen heiratet, das gerade erst achtzehn geworden ist. Viele meinten auch, Modest Alexejitsch habe als ein Mensch mit Prinzipien diese Fahrt ins Kloster absichtlich unternommen, um seiner jungen Frau begreiflich zu machen, dass er auch in der Ehe in erster Linie auf Religion und Sittlichkeit achten werde.

Man brachte die Jungvermählten zum Bahnhof. Eine ganze Schar von Kollegen und Verwandten stand mit Weingläsern da und wartete darauf, dass sich der Zug in Bewegung setzte, um dann hurra zu schreien, und der Vater, Pjotr Leontjitsch, in Zylinder und Lehrerfrack, schon betrunken und sehr blass, reckte sich mit seinem Weinglas immer wieder zu dem Abteilfenster hoch und sagte flehentlich:

»Anjuta! Anja! Anja, nur noch auf ein Wort!«

Anna am Halse

Anja beugte sich aus dem Fenster zu ihm hinab, und er flüsterte ihr etwas zu, wobei ihr ein Geruch von Wein entgegenschlug, er pustete ihr ins Ohr, doch es war nichts zu verstehen, und bekreuzigte ihr Gesicht, ihre Brust und ihre Hände; er röchelte beim Atmen, und in seinen Augen glänzten Tränen. Anjas Brüder, die beiden Gymnasiasten Petja und Andrjuscha, zogen ihn hinten am Frack und flüsterten verwirrt:

»Papa, lass doch ... Papa, hör doch auf ...«

Als sich der Zug in Bewegung setzte, sah Anja, wie der Vater noch ein Stückchen hinter dem Wagen herlief, er schwankte, verschüttete seinen Wein und hatte ein mitleiderregendes, liebes, schuldbewusstes Gesicht.

»Hurraaaa!«, schrie er.

Die Jungvermählten waren allein. Modest Alexejitsch sah sich im Abteil um, verteilte die Sachen auf die Gepäcknetze und setzte sich lächelnd seiner Frau gegenüber. Er war Beamter, nicht sehr groß, recht füllig, rundlich und wohlgenährt, er hatte einen langen Backenbart, aber keinen Schnurrbart, und sein glattrasiertes, rundes, ausgeprägtes Kinn ähnelte einer Ferse. Das Charakteristischste an seinem Gesicht war der fehlende Schnurrbart, war diese frischrasierte kahle Stelle, die ganz allmählich in die feisten, wie Gelee zitternden Wangen überging. Er benahm sich würdevoll, seine Bewegungen waren gemessen und seine Manieren voller Sanftmut.

»Ich kann nicht umhin, an ein gewisses Vorkommnis zu denken«, sagte er lächelnd. »Als Kossorotow vor fünf Jahren den Orden der Heiligen Anna zweiter Klasse bekam und sich dafür bedankte, sagte Seine Erlaucht Folgendes zu ihm: ›Sie haben jetzt also drei Annen: Eine im

Knopfloch und zwei am Halse.‹ Zu dieser Zeit war nämlich Kossorotows Frau, eine zänkische und leichtsinnige Person, die Anna hieß, wieder zu ihm zurückgekommen. Ich hoffe, Seine Erlaucht wird, wenn ich einmal den Annenorden zweiter Klasse bekomme, keinen Grund haben, mir Gleiches zu sagen.«

Seine kleinen Äuglein lächelten. Und Anja lächelte ebenfalls, ganz außer sich bei dem Gedanken, dieser Mann könne sie jeden Augenblick mit seinen vollen feuchten Lippen küssen und sie habe schon kein Recht mehr, ihm das zu verweigern. Die weichen Bewegungen seines rundlichen Körpers flößten ihr Furcht ein, sie fühlte sich angewidert. Er stand auf, nahm ohne Eile den Orden vom Hals, zog den Frack und die Weste aus und hüllte sich in seinen Schlafrock.

»Schön«, sagte er und setzte sich neben Anja.

Sie erinnerte sich, wie qualvoll die Trauung gewesen war, als es ihr so vorkam, der Geistliche, die Gäste und alle in der Kirche schauten sie mitleidsvoll an: Weshalb nur, weshalb heiratet sie, die so lieb und hübsch ist, diesen nicht mehr jungen, uninteressanten Mann? Noch heute früh war sie begeistert gewesen, dass alles so gut geklappt hatte, doch während der Trauung und auch jetzt im Zug fühlte sie sich schuldig, betrogen und lächerlich. Jetzt hatte sie also einen reichen Mann geheiratet, doch Geld besaß sie trotz alledem nicht, das Geld für das Brautkleid hatte sie sich borgen müssen, und als der Vater und die Brüder sie heute an den Zug brachten, sah sie ihren Gesichtern an, dass sie über keine einzige Kopeke mehr verfügten. Ob sie heute Abend wohl etwas zu essen haben? Und morgen? Und ihr schien, der Vater und die Jungen würden jetzt ohne sie hungrig da-

Anna am Halse

sitzen und genauso traurig sein wie am Abend nach dem Begräbnis der Mutter.

Oh, wie unglücklich ich bin! dachte sie. Warum bin ich nur so unglücklich?

Mit der Plumpheit eines gesetzten Mannes, der den Umgang mit Frauen nicht gewohnt ist, berührte Modest Alexejitsch ihre Taille und klopfte ihr auf die Schulter, sie aber dachte an das Geld, an die Mutter und deren Tod. Als die Mutter gestorben war, fing der Vater, Pjotr Leontjitsch, Lehrer für Schönschreiben und Zeichnen am Gymnasium, zu trinken an, und die Not brach über sie herein. Die Jungen hatten keine Stiefel und keine Überschuhe, den Vater schleppte man vor den Friedensrichter, der Gerichtsvollzieher erschien und pfändete die Möbel ... Was für eine Schande! Anja musste den betrunkenen Vater betreuen, den Brüdern die Strümpfe stopfen und auf den Markt gehen, und wenn ihre Schönheit, ihre Jugend und ihre feinen Manieren gelobt wurden, so schien ihr immer, alle Welt würde nur ihr billiges Hütchen und die mit Tinte überpinselten Löcher an den Stiefeln sehen. Und nachts brach sie in Tränen aus, und es beunruhigte sie der Gedanke, der Vater könnte wegen seiner Trunksucht sehr, sehr bald aus dem Gymnasium entlassen werden und er würde dies nicht verwinden und ebenso wie die Mutter sterben. Doch einige Damen aus dem Bekanntenkreis kümmerten sich um sie und hielten nach einem guten Mann Ausschau. Bald darauf fand sich dieser Modest Alexejitsch, der zwar nicht mehr jung war und nicht hübsch, aber Geld besaß. Er hatte auf der Bank hunderttausend Rubel und außerdem ein Erbgut, das er verpachtete. Er war ein Mann mit Prinzipien und bei Seiner Erlaucht gut angeschrieben; ihn würde es nichts kosten, Seine Erlaucht um einen Brief an den Direktor des Gymnasiums oder sogar an den Schulrat zu bitten, damit Pjotr Leontjitsch nicht entlassen würde ...

Während ihr diese Einzelheiten durch den Kopf gingen, drang plötzlich Musik und Stimmengewirr zum Fenster herein. Der Zug hielt auf einer kleinen Station. In der Nähe des Bahnsteigs wurde eifrig auf einer Ziehharmonika und einer billigen, quietschenden Geige gespielt, und hinter den hohen Birken und Pappeln, hinter den von Mondschein überfluteten Landhäusern spielte ein Militärorchester – wahrscheinlich fand dort ein Tanzabend statt. Auf dem Bahnsteig gingen die Bewohner der Landhäuser und die Städter auf und ab, die bei diesem schönen Wetter hierher gefahren waren, um die reine Landluft zu genießen. Unter ihnen befand sich auch Artynow, dem dieser ganze Ort gehörte, ein reicher Mann, groß, dick, brünett, mit dem Gesicht eines Armeniers, vorstehenden Augen und einem seltsamen Gewand. Er trug ein über der Brust offenstehendes Hemd und hohe Stiefel mit Sporen, und von seinen Schultern hing ein schwarzer Umhang herab, der wie eine Schleppe auf dem Boden nachschleifte. Hinter ihm gingen, die spitzen Schnauzen gesenkt, zwei Windhunde.

In Anjas Augen glänzten noch Tränen, doch sie dachte schon nicht mehr an ihre Mutter, an das Geld oder an ihre Hochzeit, sondern sie schüttelte den bekannten Gymnasiasten und Offizieren die Hände, lachte fröhlich und sagte hastig: »Guten Tag! Wie geht es Ihnen?«

Sie ging hinaus auf die Plattform und stellte sich im Mondschein so hin, dass sie jeder in ihrem neuen herrlichen Kleid und in ihrem Hut sehen konnte.

»Weshalb halten wir hier?«, fragte sie.

»Hier ist eine Ausweichstelle«, antwortete man ihr, »wir warten auf den Postzug.«

Als sie merkte, dass Artynow sie beobachtete, kniff sie kokett die Augen zusammen und begann laut französisch zu sprechen, und weil ihre Stimme so einen schönen Klang hatte und weil die Musik spielte und der Mond sich im Teich spiegelte und weil Artynow, dieser bekannte Don Juan und Lebemann, sie so begehrlich und neugierig ansah und weil allen so fröhlich zumute war, empfand sie plötzlich große Freude, und als sich der Zug in Bewegung setzte und die ihr bekannten Offiziere zum Abschied die Hand an den Mützenschild legten, summte sie schon die Polka mit, die das Militärorchester dröhnend irgendwo hinter den Bäumen spielte und deren Töne es dem Zug nachsandte, und sie ging in ihr Abteil zurück in einer Stimmung, als hätte man sie eben auf der Station davon überzeugt, dass sie unbedingt glücklich sein würde, was auch immer kommen mochte.

Die Jungvermählten verbrachten zwei Tage in dem Kloster und kehrten dann in die Stadt zurück. Sie wohnten in einer Dienstwohnung. Wenn Modest Alexejitsch zum Dienst gegangen war, spielte Anja auf dem Flügel oder weinte vor Langeweile, oder sie legte sich auf die Couch und las Romane oder betrachtete ein Modejournal. Beim Mittagessen aß Modest Alexejitsch sehr viel und sprach von Politik, von Ernennungen, von Beförderungen und Auszeichnungen, er betonte, dass man arbeiten müsse, dass das Familienleben kein Vergnügen, sondern eine Pflicht sei, dass die Kopeke nicht geringer zu achten sei als der Rubel und dass er Religion und Sittlichkeit über alles in der Welt stelle. Während er sein Messer wie ein Schwert in der Faust hielt, erklärte er: »Jeder Mensch muss seine Pflichten kennen!«

Und Anja hörte ihm zu, sie ängstigte sich, konnte nichts essen und stand gewöhnlich hungrig vom Tisch auf. Nach dem Essen schlief ihr Mann und schnarchte dabei laut, sie aber ging zu den Ihren. Der Vater und die Jungen sahen sie so seltsam an, als hätten sie kurz vor ihrem Erscheinen schlecht von ihr gesprochen, weil sie wegen des Geldes einen faden und langweiligen Mann geheiratet hatte, den sie nicht liebte; ihre rauschenden Kleider, ihre Armreifen und überhaupt ihr ganzes damenhaftes Aussehen genierte und beleidigte sie; in ihrer Gegenwart wurden sie ein wenig verlegen und wussten nicht, worüber sie mit ihr sprechen sollten; doch trotz alledem liebten sie sie wie früher und hatten sich noch nicht daran gewöhnt, ohne sie Mittag zu essen. Sie setzte sich und aß mit ihnen Kohlsuppe, Brei und Kartoffeln, die in Hammelfett gebraten waren, das nach Wachskerzen roch. Pjotr Leontjitsch schenkte sich mit zitternder Hand aus der Karaffe ein und trank hastig, gierig und widerwillig, dann trank er ein zweites Glas, dann ein drittes ... Petja und Andrjuscha, die beiden mageren blassen Jungen mit den großen Augen, nahmen die Karaffe und sagten verwirrt:

»Nicht doch, Papa ... hör auf, Papa!«

Und Anja regte sich ebenfalls auf, sie flehte ihn an, nicht zu trinken, doch er brauste plötzlich auf und schlug mit der Faust auf den Tisch.

»Ich erlaube niemandem, mich zu überwachen!«, schrie er. »Grüne Jungen seid ihr! Ein dummes Mädchen bist du! Ich jage euch alle aus dem Haus!«

Doch in seiner Stimme schwang Güte und Schwäche mit, und niemand fürchtete ihn. Nach dem Essen machte er sich gewöhnlich fein; blass, das Kinn vom Rasieren zerschnitten, den dürren Hals gereckt, stand er eine ganze halbe Stunde vor dem Spiegel und putzte sich heraus, er kämmte sich, zwirbelte seinen schwarzen Schnurrbart, bespritzte sich mit Parfüm und band sich den Schlips; dann zog er die Handschuhe an, setzte den Zylinder auf und ging fort, um Privatstunden zu geben. An Feiertagen blieb er zu Hause und malte in Öl oder spielte auf dem Harmonium, das immer zischte und knarrte; er bemühte sich, ihm klare, harmonische Töne zu entlocken, und sang dazu oder schimpfte auf die Jungen:

»Ihr Schurken! Ihr Lumpen! Ihr habt mir das Harmonium verdorben!«

Abends spielte Anjas Mann mit seinen Kollegen, die wie er in dem Haus eine Dienstwohnung innehatten, Karten. Während des Kartenspiels kamen auch die Frauen der Beamten zusammen, sie waren hässlich, geschmacklos gekleidet und grob wie Köchinnen, und in der Wohnung begann ein Geklatsche, das genauso hässlich und geschmacklos war wie das Aussehen der Beamtenfrauen. Es kam vor, dass Modest Alexejitsch mit Anja ins Theater ging. In den Pausen wich er keinen Schritt von ihrer Seite und ging mit ihr Arm in Arm durch die Korridore und das Foyer. Wenn er sich vor jemandem verbeugte, flüsterte er gleich danach Anja zu:

»Ein Staatsrat ... hat Zugang bei Seiner Erlaucht ...« Oder: »Der ist vermögend ... hat ein eigenes Haus ...«

Als sie am Büfett vorbeikamen, verspürte Anja großen Appetit auf etwas Süßes; sie liebte Schokolade und

Apfelkuchen, aber sie hatte kein Geld und schämte sich, ihren Mann darum zu bitten. Er nahm eine Birne, drückte an ihr herum und fragte unentschlossen:

»Wie viel kostet sie?«

»Fünfundzwanzig Kopeken!«

»Na so was!«, sagte er und legte die Birne an ihren Platz zurück; doch weil es ihm peinlich war, vom Büfett wegzugehen, ohne etwas gekauft zu haben, verlangte er Selterswasser und trank allein eine ganze Flasche aus, wobei ihm Tränen in die Augen traten, und in diesem Augenblick hasste ihn Anja.

Oder er wurde plötzlich rot und sagte rasch:

»Verbeuge dich vor dieser alten Dame!«

»Aber ich kenne sie doch gar nicht.«

»Ganz egal. Das ist die Gattin des Vorstehers des Kameralhofs! Verbeuge dich doch, hörst du nicht!«, knurrte er hartnäckig. »Dir wird schon nicht der Kopf abfallen.«

Anja verbeugte sich, und ihr Kopf fiel in der Tat nicht ab, doch es war eine Qual. Sie tat alles, was ihr Mann von ihr verlangte, und ärgerte sich über sich selbst, dass er sie betrogen hatte wie eine Närrin. Sie hatte ihn nur des Geldes wegen geheiratet, doch jetzt verfügte sie über weniger Geld als vor ihrer Heirat. Früher hatte ihr der Vater wenigstens einmal ein Zwanzigkopekenstück gegeben, doch jetzt besaß sie keinen Heller. Sich heimlich etwas zu nehmen oder ihren Mann darum zu bitten, brachte sie nicht fertig, sie fürchtete ihn, sie zitterte vor ihm. Ihr schien, als trage sie die Furcht vor diesem Mann schon lange mit sich herum. Früher, in ihrer Kindheit, war ihr der Direktor des Gymnasiums als eine riesige und entsetzliche Macht erschienen, die gleich einer Wolke oder einer Lokomotive, die sie zermalmen wollte, auf sie zukam. Eine andere, ähnliche Macht, von der innerhalb der Familie immer gesprochen wurde und vor der sich aus irgendeinem Grunde alle fürchteten, war Seine Erlaucht gewesen. Und dann hatte es noch ein Dutzend nicht ganz so starker Mächte gegeben, zu ihnen gehörten auch die Lehrer des Gymnasiums, die schnurrbartlos, streng und unerbittlich waren, und nun war es Modest Alexejitsch, ein Mann mit Prinzipien, der dem Direktor sogar ähnlich sah. Und in Anjas Vorstellung vereinigten sich alle diese Mächte und gingen in Gestalt eines entsetzlichen, riesigen Eisbären auf die Schwachen und Schuldigen los, auf Menschen wie ihren Vater, und sie fürchtete sich, etwas gegen diese Mächte zu sagen, sie lächelte gezwungen und tat so, als sei sie außerordentlich zufrieden, wenn er sie grob liebkoste und sie mit Umarmungen beschmutzte, die sie mit Angst erfüllten.

Nur ein einziges Mal wagte es Pjotr Leontjitsch, ihn um ein Darlehen von fünfzig Rubel zu bitten, um eine höchst unangenehme Schuld zu bezahlen, doch was war das für eine Qual!

»Gut, ich werde Ihnen diese Summe geben«, sagte Modest Alexejitsch, nachdem er etwas nachgedacht hatte, »doch ich mache Sie darauf aufmerksam, dass ich Ihnen ein zweites Mal nicht helfen werde, falls Sie nicht aufgehört haben sollten zu trinken. Für einen Mann, der im Staatsdienst steht, ist diese Schwäche beschämend. Ich kann nicht umhin, Sie an die allgemein bekannte Tatsache zu erinnern, dass dieses Laster viele fähige Menschen zugrunde gerichtet hat, die vielleicht bei entsprechender Enthaltsamkeit mit der Zeit noch hochgestellte Persönlichkeiten geworden wären.«

Und nun folgten eine Menge langer Sätze, in denen es von »in dem Maße, wie ...«, »diesen Umstand in Betracht ziehend ...« und »auf Grund des eben Gesagten ...« nur so wimmelte, und der arme Pjotr Leontjitsch litt unter dieser Erniedrigung und empfand den starken Wunsch, etwas zu trinken.

Und die Jungen, die Anja meist in ihren zerrissenen Stiefeln und abgetragenen Hosen besuchten, mussten sich diese Belehrungen auch anhören.

»Jeder Mensch muss seine Pflichten kennen!«, sagte Modest Alexejitsch zu ihnen.

Doch Geld gab er nicht. Aber dafür schenkte er Anja Ringe, Armbänder und Broschen und bemerkte dabei, es sei gut, diese Dinge für schlimme Zeiten aufzubewahren. Und häufig machte er ihre Kommode auf und veranstaltete eine Revision, ob noch alle Sachen da seien.

II

Unterdessen war der Winter gekommen. Schon lange vor Weihnachten war in der Lokalzeitung die Anzeige erschienen, dass am 29. Dezember im Adelskasino der übliche Winterball »sich stattzufinden beehre«. Jeden Abend flüsterte Modest Alexejitsch nach dem Kartenspiel aufgeregt mit den Beamtenfrauen und warf besorgte Blicke auf Anja, dann ging er lange aus einer Zimmerecke in die andere und dachte über irgendetwas nach. Schließlich blieb er eines späten Abends vor Anja stehen und sagte:

»Du musst dir ein Ballkleid machen lassen. Du verstehst mich doch? Aber berate dich bitte vorher mit Marja Grigorjewna und Natalja Kusminischna.«

Und er gab ihr hundert Rubel. Sie nahm sie; doch als sie sich das Ballkleid bestellte, fragte sie niemanden um Rat, sondern sprach nur mit dem Vater und versuchte sich vorzustellen, wie sich ihre Mutter zu diesem Ball angezogen hätte. Ihre verstorbene Mutter hatte sich immer nach der letzten Mode gekleidet; sie kümmerte sich viel um Anja, sie zog sie geschmackvoll an wie eine Puppe, lehrte sie Französisch sprechen und ausgezeichnet Masurka tanzen. (Vor ihrer Heirat war sie fünf Jahre Gouvernante gewesen.) Genau wie die Mutter konnte auch Anja aus einem alten Kleid ein neues machen, Handschuhe mit Benzin säubern und sich gegen Geld Schmuck ausleihen, und genau wie die Mutter verstand sie es auch, die Augen zuzukneifen, das R wie ein Franzose auszusprechen, eine schöne Haltung anzunehmen, sich, wenn es nötig war, zu begeistern und traurig oder rätselhaft dreinzuschauen. Vom Vater hatte sie die dunklen Haare und Augen geerbt, eine gewisse Nervosität und die Angewohnheit, sich immer schön zu machen.

Als Modest Alexejitsch eine halbe Stunde vor der Abfahrt zum Ball ohne Rock in ihr Zimmer kam, um sich vor ihrem Spiegel den Orden um den Hals zu legen, war er von ihrer Schönheit und dem Glanz ihres reizenden, duftigen Ballkleides entzückt, er strich sich selbstzufrieden über den Backenbart und sagte:

»Was für eine Frau ich habe ... was für eine Frau ich habe! Anjuta!«, fuhr er fort, und sein Tonfall wurde plötzlich feierlich. »Ich habe dich glücklich gemacht, heute aber kannst du mich glücklich machen. Ich bitte dich, lass dich der Gattin Seiner Erlaucht vorstellen! Bei Gott! Durch sie könnte ich den Posten eines Oberreferenten bekommen!«

Sie fuhren zum Ball. Da waren auch schon das Adelskasino und die Auffahrt mit dem Portier, der Vorraum mit den Garderobenständern, die Pelze, die hin und her laufenden Diener und die dekolletierten Damen, die sich mit ihren Fächern vor der Zugluft zu schützen suchten. Es roch nach Leuchtgas und nach Soldaten. Als Anja am Arm ihres Mannes die Treppe hinaufging, die Musik vernahm und sich bei der Fülle des Lichts in dem großen Spiegel erblickte, regte sich Freude in ihrem Herzen und die gleiche Ahnung des Glücks, die sie schon einmal beim Schein des Mondes auf der Bahnstation gehabt hatte. Ihr Gang war stolz und selbstbewusst, zum ersten Mal fühlte sie sich nicht mehr als Mädchen, sondern als Dame, und unwillkürlich ahmte sie in Haltung und Benehmen die verstorbene Mutter nach. Zum ersten Mal in ihrem Leben fühlte sie sich reich und frei. Sogar die Gegenwart ihres Mannes störte sie nicht, denn als sie die Schwelle des Kasinos überschritt, hatte sie instinktiv begriffen, dass die Nähe ihres alten Mannes sie nicht im Geringsten erniedrigte, sondern, ganz im Gegenteil, ihr den Reiz eines pikanten Geheimnisses verlieh, das den Männern so gefällt. Im großen Saal dröhnte schon das Orchester, und der Tanz begann. Nach der Dienstwohnung kam sich Anja, beeindruckt von dem Licht, der Buntheit, der Musik und dem Stimmengewirr, wie verwandelt vor, sie blickte um sich und dachte: Ach, wie schön! Und sofort bemerkte sie in der Menge alle Bekannten, die sie früher bei Abendgesellschaften oder auf Spaziergängen kennengelernt hatte, all diese Offiziere,

Anna am Halse

Lehrer, Advokaten, Beamten und Gutsherren, Seine Erlaucht Artynow und auch die Damen der höchsten Gesellschaft, die – herausgeputzt, tief dekolletiert und sowohl hübsch als auch hässlich – schon ihre Plätze in den Verkaufsständen und Pavillons des Wohltätigkeitsbasars eingenommen hatten, um mit dem Verkauf zugunsten der Armen zu beginnen. Ein riesiger Offizier mit Epauletten – sie hatte ihn auf der Staro-Kijewskaja kennengelernt, als sie noch Gymnasiastin war, sie erinnerte sich jetzt nicht mehr an seinen Namen – stand plötzlich wie aus dem Boden gewachsen vor ihr und forderte sie zu einem Walzer auf, und sie flog ihrem Mann davon, und ihr war zumute, als führe sie bei starkem Sturm auf einem Segelschiff und ihr Mann wäre weit weg am Ufer geblieben ... Sie tanzte voller Leidenschaft und Hingabe Walzer, Polka, Quadrille, sie schwebte von einem Arm in den anderen, sie glühte förmlich bei der Musik und dem Lärm, sie vermengte russische und französische Wörter, sie sprach das R wie ein Franzose aus, lachte und dachte weder an ihren Mann noch an sonst jemanden oder sonst etwas. Sie hatte Erfolg bei den Männern, das war klar, doch das konnte auch gar nicht anders sein, sie holte kaum Luft vor Erregung, presste krampfhaft den Fächer in den Händen und hatte Durst. Ihr Vater, Pjotr Leontjitsch, trat in einem zerknüllten Frack, der nach Benzin roch, an sie heran und reichte ihr ein Schälchen mit rotem Eis.

»Du bist heute bezaubernd«, sagte er und sah sie entzückt an, »noch nie habe ich es so bedauert, dass du so schnell geheiratet hast ... Weshalb nur? Ich weiß, du hast es nur uns zuliebe getan, doch ...«, er zog mit zitternder Hand ein Päckchen Geldscheine hervor und sagte: »Ich habe heute das Honorar für meine Privatstunden bekommen und kann deinem Mann das Darlehen zurückzahlen.«

Sie drückte ihm das Schälchen mit dem Eis in die Hand, flog in den Armen eines anderen davon und sah, als sie flüchtig über die Schulter ihres Kavaliers blickte, wie der Vater, auf dem Parkett leicht ausrutschend, eine Dame umfaßte und mit ihr durch den Saal wirbelte.

Wie lieb er ist, wenn er nicht getrunken hat, dachte sie.

Die Masurka tanzte sie mit dem riesigen Offizier von vorhin; würdevoll und gewichtig wie ein ausgeweideter Stier in Uniform schritt er dahin, bewegte die Schultern und die Brust und stampfte kaum mit den Füßen – er hatte überhaupt keine Lust zu tanzen, doch sie flatterte um ihn herum, reizte ihn mit ihrer Schönheit und ihrem entblößten Hals, ihre Augen glänzten herausfordernd, und ihre Bewegungen waren voller Leidenschaft, er aber wurde immer gleichmütiger und reichte ihr gnädig die Hände wie ein König.

»Bravo, bravo!«, rief man aus der Menge.

Doch auf die Dauer konnte ihr auch der riesige Offizier nicht widerstehen, er wurde lebhaft, leidenschaftlich und kam schließlich – schon völlig ihrem Zauber erlegen – in Wallung und bewegte sich leicht und jugendlich, sie aber zuckte nur mit den Schultern und sah verschmitzt drein, als wäre sie schon die Königin und er der Sklave. Ihr schien, der ganze Saal blicke auf sie und all diese Leute seien entzückt und beneideten sie. Kaum hatte sich der riesige Offizier vor ihr verbeugt, da teilte sich plötzlich die Menge, und die Männer stellten sich alle seltsam aufrecht hin und legten die Hände an die Hosennaht … Es näherte sich ihr Seine Erlaucht im Frack mit zwei Sternen. Ja, Seine Erlaucht ging geradewegs auf sie zu, denn er sah nur sie an, lächelte süßlich und mummelte, was bei ihm immer der Fall war, wenn er hübsche Frauen zu Gesicht bekam.

»Sehr erfreut, sehr erfreut …«, begann er. »Werde anordnen, dass man Ihren Mann in Arrest abführt, weil er solch einen Schatz bis jetzt vor uns verborgen hat. Ich komme zu Ihnen im Auftrag meiner Frau«, fuhr er fort und reichte ihr die Hand. »Sie müssen uns helfen … hm, ja … Sie müssten eigentlich einen Schönheitspreis bekommen … wie in Amerika … hm, ja … Die Amerikaner … Meine Frau wartet schon voller Ungeduld auf Sie.«

Er führte sie an einen Verkaufsstand zu einer Dame, deren untere Gesichtshälfte unverhältnismäßig groß war, so dass man glaubte, sie habe einen großen Stein im Mund.

»Helfen Sie uns doch«, sprach sie näselnd und in singendem Tonfall. »Alle hübschen Frauen sind beim Wohltätigkeitsbasar beschäftigt, und nur Sie allein vergnügen sich. Warum wollen Sie uns nicht helfen?«

Sie ging fort, und Anja nahm ihren Platz neben dem silbernen Samowar und den Teetassen ein. Sofort begann ein reger Verkauf. Für eine Tasse Tee nahm Anja nicht weniger als einen Rubel, und den riesigen Offizier zwang sie, drei Tassen zu trinken. Artynow trat heran, der reiche, an Atemnot leidende Mann mit den vorstehenden Augen, er trug jedoch nicht so ein seltsames Gewand wie im Sommer, als ihn Anja zum ersten Mal gesehen hatte, sondern einen Frack wie alle. Ohne die Augen von Anja zu wenden, trank er ein Glas Champagner und zahlte hundert Rubel, dann trank er Tee und gab noch einmal hundert Rubel – und all das ohne ein Wort, asthmatisch keuchend ... Anja lockte die Käufer an und nahm ihnen das Geld ab, sie war bereits zutiefst davon überzeugt, dass ihr Lächeln und ihre Blicke den Leuten großes Vergnügen bereiteten. Sie hatte schon begriffen, dass sie ausschließlich für dieses lärmende, glänzende und lachende Leben mit Musik, Tanz und Verehrern geschaffen war, und ihre kürzliche Angst vor einer Macht, die drohend auf sie zurollen und sie zermalmen könnte, schien ihr einfach lächerlich; sie fürchtete niemanden mehr und bedauerte nur, dass die Mutter nicht mehr lebte – sie hätte sich jetzt zusammen mit ihr über diesen Erfolg gefreut.

Pjotr Leontjitsch, schon bleich, aber noch fest auf den Beinen, trat an den Verkaufsstand heran und bat um ein Gläschen Kognak. Anja errötete und dachte, er würde etwas Unpassendes sagen (sie schämte sich schon ihres armen und gewöhnlichen Vaters), doch er trank nur sein Glas, warf ihr aus seinem Geldpäckchen zehn Rubel hin und verließ würdevoll den Verkaufsstand ohne ein Wort. Etwas später, als er in der grande ronde tanzte, schwankte er schon und schrie irgendetwas zur großen Verwirrung seiner Dame, und Anja erinnerte sich, wie er vor drei Jahren auf einem Ball genauso geschwankt und herumgeschrien hatte – und wie dann alles damit geendet hatte, dass der Polizist ihn zum Schlafen nach Hause brachte und der Direktor am nächsten Tag drohte, ihn zu entlassen. Wie wenig passte doch diese Erinnerung jetzt hierher!

Als die Feuer unter den Samowaren an den Verkaufsständen erloschen waren und die erschöpften Wohltätigkeitsjüngerinnen ihren Erlös der Dame mit dem Stein im Mund abgeliefert hatten, nahm Artynow Anjas Arm und führte sie in den Saal, wo das Abendessen für alle Teilnehmer des Wohltätigkeitsbasars serviert war. Nicht mehr als zwanzig Personen aßen dort, doch es ging sehr laut und fröhlich zu. Seine Erlaucht brachte einen Trinkspruch aus:

»In diesem luxuriösen Speisesaal erscheint es angebracht, auf das Gedeihen der billigen Volksküchen zu trinken, denen der heutige Wohltätigkeitsbasar gewidmet ist.« Der Brigadegeneral erhob sein Glas »auf die Macht, vor der sogar die Artillerie in Verlegenheit gerät«, und alle wandten sich den Damen zu, um mit ihnen anzustoßen. Es ging sehr, sehr fröhlich zu.

Als man Anja nach Hause begleitete, wurde es schon hell, und die Köchinnen gingen auf den Markt. Glücklich, beschwipst, voll neuer Eindrücke und an allen Gliedern wie zerschlagen, zog sie sich aus, fiel ins Bett und war sofort eingeschlafen ...

Um zwei Uhr weckte sie das Stubenmädchen und meldete, Herr Artynow sei gekommen. Sie zog sich rasch an und ging in den Salon. Kaum war Artynow weg, fuhr Seine Erlaucht vor, um für die Teilnahme am Wohltätigkeitsbasar zu danken. Er blickte sie an, süßlich lächelnd und mummelnd, küsste ihr das Händchen, bat um die Erlaubnis, sie wieder aufsuchen zu dürfen, und fuhr davon, sie aber stand verblüfft und wie verzaubert mitten im Salon und wollte nicht glauben, dass die Änderung in ihrem Leben, diese wunderbare Änderung, sich so schnell vollzogen hatte: Im selben Augenblick kam ihr Mann, Modest Alexejitsch, ins Zimmer ... Und er stand jetzt vor ihr mit dem gleichen kriecherischen, süßlichen, sklavisch-ehrfurchtsvollen Gesichtsausdruck, den sie bei ihm in Gegenwart mächtiger und angesehener Personen zu sehen gewohnt war, und voller Triumph, Entrüstung und Verachtung, bereits davon überzeugt, dass sie nichts mehr zu befürchten habe, sagte sie, jedes Wort deutlich aussprechend:

»Scheren Sie sich hinaus, Sie Trottel!«

Danach hatte Anja schon keinen freien Tag mehr, denn sie nahm bald an einem Picknick, bald an einem Ausflug und bald an einer Aufführung teil. Jeden Tag kam sie erst gegen Morgen nach Hause, sie legte sich dann im Salon auf den Fußboden und erzählte später allen sehr rührend, wie sie unter Blumen schlafe. Sie brauchte sehr viel Geld, doch sie fürchtete sich nicht mehr vor Modest Alexejitsch und verbrauchte sein Geld, als ob es ihres wäre; sie bat nicht um Geld und forderte es auch nicht, sie schickte ihm nur Rechnungen und Zettelchen, auf denen stand:

»Dem Überbringer sind zweihundert Rubel auszuhändigen« oder »Sofort hundert Rubel auszahlen!«

Zu Ostern erhielt Modest Alexejitsch den Annenorden zweiter Klasse. Als er seinen Dankbesuch abstattete, legte Seine Erlaucht die Zeitung beiseite und lehnte sich in seinem Sessel zurück.

»Sie haben jetzt also drei Annen«, sagte er und betrachtete seine weißen Hände mit den rosigen Fingernägeln, »eine im Knopfloch und zwei am Halse.«

Modest Alexejitsch legte zur Vorsicht zwei Finger an die Lippen, um ja nicht laut loszulachen, und erwiderte:

»Jetzt bleibt uns nur noch die Hoffnung auf die Geburt eines kleinen Wladimir. Ich erkühne mich, Euer Erlaucht um die Patenschaft zu bitten.«

Er spielte auf den Wladimirorden vierter Klasse an und stellte sich vor, wie er überall von seinem Wortspiel erzählen würde, das so kühn und treffend war; er wollte noch etwas ebenso Treffendes sagen, doch Seine Erlaucht hatte sich schon wieder in die Zeitung vertieft und nickte nur ...

Anja aber fuhr in der Troika spazieren, ging mit Artynow auf die Jagd, spielte in Einaktern, nahm an großen Abendessen teil und erschien immer seltener bei den Ihren. Die aßen jetzt schon allein zu Mittag. Pjotr Leontjitsch trank noch mehr als früher, es war kein Geld da, und das Harmonium hatten sie schon lange schuldenhalber verkauft. Die Jungen ließen ihn jetzt nicht mehr allein auf die Straße, sie begleiteten ihn und passten auf, dass er nicht hinfiel; und wenn ihnen auf der Staro-Kijewskaja Anja in einem Zweispänner mit Beipferd und mit Artynow auf dem Kutschbock entgegenkam, zog Pjotr Leontjitsch den Zylinder und wollte etwas schreien, doch Petja und Andrjuscha nahmen ihn bei den Armen und sagten flehentlich:

»Hör doch auf, Papa ... Lass doch, Papa ...«

Der Mensch im Futteral

Ganz am Ende des Kirchdorfes Mironossizkoje, in der Scheune des Dorfältesten Prokofi, hatten verspätete Jäger ihr Nachtlager aufgeschlagen. Es waren ihrer nur zwei: der Tierarzt Iwan Iwanytsch und der Gymnasiallehrer Burkin. Iwan Iwanytsch hatte einen recht merkwürdigen Doppelnamen – Tschimscha-Glimalaiski, der gar nicht zu ihm passte, und im ganzen Gouvernement nannte man ihn einfach beim Tauf- und Vatersnamen; er lebte unweit der Stadt auf einem Gestüt und war jetzt zur Jagd gekommen, um ein bisschen frische Luft zu atmen. Der Gymnasiallehrer Burkin jedoch war jeden Sommer Gast der Grafen P. und in dieser Gegend schon längst wie zu Hause.

Sie schliefen nicht. Iwan Iwanytsch, ein großer, hagerer alter Mann mit einem langen Schnurrbart, saß draußen am Eingang und rauchte eine Pfeife; der Mond beleuchtete ihn. Burkin lag drinnen auf dem Heu, und er war in dem Dunkel nicht zu sehen.

Sie erzählten allerhand Geschichten. Unter anderem sprachen sie davon, dass die Frau des Dorfältesten, Mawra, eine gesunde und nicht dumme Frau, in ihrem ganzen Leben niemals über ihr heimatliches Dorf hinausgekommen sei, niemals weder die Stadt noch die Eisenbahn gesehen habe und in den letzten zehn Jahren ständig hinter dem Ofen sitze und nur nachts auf die Straße gehe.

Der Mensch im Futteral

»Was ist denn dabei so verwunderlich!«, sagte Burkin. »Menschen, die von Natur einsam sind, die wie der Einsiedlerkrebs oder die Schnecke danach trachten, sich in ihrem Gehäuse zu verkriechen, gibt es auf dieser Welt nicht wenig. Vielleicht ist das eine Erscheinung von Atavismus, eine Rückkehr zu der Zeit, da der Vorfahr des Menschen noch kein geselliges Tier war und einsam in seiner Höhle hauste, aber vielleicht auch eine der Spielarten des menschlichen Charakters – wer weiß das? Ich bin kein Naturwissenschaftler, und meine Sache ist es nicht, derartige Fragen anzuschneiden; ich will nur sagen, solche Menschen wie Mawra sind keine seltene Erscheinung. Wir brauchen nicht weit zu suchen, vor etwa zwei Monaten ist bei uns in der Stadt ein gewisser Belikow gestorben, der Lehrer der griechischen Sprache, mein Kollege. Sie haben gewiss von ihm gehört. Er fiel dadurch auf, dass er stets, sogar bei sehr gutem Wetter, in Gummischuhen und mit einem Regenschirm ausging und unbedingt in einem warmen, mit Watte gefütterten Paletot. Und der Regenschirm steckte in einem Futteral, und die Uhr lag in einem Futteral aus grauem Wildleder, und wenn er das Taschenmesser herausholte, um den Bleistift anzuspitzen, dann stak auch sein Messer in einem kleinen Futteral. Und das Gesicht schien auch in einem Futteral zu stecken, denn er verbarg es fortwährend in dem hochgeklappten Kragen. Er trug eine dunkle Brille, eine wollene Unterziehjacke, die Ohren verstopfte er mit Watte, und wenn er sich in eine Droschke setzte, dann befahl er, das Verdeck hochzuschlagen. Mit einem Wort, man konnte an diesem Menschen das ständige und unwiderstehliche Streben beobachten, sich mit einer Hülle zu umgeben, sich ein Futteral zu schaffen, das ihn abschließen, ihn vor äußeren Einflüssen schützen sollte. Die Wirklichkeit reizte und ängstigte ihn, sie hielt ihn in dauernder Unruhe, und vielleicht lobte er deshalb immer das Vergangene und Dinge, die es niemals gegeben hat, weil er diese Zaghaftigkeit und seinen Abscheu vor der Gegenwart rechtfertigen wollte; und die alten Sprachen waren für ihn wohl auch nichts weiter als die Gummischuhe und der Regenschirm, hinter denen er sich vor dem Leben versteckte.

›Oh, wie klangvoll, wie herrlich ist die griechische Sprache!‹, pflegte er mit einem Ausdruck der Wonne zu sagen; und wie um seine Worte zu beweisen, kniff er die Augen zusammen und sprach mit erhobenem Finger das Wort Anthropos aus.

Und auch sein Denken versuchte Belikow in ein Futteral einzuschließen. Klar waren für ihn nur Zirkulare und Zeitungsartikel, in denen irgendetwas verboten wurde. Wenn in einem Zirkular den Schülern verboten wurde, nach neun Uhr abends auf die Straße zu gehen, oder wenn in einem Artikel die fleischliche Liebe verboten wurde, dann war das für ihn klar und bestimmt; es war verboten – und damit basta! In einer Zulassung jedoch und Erlaubnis war für ihn stets ein verdächtiges Element verborgen, etwas Unausgesprochenes und Unklares. Wurde in der Stadt ein Theaterzirkel oder eine Lesebibliothek oder eine Teestube zugelassen, dann wiegte er den Kopf und sagte leise: ›Das stimmt natürlich, das ist alles wunderschön, wenn nur nichts daraus entsteht.‹

Jede Art von Abweichung, Verletzung und Übertretung von Vorschriften machte ihn untröstlich, obgleich es ihn, sollte es scheinen, gar nichts anging. Wenn einer der Kollegen sich zum Gottesdienst verspätete oder Gerüchte von einem Streich der Gymnasiasten aufkamen oder eine Aufsichtsdame des Mädchengymnasiums spätabends mit einem Offizier gesehen worden war, dann regte er sich schrecklich auf und sagte immerzu: ›Wenn nur nichts daraus entsteht.‹ Und bei den Lehrerkonferenzen wirkte er einfach niederdrückend auf uns mit seiner Besorgnis, seinem Argwohn und seinen geradezu futteralhaften Überlegungen darüber, dass sich die Jugend im Knaben- und im Mädchengymnasium angeblich schlecht betrage, dass sie in den Klassen großen Lärm mache – ach, wenn das nur nicht der Obrigkeit zu Ohren kommt, ach, wenn nur nichts daraus entsteht – und wie es wäre, wenn man aus der zweiten Klasse Petrow und aus der vierten den Jegorow ausschlösse, das wäre sehr gut. Und was geschah? Mit seinen Seufzern, seinem Gequengel, seiner dunklen Brille in dem blassen, kleinen Gesicht – wissen Sie, einem kleinen Gesicht wie bei einem Iltis – bedrängte er uns alle, und wir gaben nach, setzten Petrow und Jegorow die Note für Betragen herunter, steckten sie in Arrest und schlossen zu guter Letzt sowohl Petrow wie Jegorow aus dem Gymnasium aus. Er hatte eine seltsame Angewohnheit: Er kam zu uns in die Wohnungen. Da kommt er zu einem Lehrer, setzt sich und schweigt, und das sieht aus, als wolle er etwas ausspionieren. Er saß dann so ein, zwei Stunden schweigend da und ging wieder fort. Das hieß bei ihm ›gute Beziehungen zu den Kollegen unterhalten‹, und es fiel ihm offensichtlich schwer, zu uns zu kommen und dazusitzen, und er kam nur deswegen zu uns, weil er es für seine kameradschaftliche Pflicht hielt. Wir Lehrer fürchteten ihn. Und sogar der Direktor fürchtete ihn. Denn, sehen Sie, unsere Lehrer sind doch alles denkende Leute, grundanständig, aufgewachsen mit Turgenjew und Schtschedrin, und doch hat dieses Männchen, das stets in Gummischuhen und mit einem Regenschirm herumging, das ganze Gymnasium fünfzehn Jahre lang in seiner Gewalt gehabt! Ja, was sage ich, das Gymnasium? Die ganze Stadt. Unsere Damen haben an den Sonnabenden keine Theateraufführungen bei sich zu Hause veranstaltet, weil sie Angst hatten, er könnte es erfahren; und die Geistlichkeit genierte sich, in seiner Anwesenheit etwas anderes als Fastenspeisen zu essen und Karten zu spielen. Unter dem Einfluss solcher Leute wie Belikow hat man in unserer Stadt in den letzten zehn, fünfzehn Jahren angefangen, vor allem Angst zu haben. Man hatte Angst, laut zu sprechen, Briefe zu schicken, Bekanntschaften zu schließen, Bücher zu lesen, man hatte Angst, Armen zu helfen, Lesen und Schreiben zu lehren ...«

Iwan Iwanytsch wollte etwas erwidern, räusperte sich, zündete sich aber zuerst die Pfeife an, warf einen Blick auf den Mond und sagte dann bedächtig:

»Ja. Denkende, anständige Leute, sie lesen Turgenjew und Schtschedrin, allerhand Buckles und so weiter, haben sich aber untergeordnet, haben es geduldet ... Das ist es ja eben.«

»Belikow wohnte in demselben Haus wie ich«, fuhr Burkin fort, »im selben Stockwerk, unsere Türen lagen vis-à-vis, wir kamen oft zusammen, und ich kannte sein häusliches Leben. Und daheim war es dieselbe Geschichte: der Schlafrock, die Nachtmütze, Fensterläden, Verriegelungen, eine ganze Reihe von allen möglichen Verboten und Einschränkungen und – ach, wenn nur nichts daraus entsteht! Fastenspeisen schadeten, Fleisch aber durfte man nicht essen, denn es konnte womöglich heißen, Belikow halte die Fasten nicht ein, und so aß er Zander mit Butter – das war zwar kein Fastenessen, aber man konnte auch nicht sagen, dass er Fleisch aß. Weibliche Dienstboten hielt er nicht, aus Furcht, man könnte schlecht von ihm denken, sondern er hielt einen Koch, Afanassi, einen alten Mann von sechzig Jahren, der dauernd betrunken und nicht ganz richtig im Kopf war, er hatte einmal als Offiziersbursche gedient und konnte halbwegs kochen. Dieser Afanassi stand gewöhnlich mit verschränkten Armen in der Tür und brummelte immer mit einem tiefen Seufzer ein und dasselbe:

›*Die* haben sich heutzutage mächtig breitgemacht!‹

Belikows Schlafzimmer war klein wie ein Kasten, das Bett hatte einen Himmel. Wenn er sich schlafen legte, deckte er sich bis über die Ohren zu; es war heiß, schwül, gegen die verschlossenen Türen klopfte der Wind, im Ofen heulte es dumpf; aus der Küche klangen Seufzer, unheilkündende Seufzer …

Und ihm wurde angst und bange unter der Bettdecke. Er fürchtete, es könnte etwas passieren, Afanassi würde ihn ermorden, Diebe könnten eindringen, und danach träumte er die ganze Nacht aufregende Sachen, und morgens, wenn wir zusammen zum Gymnasium gingen, war er niedergedrückt, blass, und man merkte deutlich, dass das Gymnasium mit seinen vielen Menschen, je näher er kam, seinem ganzen Wesen fürchterlich und widerwärtig war und dass er, ein von Natur aus einsamer Mensch, es als lästig empfand, neben mir zu gehen.

›Es wird gar zu viel gelärmt bei uns in den Klassen‹, meinte er, als gebe er sich Mühe, für sein beklemmendes Gefühl eine Erklärung zu finden. ›Das ist unerhört.‹

Und dieser Lehrer der griechischen Sprache, dieser Mensch im Futteral, können Sie sich das vorstellen, hätte beinahe geheiratet.«

Iwan Iwanytsch blickte rasch in die Scheune hinein und sagte:

»Sie scherzen!«

»Ja, beinahe hätte er geheiratet, so merkwürdig das klingen mag. Zu uns wurde ein neuer Lehrer für Geschichte und Geographie versetzt, ein gewisser Kowalenko, Michail Sawwitsch, ein Ukrainer der Abstammung nach. Er kam nicht allein, sondern mit seiner Schwester Warenka. Er war jung, groß, braun, hatte riesige Hände, und seinem Gesicht konnte man ansehen, dass er im Bass redete, und tatsächlich, die Stimme klang, als käme sie aus einem Fass: Bububu ... Sie dagegen war nicht mehr ganz jung, etwa dreißig Jahre alt, aber auch groß und schlank, hatte schwarze Brauen und rote Wangen – mit einem Wort, sie war ein Bild von einem Mädchen, und so schlagfertig, so lebhaft, immerzu sang sie ukrainische Romanzen und lachte. Bei dem geringsten Anlass brach sie in ein schallendes Gelächter aus: ›Hahaha!‹ Die erste nähere Bekanntschaft mit den Kowalenkos machten wir, wie ich mich erinnere, beim Direktor an seinem Namenstag. Zwischen den strengen, steifen und langweiligen Pädagogen, die auch zu Namenstagen nur aus Pflichtgefühl gehen, sahen wir plötzlich eine neue, aus dem Schaum geborene Aphrodite: Sie ging umher, hatte die Hände in die Seiten gestemmt, lachte, sang, tanzte ... Sie sang mit Gefühl: ›Es wehen die Winde‹, dann noch eine Romanze und noch eine und bezauberte uns alle – alle, sogar Belikow. Er setzte sich zu ihr und sagte mit einem süßlichen Lächeln:

›Die ukrainische Sprache erinnert mit ihrer Zartheit und ihrem Wohllaut an die altgriechische.‹

Dies schmeichelte ihr, und sie begann ihm gefühlvoll und überzeugend zu erzählen, dass sie im Landkreis von Gadjatsch ein Gehöft besitze, und auf dem Gehöft wohne Mamotschka, und dort gebe es solche Birnen, solche Melonen, solche Kürbisse! Bei den Ukrainern hießen die Kürbisse nämlich so wie bei den Russen die Kneipen, und die Kneipen nenne man ›schinki‹, und man koche daheim Borschtsch mit roten Tomaten und blauen Auberginen, und der ›schmeckt so gut, so gut – einfach schrecklich gut!‹

Wir hörten die ganze Zeit zu, und plötzlich blitzte bei uns allen ein und derselbe Gedanke auf.

›Es wäre doch ganz gut, sie zu verheiraten‹, sagte die Direktorin leise zu mir.

Uns allen fiel es mit einem Mal ein, dass unser Belikow nicht verheiratet war, und uns erschien es jetzt merkwürdig, dass wir bis dahin eine derart wichtige Einzelheit in seinem Leben gar nicht bemerkt und vollkommen außer Acht gelassen hatten. Wie verhielt er sich überhaupt zu den Frauen, wie löste er für sich diese wesentliche Frage? Früher hatte uns diese Frage gar nicht interessiert; kann sein, wir ließen nicht einmal den Gedanken zu, dass ein Mensch, der bei jedem Wetter mit Gummischuhen ausging und unter einem Betthimmel schlief, lieben könnte.

›Er ist längst über die vierzig hinaus, und sie ist dreißig …‹, erläuterte die Direktorin ihren Gedanken. ›Mir scheint, sie würde ihn nehmen.‹

Was geschieht nicht alles bei uns in der Provinz aus Langeweile, wie viel Unnötiges, Unsinniges! Und zwar nur deshalb, weil das, was notwendig ist, nicht getan wird. Wozu hatten wir es plötzlich nötig, diesen Belikow zu verheiraten, den man sich verheiratet überhaupt nicht vorstellen konnte? Die Direktorin, die Inspektorin und alle unsere Gymnasiumsdamen lebten auf, sie wurden sogar hübsch, gerade als hätten sie auf einmal den Zweck des Lebens erkannt. Die Direktorin nahm im Theater eine Loge, und was sehen wir: In ihrer Loge sitzt Warenka mit so einem Fächer, strahlend, glücklich, und neben ihr Belikow, klein und geduckt, als hätte man ihn mit der Zange aus dem Haus gezerrt. Ich gab eine kleine Abendgesellschaft, und die Damen verlangten, ich solle unbedingt Belikow und Warenka einladen. Kurz und gut, die Maschine begann zu arbeiten. Es stellte sich heraus, dass Warenka nicht abgeneigt war zu heiraten. Beim Bruder zu leben war kein gar so großes Vergnügen, sie stritten und beschimpften sich ja doch nur ganze Tage lang. Da haben Sie so eine Szene: Kowalenko geht auf der Straße, groß, ein baumstarker langer Laban, in gesticktem Hemd, eine Haarsträhne fällt ihm unter der Mütze hervor auf die Stirn; in der einen Hand hat er ein Päckchen Bücher, in der anderen einen dicken Knotenstock. Hinter ihm geht seine Schwester, auch mit Büchern.

›Das hast du ja doch nicht gelesen, Michailik!‹, streitet sie laut. ›Ich sage dir, ich schwör's dir, du hast das überhaupt nicht gelesen!‹

›Und ich sage dir, ich habe es gelesen!‹, schreit Kowalenko und stößt mit dem Stock laut auf den Gehsteig.

›Ach du lieber Gott, Mintschik! Warum wirst du denn gleich böse, wir führen doch ein prinzipielles Gespräch.‹

›Und ich sage dir, ich habe es gelesen!‹, schreit Kowalenko noch lauter.

Und zu Hause, kaum ist jemand da, geht es schon los mit dem Gezänk. Sie hatte ein solches Leben wahrscheinlich satt, wollte auch ihren eigenen Winkel haben, und das Alter musste man ebenfalls in Betracht ziehen; da kann man nicht mehr wählerisch sein, da nimmt man jeden Beliebigen, sogar einen Lehrer der griechischen Sprache. Nebenbei gesagt, den meisten unserer jungen Damen ist es ganz gleich, wen sie heiraten, Hauptsache, sie heiraten. Wie dem auch sei, Warenka begann unserem Belikow deutlich ihre Wohlgeneigtheit zu bezeigen.

Und Belikow? Er besuchte Kowalenko genauso wie uns. Kommt hin zu ihm, setzt sich und schweigt. Er schweigt, und Warenka singt ihm ›Es wehen die Winde‹ vor oder schaut ihn nachdenklich mit ihren dunklen Augen an oder bricht plötzlich in ein Gelächter aus: ›Hahaha!‹

In Liebesangelegenheiten, besonders aber bei einer Heirat, spielt die Suggestion eine große Rolle. Alle – sowohl die Kollegen wie die Damen – begannen Belikow zu versichern, er müsse heiraten, ihm bleibe im Leben nichts anderes übrig, als zu heiraten; wir alle beglückwünschten ihn, sagten mit würdevollen Gesichtern allerhand Plattheiten von der Art wie: Die Ehe ist ein ernster Schritt; hinzu kam noch, dass Warenka nicht schlecht aussah und ganz interessant war, sie war die Tochter eines Staatsrats und besaß ein Gehöft, die Hauptsache aber, sie war die erste Frau, die ihn freundlich und herzlich behandelte – ihm schwindelte der Kopf, und er entschied insgeheim, er müsste tatsächlich heiraten.«

»Und da hätte man ihm die Gummischuhe und den Regenschirm wegnehmen sollen«, sagte Iwan Iwanytsch.

»Stellen Sie sich vor, das war ein Ding der Unmöglichkeit. Er stellte Warenkas Bild auf seinen Tisch und kam ständig zu mir, sprach von Warenka, vom Familienleben, davon, dass die Ehe ein ernster Schritt sei, besuchte öfter die Kowalenkos, aber seine Lebensweise änderte er nicht im Geringsten. Es war sogar umgekehrt, der Entschluss zu heiraten wirkte sich bei ihm irgendwie krankhaft aus, er magerte ab, wurde noch blasser und schien sich noch tiefer in sein Futteral zu verkriechen.

›Warwara Sawwischna gefällt mir‹, sagte er zu mir mit einem schwachen, schiefen Lächeln, ›und ich weiß, dass es für jeden Menschen notwendig ist, zu heiraten, aber … das alles, wissen Sie, ist so plötzlich gekommen … Man muss überlegen.‹

›Was gibt es da zu überlegen?‹, sagte ich zu ihm. ›Heiraten Sie und fertig.‹

›Nein, die Heirat ist ein ernster Schritt, erst müssen die bevorstehenden Pflichten, muss die Verantwortung erwogen werden … damit später nicht irgendwas daraus entsteht. Das beunruhigt mich so, dass ich jetzt keine Nacht schlafen kann. Und offen gestanden, ich fürchte mich: sie und ihr Bruder haben eine so merkwürdige Denkungsart, sie disputieren, wissen Sie, so sonderbar, und ihr Charakter ist sehr lebhaft. Da heiratet man und gerät nachher womöglich noch in irgendeine Geschichte.‹

Der Mensch im Futteral

Und er machte keinen Antrag, schob es immerfort hinaus, zum großen Ärger der Direktorin und unserer sämtlichen Damen; fortwährend erwog er die bevorstehenden Pflichten und die Verantwortung und ging unterdessen jeden Tag mit Warenka spazieren, vielleicht dachte er, dies gehöre sich so in seiner Lage; und er kam ständig zu mir, um über das Familienleben zu reden. Und aller Wahrscheinlichkeit nach hätte er ihr zu guter Letzt einen Heiratsantrag gemacht, und es wäre eine jener unnötigen und dummen Ehen zustande gekommen, von denen bei uns vor lauter Langeweile und Nichtstun Tausende geschlossen werden, wenn nicht plötzlich ein ›*kolossalischer Scandal**‹ passiert wäre. Es muss gesagt werden, dass Warenkas Bruder, Kowalenko, gleich vom ersten Tag ihrer Bekanntschaft an Belikow hasste und ihn nicht ausstehen konnte.

›Ich verstehe nicht‹, sagte er achselzuckend zu uns, ›ich verstehe nicht, wie Sie diesen Ohrenbläser ertragen können, diese widerwärtige Visage. Äh, meine Herren, wie könnt ihr nur hier leben! Bei euch herrscht eine erstickende, eine unsaubere Atmosphäre. Seid ihr denn Pädagogen, Lehrer? Karrieremacher seid ihr, ihr habt keinen Tempel der Wissenschaft, sondern eine Polizeiverwaltung, und es stinkt bei euch so säuerlich wie in der Wachtbude eines Polizisten. Nein, meine Lieben, ich werde noch ein Weilchen bei euch bleiben und fahre dann auf meinen Hof, dort werde ich Krebse fangen und die kleinen Ukrainer unterrichten. Ich fahr weg, und ihr könnt hierbleiben mit eurem Judas, platzen soll er.‹

---

* Auch im russischen Original deutsch.

Oder er lachte, lachte Tränen, bald im Bass, bald mit dünner, piepsender Stimme, und fragte mich mit ausgebreiteten Armen in ukrainischer Mundart:

›Weshalb sitzt er bei mir? Was will er? Er sitzt und guckt.‹

Er hatte Belikow sogar einen Namen gegeben – ›Der Schmarotzer oder die Spinne‹. Und wir vermieden es natürlich, mit ihm davon zu reden, dass seine Schwester Warenka Absichten auf den ›Schmarotzer‹ habe. Und als die Direktorin ihm einmal eine Andeutung machte, es wäre ganz gut, seine Schwester durch eine Ehe mit solch einem soliden, von allen geachteten Menschen wie Belikow zu versorgen, machte er ein finsteres Gesicht und brummte:

›Das ist nicht meine Sache. Mag sie meinetwegen eine Giftnatter heiraten, ich mische mich nicht gern in fremde Angelegenheiten.‹

Jetzt hören Sie, was weiter geschah. Irgendein Schelm zeichnete eine Karikatur: Belikow geht in Gummischuhen, in hochgekrempelten Beinkleidern, unter einem Regenschirm, und am Arm führt er Warenka; darunter die Unterschrift: ›Der verliebte Anthropos‹. Der Ausdruck, verstehen Sie, war wunderbar erfasst. Der Künstler hat wahrscheinlich viele Nächte daran gearbeitet, denn sämtliche Lehrer des Knaben- und des Mädchengymnasiums, die Lehrer des Seminars und die Beamten – alle hatten ein Exemplar bekommen. Auch Belikow bekam eins. Die Karikatur machte auf ihn einen niederschmetternden Eindruck.

Wir gingen zusammen aus dem Haus – es war gerade am Ersten Mai, einem Sonntag, und wir alle, die Lehrer und die Gymnasiasten, hatten verabredet, uns am Gymnasium zu treffen und dann gemeinsam zu Fuß zur Stadt hinaus zum Wäldchen zu wandern – wir gingen also aus dem Haus, und er sah grün aus, finsterer als eine Wolke.

›Was für hässliche und böse Leute es doch gibt!‹, sagte er, und seine Lippen fingen an zu zittern.

Er begann mir wirklich leidzutun. Wie wir so gehen, kommt plötzlich, können Sie sich das vorstellen, Kowalenko auf einem Fahrrad daher, und hinter ihm Warenka, ebenfalls auf einem Fahrrad, rot, abgehetzt, aber lustig und vergnügt.

›Wir fahren voraus!‹, rief sie. ›Das Wetter ist doch gar zu schön, so schön, einfach köstlich!‹

Und beide waren verschwunden. Mein Belikow sah nicht mehr grün aus, er war weiß geworden und geradezu wie erstarrt. Er blieb stehen und schaute mich an.

›Erlauben Sie, was soll denn das?‹, fragte er. ›Oder trügen mich vielleicht meine Augen? Gehört es sich für einen Lehrer des Gymnasiums und für eine Frau, ein Fahrrad zu benutzen?‹

›Was ist daran ungehörig?‹, sagte ich. ›Sollen sie doch fahren, und wohl bekomm's!‹

›Ja, wie kann man nur!‹, rief er, erstaunt über meine Ruhe. ›Was sagen Sie da?‹

Und er war so erschüttert, dass er nicht weitergehen wollte und nach Hause zurückkehrte.

Am folgenden Tag rieb er sich immerzu nervös die Hände und zuckte zusammen; seinem Gesicht war anzusehen, dass er sich nicht wohl fühlte. Und er ging während des Unterrichts weg, was ihm zum ersten Mal im Leben passierte. Und er aß nicht zu Mittag. Und gegen Abend zog er sich recht warm an, obwohl draußen ganz sommerliches Wetter herrschte, und schleppte sich zu den Kowalenkos. Warenka war nicht da, er traf nur den Bruder an.

›Setzen Sie sich, ich bitte ergebenst‹, sagte Kowalenko kalt und runzelte die Brauen; er sah verschlafen aus, er hatte gerade nach dem Mittagessen geruht und war sehr schlecht gelaunt.

Belikow saß etwa zehn Minuten schweigend da und begann dann:

›Ich bin zu Ihnen gekommen, um mir das Herz zu erleichtern. Mir ist sehr, sehr schwer zumute. Irgendein Ehrabschneider hat mich und noch eine Person, die uns beiden nahesteht, in einer lächerlichen Art und Weise gezeichnet. Ich halte es für meine Pflicht, Ihnen zu versichern, dass ich damit nichts zu schaffen habe… Ich habe keinerlei Anlass zu einer solchen Verspottung gegeben und mich im Gegenteil stets wie ein durchaus anständiger Mensch betragen.‹

Kowalenko saß übellaunig da und schwieg. Belikow wartete ein Weilchen und fuhr leise mit trauriger Stimme fort:

›Und noch etwas habe ich Ihnen zu sagen. Ich stehe schon lange im Dienst, Sie aber fangen erst an, und ich halte es für meine Pflicht als älterer Kollege, Sie zu warnen. Sie fahren auf einem Fahrrad, diese Belustigung ist aber für einen Erzieher der Jugend völlig ungehörig.‹

›Warum denn?‹, fragte Kowalenko mit Bassstimme.

›Ja, gibt es da noch etwas zu erklären, Michail Sawwitsch, ist das denn nicht verständlich? Wenn der Lehrer auf einem Fahrrad fährt, was bleibt da den Schülern übrig? Ihnen bleibt nur übrig, auf dem Kopf zu gehen!

Und wenn es nicht durch ein Zirkular erlaubt ist, dann darf man es auch nicht! Ich war gestern entsetzt! Als ich Ihre liebe Schwester sah, wurde mir schwarz vor Augen. Eine Frau oder ein junges Mädchen auf dem Fahrrad – das ist entsetzlich!‹

›Was wünschen Sie eigentlich?‹

›Ich wünsche nur eines – Sie zu warnen, Michail Sawwitsch. Sie sind ein junger Mensch, Sie haben Ihre Zukunft vor sich, man muss sich sehr, sehr vorsichtig betragen, Sie jedoch begehen viele Fehler, oh, wie viele Fehler begehen Sie! Ein gesticktes Hemd tragen Sie, auf der Straße sieht man Sie ständig mit irgendwelchen Büchern, und jetzt noch das Fahrrad. Davon, dass Sie und Ihre liebe Schwester Rad fahren, wird der Direktor erfahren, dann geht es bis zum Kurator ... Was ist da Gutes dran?‹

›Dass ich und meine Schwester Rad fahren, geht niemanden etwas an!‹, sagte Kowalenko und wurde puterrot. ›Und wer sich in die Angelegenheiten meines Hauses und meiner Familie einmischt, den werde ich zu allen Hundeteufeln jagen.‹

Belikow erbleichte und stand auf.

›Wenn Sie in einem solchen Ton mit mir sprechen, kann ich nicht weiterreden‹, sagte er. ›Und ich bitte Sie, sich in meiner Gegenwart niemals so über die Vorgesetzten zu äußern. Sie müssen sich der Obrigkeit gegenüber respektvoll verhalten.‹

›Habe ich denn von der Obrigkeit etwas Schlechtes gesagt?‹, fragte Kowalenko und blickte ihn wütend an. ›Bitte, lassen Sie mich in Ruhe. Ich bin ein ehrlicher Mensch und wünsche mit einem Herrn wie Ihnen nicht zu sprechen. Ich kann Ohrenbläser nicht ausstehen.‹

Der Mensch im Futteral

Belikow wurde unruhig und nervös, und mit einem Ausdruck des Entsetzens begann er sich rasch anzuziehen. Vernahm er doch zum ersten Mal im Leben solche Grobheiten.

›Sie können sagen, was Ihnen beliebt‹, sagte er, als er vom Vorzimmer auf den Treppenabsatz hinaustrat, ›nur muss ich Ihnen zu bedenken geben: Es kann sein, dass uns jemand gehört hat, und damit unser Gespräch nicht falsch ausgelegt wird und nicht etwas daraus entsteht, werde ich den Inhalt unseres Gesprächs dem Herrn Direktor melden müssen ... in den Hauptzügen. Ich bin dazu verpflichtet.‹

›Melden? Geh hin und melde es!‹

Kowalenko packte ihn von hinten am Kragen und gab ihm einen Stoß, und Belikow rollte, mit seinen Gummischuhen aufschlagend, die Treppe hinunter. Die Treppe war hoch und steil, aber er kam wohlbehalten unten an, erhob sich und fasste sich an die Nase: Ob wohl die Brille heil war? Doch gerade in dem Augenblick, als er die Treppe hinunterrollte, trat Warenka ein und mit ihr zwei Damen; sie standen unten und sahen zu – und für Belikow war das entsetzlicher als alles andere. Lieber hätte er sich, scheint's, den Hals gebrochen und beide Beine, als ein Gegenstand des Gespötts zu werden: Denn jetzt würde es die ganze Stadt erfahren, es würde bis vor den Direktor, den Kurator kommen – ach, wenn nur nichts daraus entsteht! –, man würde aufs Neue eine Karikatur zeichnen, und enden würde das alles damit, dass ihm befohlen würde, seinen Abschied einzureichen ...

Als er aufgestanden war, erkannte ihn Warenka, und als sie sein komisches Gesicht, den zerdrückten Überzieher, die Gummischuhe erblickte, und da sie nicht begriff, was geschehen war, und meinte, er sei von selbst unverhofft gefallen, konnte sie nicht an sich halten und lachte schallend, dass es durch das ganze Haus tönte: ›Hahaha!‹

Und mit diesem schallenden, klingenden ›Hahaha‹ fand alles ein Ende: die Freierei und die irdische Existenz Belikows. Er hörte schon nicht mehr, was Warenka sagte, und sah nichts mehr. Nach Hause zurückgekehrt, räumte er erst einmal das Bild vom Tisch weg, dann legte er sich ins Bett und stand nicht mehr auf.

Nach etwa drei Tagen kam Afanassi zu mir und fragte, ob nicht nach dem Arzt geschickt werden sollte, da mit seinem Herrn etwas nicht in Ordnung sei. Ich ging zu Belikow. Er lag unter dem Betthimmel, zugedeckt mit der Bettdecke, und schwieg; auf Fragen gab er nur ja oder nein zur Antwort – und sonst nichts. Er lag da; und neben ihm lief finster und mit gerunzelter Stirn Afanassi hin und her, seufzte tief, und es ging von ihm ein Branntweingeruch aus wie von einer Kneipe.

Einen Monat später starb Belikow. Wir nahmen alle an seinem Begräbnis teil, das heißt beide Gymnasien und das Seminar. Jetzt, da er im Sarge lag, hatte sein Gesicht einen sanften, angenehmen, sogar vergnügten Ausdruck, gerade als sei er froh, dass man ihn endlich in ein Futteral gelegt habe, aus dem er niemals wieder herauskommen würde. Ja, er hatte sein Ideal erreicht! Und gleichsam ihm zu Ehren herrschte während der Beerdigung trübes, regnerisches Wetter, und wir alle trugen Gummischuhe und Regenschirme. Warenka war ebenfalls bei der Beerdigung, und als der Sarg in die Grube hinabgelassen wurde, vergoss sie ein paar Tränen. Ich habe bemerkt, dass die Ukrainerinnen entweder nur weinen oder nur lachen, eine mittlere Stimmung gibt es bei ihnen nicht.

Ich muss bekennen, dass es ein großes Vergnügen ist, solche Menschen wie Belikow zu beerdigen. Als wir vom Friedhof zurückkehrten, hatten wir alle sittsame Fastengesichter; niemand mochte dieses Gefühl der Befriedigung verraten, ein Gefühl, ähnlich dem, das wir vor langer, langer Zeit, noch in der Kindheit, empfunden hatten, wenn die Erwachsenen aus dem Haus gingen und wir ein paar Stunden lang, die volle Freiheit genießend, im Garten umhertollten. Ach, Freiheit, Freiheit! Schon eine Andeutung, schon eine schwache Hoffnung, dass sie möglich ist, verleiht der Seele Flügel, nicht wahr?

Wir kehrten in guter Laune vom Friedhof zurück. Aber es verging nicht mehr als eine Woche, und das Leben verlief wie früher, es war ebenso rau, ermüdend und sinnlos, ein Leben, das nicht durch Zirkulare verboten, aber auch nicht völlig erlaubt war; es wurde nicht besser. Und in der Tat, Belikow war beerdigt worden, aber wie viele solcher Menschen im Futteral sind übrig geblieben, wie viele wird es noch von ihnen geben!«

»Das ist es ja eben«, sagte Iwan Iwanytsch und zündete die Pfeife an.

»Wie viele wird es von ihnen noch geben!«, wiederholte Burkin.

Der Gymnasiallehrer trat aus der Scheune. Er war ein Mann von mittlerem Wuchs, dick, vollkommen kahl, mit einem schwarzen Bart, der ihm beinahe bis an den Gürtel reichte; mit ihm kamen zwei Hunde heraus.

»Der Mond, ist das ein Mond!«, sagte er hinaufschauend.

Es war bereits Mitternacht. Rechts sah man das ganze Dorf, die lange Straße zog sich weit hin, ungefähr fünf Werst. Alles war in stillen, tiefen Schlaf versunken; keine Bewegung, kein Laut, man mochte kaum glauben, dass es in der Natur so still sein konnte. Wenn du in einer Mondnacht eine breite Dorfstraße siehst mit ihren Hütten, den Heuschobern, den verschlafenen Weiden, dann wird deine Seele ruhig; wenn sie sich in dieser Ruhe nach den Mühen, Sorgen und Kümmernissen unter nächtlichen Schatten verborgen hat, ist sie sanft, traurig und sehr schön, und es scheint, dass auch die Sterne freundlich und gerührt auf sie blicken und dass es das Böse auf Erden nicht mehr gibt und alles in bester Ordnung ist. Links am Rande des Dorfes begann das freie Feld; es war weithin zu sehen, bis an den Horizont, und auch in der ganzen Weite dieses vom Mondschein überfluteten Feldes gab es keine Bewegung, keinen Laut.

»Das ist es ja eben«, wiederholte Iwan Iwanytsch. »Und ist das etwa kein Futteral, dass wir in der Stadt leben, in der Schwüle und Enge, dass wir unnötige Schriftstücke aufsetzen, Karten spielen? Und dass wir unser ganzes Leben zwischen Nichtstuern, Ränkeschmieden, dummen und müßigen Frauen verbringen, allerhand Unsinn sprechen und anhören – ist das kein Futteral? Wenn Sie wollen, erzähle ich Ihnen eine sehr lehrreiche Geschichte.«

»Nein, es ist Zeit zum Schlafen«, sagte Burkin. »Bis morgen.«

Beide gingen in die Scheune und legten sich im Heu nieder. Und beide hatten sich bereits zugedeckt und waren eingeschlummert, als plötzlich leichte Schritte ertönten: Tapp, tapp ... Jemand ging unweit der Scheune umher; ging ein wenig und blieb stehen, und kurz darauf wieder: Tapp, tapp … Die Hunde begannen zu knurren.

»Das ist Mawra, die da geht«, sagte Burkin.

Die Schritte verstummten.

»Sehen und hören, wie gelogen wird«, sprach Iwan Iwanytsch und wälzte sich auf die andere Seite, »und du selber wirst noch ein Dummkopf genannt, weil du diese Lüge duldest; Kränkungen, Erniedrigungen ertragen, nicht offen erklären dürfen, dass du auf der Seite der ehrlichen, freien Menschen stehst, und selber lügen, lächeln, und das alles um des täglichen Brotes willen, wegen eines warmen Winkels, wegen irgendeines elenden Dienstgrades, der keinen Groschen wert ist – nein, so weiter zu leben ist unmöglich!«

»Na, das ist bereits ein Lied aus einer anderen Oper, Iwan Iwanytsch«, sagte der Lehrer. »Lassen Sie uns schlafen.«

Und zehn Minuten später schlief Burkin schon. Iwan Iwanytsch jedoch drehte sich fortwährend von einer Seite auf die andere und seufzte, aber dann erhob er sich, ging wieder hinaus und zündete, sich an der Tür niedersetzend, sein Pfeifchen an.

Jonytsch

I

Wenn sich in der Gouvernementsstadt S. die Zugereisten über die Langeweile und Eintönigkeit des Lebens beklagten, dann sagten die Einheimischen, wie um sich zu rechtfertigen, es sei im Gegenteil in S. sehr schön, es gebe dort eine Bibliothek, ein Theater und einen Klub und es würden Bälle veranstaltet; schließlich finde man hier intelligente, interessante und angenehme Familien, mit denen man Bekanntschaft schließen könne. Sie verwiesen auf die Familie Turkin als die gebildetste und talentierteste von allen.

Diese Familie wohnte in der Hauptstraße neben dem Palais des Gouverneurs, im eigenen Haus. Iwan Petrowitsch Turkin, ein korpulenter, gutaussehender, brünetter Mann mit einem Backenbart, veranstaltete Liebhaberaufführungen zu wohltätigen Zwecken, spielte selbst alte Generale und räusperte sich dabei sehr komisch. Er kannte viele Anekdoten, Scharaden und Sprichwörter, scherzte und witzelte gern und machte dabei immer eine Miene, dass man nicht wusste, ob er scherzte oder im Ernst sprach. Seine Frau, Wera Jossifowna, eine schlanke, anmutige Dame, die einen Kneifer trug, schrieb Novellen und Romane und las sie ihren Gästen vor. Die Tochter, Jekaterina Iwanowna, ein junges Mädchen, spielte Klavier. Mit einem Wort, jedes Familienmitglied hatte irgendein Talent. Die Turkins führten ein gastfreundliches Haus und zeigten den Gästen heiter und in aller

Herzenseinfalt ihre Talente. Ihr großes Steinhaus war geräumig und im Sommer kühl; die Hälfte der Fenster ging auf einen alten schattigen Garten hinaus, in dem im Frühling die Nachtigallen schlugen. Wenn Gäste im Haus waren, klapperten in der Küche die Messer, und im Hof roch es nach gebratenen Zwiebeln – das verhieß jedes Mal ein reichliches, wohlschmeckendes Abendessen.

Auch zu Doktor Dmitri Jonytsch Starzew, der gerade zum Semstwo-Arzt ernannt worden war und sich in Djalisch, neun Werst von S. entfernt, niedergelassen hatte, sagte man, er als gebildeter Mensch müsse unbedingt die Turkins kennenlernen. Eines Tages im Winter wurde er auf der Straße Iwan Petrowitsch vorgestellt; man sprach vom Wetter, vom Theater, von der Cholera, und es folgte eine Einladung. An einem Feiertag im Frühjahr – es war der Himmelfahrtstag – begab sich Starzew nach der Sprechstunde in die Stadt, um sich ein wenig zu zerstreuen und bei der Gelegenheit einiges einzukaufen. Er ging gemächlich zu Fuß (eigene Pferde besaß er noch nicht) und summte die ganze Zeit vor sich hin:

»Als ich noch nicht getrunken hatte die Tränen aus des Lebens Kelch …«

Er aß in der Stadt zu Mittag, ging im Park spazieren, dann fiel ihm auf einmal Iwan Petrowitschs Einladung ein, und er beschloss, die Turkins zu besuchen und zu sehen, was für Menschen das seien.

»Bitte, seien Sie gegrüßt«, sagte Iwan Petrowitsch, der ihn auf der Freitreppe empfing. »Ich bin sehr, sehr erfreut, einen so angenehmen Gast bei mir zu sehen. Kommen Sie, ich stelle Sie meiner besseren Hälfte vor. Ich sage zu ihm, Werotschka«, fuhr er fort, als er den Arzt seiner Frau vorstellte, »ich sage zu ihm, er habe nicht das geringste römische Recht, in seinem Krankenhaus zu hocken, er müsse seine Mußestunden der Gesellschaft widmen. Habe ich nicht recht, mein Herzchen?«

»Setzen Sie sich hierher«, sagte Wera Jossifowna und ließ den Gast neben sich Platz nehmen. »Sie können mir den Hof machen. Mein Mann ist eifersüchtig wie Othello, aber wir werden uns Mühe geben und uns so benehmen, dass er nichts merkt.«

»Ach du Schlingel, du Schelm ...«, murmelte Iwan Petrowitsch zärtlich und küsste sie auf die Stirn. »Sie kommen sehr gelegen«, fuhr er, zu dem Gast gewandt, fort, »meine bessere Hälfte hat einen großmächtigen Roman geschrieben und wird ihn heute vorlesen.«

»Jeantschik«, sagte Wera Jossifowna zu ihrem Mann, »dîtes que l'on nous donne du thé.«

Man stellte Starzew Jekaterina Iwanowna vor, ein achtzehnjähriges Mädchen, das der Mutter sehr ähnlich sah und genauso schlank und anmutig war wie sie. Sie hatte noch einen kindlichen Ausdruck im Gesicht und eine schlanke, zarte Taille; und die jungfräuliche, schon entwickelte, schöne und gesunde Brust sprach vom Frühling, vom richtigen Frühling. Dann trank man Tee und aß Warenje, Honig, Konfekt und ein sehr schmackhaftes Gebäck dazu, das auf der Zunge zerging. Gegen Abend fanden sich allmählich Gäste ein, und auf jeden von ihnen richtete Iwan Petrowitsch seine lachenden Augen und sagte:

»Bitte, seien Sie gegrüßt.«

Dann nahmen alle mit sehr ernsten Gesichtern im Salon Platz, und Wera Jossifowna las ihren Roman vor. Sie begann so:

»Der Frost hatte zugenommen ...«

Jonytsch

Die Fenster waren weit geöffnet, man hörte, wie in der Küche die Messer klapperten, und der Geruch nach gebratenen Zwiebeln drang herein ... In den weichen tiefen Sesseln saß man bequem, die Lichter schimmerten zärtlich im Dämmerlicht des Salons; und jetzt, an dem Sommerabend, da auf der Straße Stimmen und Lachen ertönten und vom Hof der Fliederduft hereinwehte, konnte man sich schwer vorstellen, wie der Frost zunahm und wie die untergehende Sonne mit ihren kalten Strahlen die schneebedeckte Ebene und den Wanderer beleuchtete, der einsam seines Weges zog. Wera Jossifowna las davon, wie eine junge, schöne Gräfin in ihrem Dorf Schulen, Krankenhäuser und Bibliotheken errichtete und wie sie einen wandernden Maler liebgewann – sie las von Dingen, die es niemals im Leben gab, und trotzdem war es angenehm und gemütlich, zuzuhören, und es kamen einem immerzu so schöne friedliche Gedanken in den Sinn, dass man gar nicht wieder aufstehen wollte ...

»Nicht unübel ...«, sagte Iwan Petrowitsch leise.

Und einer der Gäste, der es hörte und mit seinen Gedanken weit weg war, sagte kaum hörbar:

»Ja ... wirklich ...«

Es verging eine Stunde, es vergingen zwei. Im benachbarten Stadtpark spielte ein Orchester, und ein Sängerchor sang. Als Wera Jossifowna ihr Heft schloss, schwieg man fünf Minuten lang und lauschte der »Lutschinuschka«, einem Lied, das der Chor sang und das wiedergab, was nicht in dem Roman stand, was aber im Leben vorkommt.

»Lassen Sie Ihre Werke in Zeitschriften erscheinen?«, fragte Starzew Wera Jossifowna.

»Nein«, erwiderte sie, »ich lasse sie nirgends erscheinen. Ich verstecke sie in meiner Schublade, wenn sie fertig sind. Wozu drucken lassen?«, erklärte sie. »Wir sind doch nicht unbemittelt.«
Und alle seufzten, man wusste nicht, warum.
»Und jetzt spiel du etwas, Kätzchen«, sagte Iwan Petrowitsch zu seiner Tochter.
Der Deckel des Klavieres wurde hochgeklappt, das Notenheft, das schon bereitlag, aufgeschlagen, Jekaterina Iwanowna setzte sich und hieb mit beiden Händen auf die Tasten. Sie hieb immer und immer wieder aus voller Kraft darauf ein; ihre Schultern und ihre Brust bebten, hartnäckig hämmerte sie auf die gleiche Stelle, und es schien, sie wolle nicht eher aufhören, als bis sie die Tasten in das Innere des Klaviers hineingetrieben hätte. Der Salon war von Donnergetöse erfüllt; alles dröhnte – der Fußboden, die Decke, die Möbel ... Jekaterina Iwanowna spielte eine schwierige Passage, die gerade wegen ihrer Schwierigkeit interessant, sonst aber lang und eintönig war, und Starzew malte sich beim Zuhören aus, wie von einem hohen Berg Steine herunterrollten, sie rollten und rollten, und er wünschte, sie möchten baldmöglichst aufhören zu rollen, gleichzeitig aber gefiel ihm die kräftige, energische und vor Anstrengung rosige Jekaterina Iwanowna, der eine Locke in die Stirn gefallen war, sehr gut. Nach dem in Djalisch unter Kranken und Bauern verbrachten Winter hier im Salon zu sitzen, dieses junge, elegante und wahrscheinlich reine Geschöpf anzuschauen und diese geräuschvollen, aufdringlichen, dennoch aber kultivierten Töne zu hören – das war so angenehm, so neu ...
»Nun, Kätzchen, du hast heut gespielt wie noch nie«,

sagte Iwan Petrowitsch mit Tränen in den Augen, als seine Tochter geendet hatte und sich erhob. »Stirb, Denis, etwas Besseres wirst du nicht schreiben.«

Alle umringten sie, beglückwünschten sie, bewunderten sie und behaupteten, sie hätten schon lange keine solche Musik gehört, und sie hörte schweigend zu, kaum merklich lächelnd, und ihre ganze Gestalt drückte Triumph aus.

»Wunderbar! Hervorragend!«

»Wunderbar!«, sagte auch Starzew, von der allgemeinen Begeisterung mitgerissen. »Wo haben Sie eigentlich Musik studiert?«, fragte er Jekaterina Iwanowna. »Auf dem Konservatorium?«

»Nein, nein, auf das Konservatorium bereite ich mich erst vor, bisher habe ich hier gelernt, bei Madame Sawlowskaja.«

»Haben Sie das hiesige Gymnasium absolviert?«

»O nein!«, antwortete Wera Jossifowna für sie. »Wir haben die Lehrer ins Haus geholt; im Gymnasium oder im Institut, das werden Sie zugeben, könnte sie schlechten Einflüssen unterliegen. Solange ein junges Mädchen aufwächst, sollte es sich nur unter dem Einfluss der Mutter befinden.«

»Ich gehe aber trotzdem aufs Konservatorium«, sagte Jekaterina Iwanowna.

»Nein, Kätzchen liebt die Mama. Kätzchen wird Papa und Mama nicht betrüben.«

»Nein, ich gehe, ich gehe!«, sagte Jekaterina Iwanowna scherzhaft, aber eigensinnig und stampfte mit dem Füßchen auf.

Beim Abendessen zeigte Iwan Petrowitsch seine Talente. Nur mit den Augen lachend, erzählte er Anekdoten und Witze, stellte komische Rätselaufgaben, die er selbst löste, und die ganze Zeit über redete er in seiner ungewöhnlichen Sprache, die er durch lange Übung im geistreichen Scherzen ausgearbeitet hatte und die ihm offenbar schon längst zur Gewohnheit geworden war – großmächtig, nicht unübel, ich danke Ihnen ergebungsvoll ...

Doch das war noch nicht alles. Als sich die Gäste satt und zufrieden in das Vorzimmer drängten und ihre Mäntel und Stöcke suchten, lief der Diener Pawluscha oder, wie man ihn hier nannte, Pawa, ein vierzehnjähriger, kurzgeschorener und pausbäckiger Junge, geschäftig hin und her.

»Nun, Pawa, spiel mal Theater!«, sagte Iwan Petrowitsch zu ihm.

Pawa stellte sich in Positur, hob einen Arm und sagte in tragischem Ton:

»Stirb, Unglückliche!«

Und alle lachten.

Interessant, dachte Starzew, als er auf die Straße trat.

Er ging noch in ein Restaurant und trank Bier, dann begab er sich zu Fuß heim nach Djalisch. Im Gehen summte er die ganze Zeit:

»Wie klingt doch deine Stimme so zärtlich und so schmachtend ...«

Als er die neun Werst zurückgelegt hatte und schlafen ging, verspürte er nicht die geringste Müdigkeit, sondern er meinte im Gegenteil, er hätte mit Vergnügen noch an die zwanzig Werst gehen können.

Nicht unübel ..., fiel ihm beim Einschlafen ein, und er musste lachen.

II

Starzew nahm sich immer wieder vor, die Turkins zu besuchen, doch im Krankenhaus gab es sehr viel zu tun, und er konnte sich nicht eine Stunde frei machen. So verging mehr als ein Jahr in Arbeit und Einsamkeit; da aber kam aus der Stadt ein Brief in einem blauen Umschlag ...

Wera Jossifowna litt schon lange an Migräne, aber in der letzten Zeit, als Kätzchen jeden Tag drohte, aufs Konservatorium zu gehen, wiederholten sich die Anfälle immer häufiger. Alle Ärzte der Stadt waren schon bei den Turkins gewesen, nun war die Reihe auch an dem Semstwo-Arzt. Wera Jossifowna schrieb ihm einen rührenden Brief, in dem sie ihn bat, zu ihr zu kommen und ihre Leiden zu lindern. Starzew fuhr hin und war seitdem häufig, sehr häufig bei den Turkins ... Tatsächlich half er Wera Jossifowna ein wenig, und sie hatte schon allen Gästen erzählt, er sei ein ungewöhnlicher, wunderbarer Arzt. Doch er fuhr nicht mehr der Migräne wegen zu den Turkins ...

Es war an einem Feiertag. Jekaterina hatte ihre langen, ermüdenden Übungen auf dem Klavier beendet. Danach saß man lange im Speisezimmer und trank Tee, und Iwan Petrowitsch erzählte etwas Komisches. Da aber läutete es; man musste ins Vorzimmer gehen und einen Gast begrüßen. Starzew benutzte den Augenblick der Verwirrung und sagte flüsternd und heftig erregt zu Jekaterina Iwanowna:

»Um Gottes willen, ich flehe Sie an, quälen Sie mich nicht, gehen wir in den Garten!«

Sie zuckte mit den Achseln, als sei sie erstaunt und wisse nicht, was er von ihr wolle, doch sie stand auf und ging hinaus.

»Sie spielen immer drei, vier Stunden Klavier«, sagte er, während er ihr folgte, »dann sitzen Sie mit Ihrer Mutter zusammen, und es ergibt sich keine Gelegenheit, mit Ihnen zu sprechen. Gewähren Sie mir wenigstens ein Viertelstündchen, ich flehe Sie an.«

Es ging auf den Herbst zu, und in dem alten Garten war es still und traurig; auf den Wegen lagen dunkle Blätter. Die Dämmerung brach schon früh herein.

»Ich habe Sie eine ganze Woche nicht gesehen«, fuhr Starzew fort. »Wenn Sie wüssten, was für eine Qual das für mich ist! Setzen wir uns, hören Sie mich an.«

Sie hatten beide einen Lieblingsplatz im Garten – eine Bank unter einem alten, weitausladenden Ahornbaum. Auch jetzt setzten sie sich auf diese Bank.

»Was wünschen Sie?«, fragte Jekaterina Iwanowna nüchtern, in geschäftsmäßigem Ton.

»Ich habe Sie eine ganze Woche nicht gesehen, ich habe so lange ihre Stimme nicht gehört. Ich möchte leidenschaftlich gern Ihre Stimme hören, ich lechze danach. Sprechen Sie!«

Sie entzückte ihn durch ihre Frische, durch den naiven Ausdruck ihrer Augen und Wangen. Sogar in dem Sitz ihres Kleides erblickte er etwas ungewöhnlich Liebes, durch ihre schlichte, naive Grazie Rührendes. Zugleich aber kam sie ihm trotz dieser Naivität sehr klug und über ihr Alter hinaus geistig entwickelt vor. Er konnte mit ihr über Literatur, über Kunst, über alles Mögliche sprechen, er konnte sich bei ihr über das Leben, über die Menschen beklagen, obwohl es auch vorkam, dass sie während eines ernsten Gespräches plötzlich unvermittelt zu lachen anfing oder ins Haus lief. Wie fast alle jungen Mädchen in S. las sie viel (im Allgemeinen wurde allerdings in S. wenig gelesen, und in der dortigen Bibliothek sagte man, wenn nicht die jungen Mädchen und die jungen Juden wären, könnte man die Bibliothek schließen), und das gefiel Starzew ungemein. Voll innerer Anteilnahme fragte er sie jedes Mal, was sie in den letzten Tagen gelesen habe, und entzückt hörte er ihr zu, wenn sie erzählte.

»Was haben Sie in dieser Woche gelesen, während wir uns nicht gesehen haben?«, fragte er jetzt. »Sprechen Sie, ich bitte Sie darum.«

»Ich habe Pissemski gelesen.«

»Und was?«

»Die ›Tausend Seelen‹«, erwiderte Kätzchen. »Aber wie komisch Pissemski hieß: Alexej Feofilaktytsch!«

»Wo wollen Sie denn hin?«, fragte Starzew erschrocken, als sie plötzlich aufstand und zum Haus ging. »Ich muss unbedingt mit Ihnen reden, ich muss mich aussprechen … Bleiben Sie wenigstens noch fünf Minuten! Ich beschwöre Sie!«

Sie blieb stehen, als wolle sie etwas sagen, dann steckte sie ihm ungeschickt einen Zettel in die Hand, eilte ins Haus und setzte sich dort wieder ans Klavier.

»Seien Sie heute um elf Uhr abends auf dem Friedhof, am Grabmal der Demetti«, las Starzew.

Na, das ist aber wirklich nicht gescheit, dachte er, als er wieder zu sich kam. – Was soll hier der Friedhof? Wozu das?

Es war klar: Kätzchen trieb Schabernack. Wer in aller Welt kommt ernsthaft auf den Gedanken, ein nächtliches Rendezvous weit außerhalb der Stadt auf dem Friedhof zu verabreden, wenn man das leicht auf der Straße oder im Stadtpark arrangieren kann? Und schickte es sich denn für ihn, den Semstwo-Arzt, einen klugen, soliden Menschen, zu seufzen, Zettel zu empfangen, sich auf Friedhöfen herumzutreiben und Dummheiten zu machen, über die heute sogar schon Gymnasiasten lachen? Wohin sollte dieses Abenteuer führen? Was würden die Kollegen sagen, wenn sie davon hörten? So dachte Starzew, als er im Klub an den Tischen vorbeischlenderte, aber um halb elf fuhr er plötzlich doch auf den Friedhof.

Er hatte bereits ein eigenes Paar Pferde und einen Kutscher namens Pantelejmon, der eine Samtweste trug. Der Mond schien. Es war still und warm, aber schon herbstlich. In der Vorstadt, neben dem Schlachthof, heulten Hunde. Starzew ließ die Pferde am Stadtrand in einer Nebengasse zurück und ging zu Fuß weiter. Jeder hat seine Eigentümlichkeiten, dachte er. – Kätzchen ist ebenfalls ein eigenartiges Geschöpf, und wer weiß, vielleicht scherzt sie nicht, sondern kommt tatsächlich – und er gab sich dieser schwachen, leeren Hoffnung hin, die ihn berauschte.

Etwa eine halbe Werst ging er über Feld. Der Friedhof zeichnete sich in der Ferne als dunkler Streifen ab, wie ein Wald oder ein großer Park. Eine weiße Mauer tauchte auf, das Tor ... Im Licht des Mondes konnte man auf dem Torbogen lesen: »Jedem schlägt einmal die Stunde ...« Starzew trat durch ein Pförtchen, und das Erste, was er erblickte, waren die weißen Kreuze und Grabmäler zu beiden Seiten eines breiten Weges und die schwarzen Schatten, die sie und die Pappeln warfen; weit und breit sah man nur Schwarzes und Weißes, und die verschlafenen Bäume neigten ihre Zweige über das

Weiße. Es schien hier heller zu sein als draußen auf dem Feld, die Ahornblätter, die wie Tatzen aussahen, hoben sich scharf von dem gelben Sand der Wege und von den Grabplatten ab, und die Inschriften auf den Grabmälern waren deutlich zu lesen. Anfangs war Starzew überrascht von dem, was er hier das erste Mal in seinem Leben sah und was er wahrscheinlich nicht mehr zu sehen bekommen würde – eine Welt, die mit nichts zu vergleichen war, eine Welt, in der das Mondlicht so schön und so weich war, als stünde hier seine Wiege, wo es kein Leben gab, überhaupt keines, sondern wo man in jeder dunklen Pappel, in jedem Grab ein Geheimnis spürte, das ein ruhiges, herrliches, ewiges Leben verhieß. Von den Grabplatten und den verwelkten Blumen und von dem faulenden Laub der Bäume roch es nach Vergebung, Trauer und Ruhe.

Schweigen herrschte ringsum; friedlich blickten die Sterne vom Himmel herab, und Starzews Schritte hallten laut und störend. Erst als die Kirchenuhr schlug und er sich selbst für tot und für immer hier begraben glaubte, schien es ihm, als schaute ihn jemand an, und er dachte einen Augenblick, das hier sei nicht Ruhe und Frieden, sondern die dumpfe Trauer des Nichtseins, unterdrückte Verzweiflung ...

Das Grabmal der Demetti hatte die Form einer Kapelle, auf der ein Engel thronte; einst hatte in S. eine italienische Operntruppe ein Gastspiel gegeben, eine der Sängerinnen war gestorben, und man hatte sie hier begraben und ihr dieses Denkmal gesetzt. In der Stadt erinnerte sich niemand mehr an sie, aber das Lämpchen über dem Eingang spiegelte das Mondlicht wider und schien zu brennen.

Niemand war da. Wer sollte auch um Mitternacht hierherkommen? Doch Starzew wartete, und als ob das Mondlicht seine Leidenschaft entfachte, wartete er sehnsüchtig und malte sich in seiner Phantasie Küsse und Umarmungen aus. Er blieb etwa eine halbe Stunde neben dem Grab sitzen, dann spazierte er durch die Seitenwege, den Hut in der Hand; er wartete und musste daran denken, wie viele Frauen und junge Mädchen hier unter diesen Hügeln begraben lagen, Menschenkinder, die schön und bezaubernd gewesen waren, die geliebt, sich nachts den Liebkosungen hingegeben und in Leidenschaft geglüht hatten. Wie hässlich scherzte doch eigentlich Mutter Natur mit dem Menschen, und wie kränkend war es, das zu erkennen! So dachte Starzew, zugleich aber hätte er herausschreien mögen, er wolle Liebe, er warte auf Liebe, um jeden Preis; vor ihm schimmerten nicht mehr Marmorblöcke, sondern herrliche Körper, er sah Formen, die sich schamhaft im Schatten der Bäume verbargen, er spürte Wärme, und sein Sehnen wurde bedrückend ...

Als sei ein Vorhang gefallen, verschwand der Mond hinter den Wolken, und plötzlich wurde alles ringsum dunkel. Starzew fand kaum das Tor wieder – es war schon finster wie in einer Herbstnacht –, dann wanderte er etwa anderthalb Stunden umher, um die Gasse zu finden, in der er seine Pferde gelassen hatte.

»Ich bin müde und kann mich kaum noch auf den Beinen halten«, sagte er zu Pantelejmon.

Mit Genuss setzte er sich in die Kutsche und dachte dabei: Ach, man sollte nicht dick werden!

III

Am nächsten Abend fuhr er zu den Turkins, um seinen Antrag zu machen. Doch das erwies sich als unmöglich, da Jekaterina Iwanowna in ihrem Zimmer frisiert wurde. Sie wollte zu einem Tanzabend in den Klub.

Wieder musste er lange im Speisezimmer sitzen und Tee trinken. Als Iwan Petrowitsch sah, dass der Gast grübelte und sich langweilte, holte er einen Zettel aus der Westentasche und las den komischen Brief seines deutschen Verwalters vor, in dem es hieß, auf dem Gut seien alle Beschlüsse verdorben und die Verwandlung bröckle ab.

Eine anständige Mitgift werden sie wahrscheinlich geben, dachte Starzew, der zerstreut zuhörte.

Nach der schlaflosen Nacht kam er sich wie benebelt vor, als habe man ihm etwas Süßes, Einschläferndes zu trinken gegeben; er war wie benommen, und doch fühlte er Freude und Wärme; zugleich sagte er sich mit dem letzten Rest Nüchternheit und Besonnenheit: Halt ein, ehe es zu spät ist! Passt sie denn zu dir? Sie ist verwöhnt und launenhaft, sie schläft bis zwei Uhr, du aber bist der Sohn eines Küsters, ein Semstwo-Arzt …

Na und? dachte er. Soll sie doch.

Außerdem wird dich, wenn du sie heiratest, fuhr das letzte Restchen Vernunft fort, ihre Verwandtschaft veranlassen, den Dienst im Semstwo aufzugeben und in der Stadt zu leben.

Na und? dachte er. Wenn ich in der Stadt leben soll, dann lebe ich eben in der Stadt. Sie werden ihr eine Mitgift geben, und wir können uns schön einrichten …

Jonytsch

Endlich trat Jekaterina Iwanowna ein, im Ballkleid, tief dekolletiert, schön und frisch, und Starzew konnte sich nicht sattsehen an ihr, er geriet in solches Entzücken, dass er kein Wort herausbrachte, sondern sie nur ansah und lachte.

Sie begann sich zu verabschieden, und da er keinen Grund hatte, länger zu bleiben, erhob er sich und sagte, er müsse heim, die Patienten warteten.

»Da kann man nichts machen«, sagte Iwan Petrowitsch, »fahren Sie, bei der Gelegenheit können Sie Kätzchen in den Klub mitnehmen.«

Draußen nieselte es, und es war sehr dunkel, nur an dem heiseren Räuspern Pantelejmons konnte man erraten, wo die Pferde standen. Das Verdeck der Kutsche wurde hochgeklappt.

»Ich liege und siege, du liegst, wenn du lügst«, sagte Iwan Petrowitsch und half seiner Tochter in die Kutsche, »er liegt, wenn er lügt ... Hü! Bitte, leben Sie wohl!«

Sie fuhren los.

»Ich war gestern auf dem Friedhof«, begann Starzew. »Das war nicht edel und nicht barmherzig von Ihnen ...«

»Sie waren auf dem Friedhof?«

»Ja, ich war dort und habe fast zwei Stunden auf Sie gewartet. Ich habe gelitten ...«

»Dann leiden Sie eben, wenn Sie keinen Spaß verstehen.«

Zufrieden, weil sie den Verliebten so zum Narren gehalten hatte und weil sie so heiß geliebt wurde, brach Jekaterina Iwanowna in Gelächter aus, aber plötzlich schrie sie vor Schreck auf, denn im selben Augenblick bogen die Pferde scharf zum Klubtor ab, und die Kutsche legte sich auf die Seite. Starzew fasste Jekaterina

Iwanowna um die Taille, sie schmiegte sich verstört an ihn, und er konnte sich nicht länger beherrschen und küsste sie leidenschaftlich auf die Lippen, auf das Kinn und umarmte sie noch heftiger.

»Genug«, sagte sie trocken.

Kurz darauf war sie schon nicht mehr im Wagen, und der Polizist, der an der beleuchteten Klubauffahrt stand, rief Pantelejmon mit widerlicher Stimme zu:

»Was bleibst du da stehen, du Krähe? Fahr weiter!«

Starzew fuhr nach Haus, kehrte aber bald zurück. In einem fremden Frack, um den Hals eine steife weiße Krawatte, die dauernd abstand und zu verrutschen drohte, saß er um Mitternacht im Salon des Klubs und sagte voller Begeisterung zu Jekaterina Iwanowna:

»Oh, wie wenig wissen diejenigen, die niemals geliebt haben! Ich glaube, noch keiner hat die Liebe richtig beschrieben, und man kann dieses zärtliche, freudige, quälende Gefühl auch kaum beschreiben; wer es nur ein einziges Mal durchgemacht hat, der wird es nicht in Worten wiedergeben wollen. Aber wozu lange Vorreden und Beschreibungen? Wozu unnütze Schönrederei? Meine Liebe ist grenzenlos ... Ich bitte Sie, ich flehe Sie an«, rief Starzew endlich aus, »werden Sie meine Frau!«

»Dmitri Jonytsch«, erwiderte Jekaterina Iwanowna nach kurzem Nachdenken mit sehr ernster Miene, »Dmitri Jonytsch, ich bin Ihnen sehr dankbar für die Ehre, ich achte Sie, aber ...« – sie stand auf und fuhr im Stehen fort –, »aber, entschuldigen Sie, aber ich kann nicht Ihre Frau werden. Wir wollen ernsthaft miteinander reden. Dmitri Jonytsch, Sie wissen, mehr als alles im Leben liebe ich die Kunst, ich liebe die Musik über alles, ich vergöttere sie, ihr habe ich mein ganzes Leben geweiht. Ich möchte Künstlerin werden, ich möchte Ruhm, Erfolge, Freiheit, Sie aber wollen, dass ich weiter in dieser Stadt lebe, dieses hohle und nutzlose Dasein fortsetze, das mir schon unerträglich geworden ist. Ehefrau werden – o nein, verzeihen Sie! Der Mensch muss nach einem höheren, einem glanzvollen Ziel streben, das Familienleben aber würde mich auf ewig binden. Dmitri Jonytsch« – sie lächelte unmerklich, weil ihr dabei »Alexej Feofilaktytsch« einfiel – »Dmitri Jonytsch, Sie sind ein guter, edler und kluger Mensch, Sie sind der beste von allen ...« – Tränen traten ihr in die Augen – »ich empfinde von ganzem Herzen Sympathie für Sie, aber ... aber Sie werden verstehen ...«

Um nicht loszuweinen, drehte sie sich um und verließ den Salon.

Starzews Herz hörte auf, unruhig zu schlagen. Als er aus dem Klub auf die Straße trat, riss er sich erst einmal die steife Krawatte ab und seufzte aus voller Brust. Er schämte sich ein wenig, seine Eigenliebe war verletzt – er hatte keinen Korb erwartet, und er wollte nicht glauben, dass alle seine Träume, alle seine Sehnsüchte und Hoffnungen zu einem solch dummen Ende geführt hatten, genau wie in einem kleinen Stück auf einer Liebhaberbühne. Und er bedauerte seine Gefühle, diese seine Liebe, er bedauerte sie so sehr, dass er am liebsten gleich losgeheult oder mit seinem Schirm aus Leibeskräften auf Pantelejmons Rücken geschlagen hätte.

Drei Tage lang ging ihm nichts recht von der Hand, er aß nicht, er schlief nicht, doch als ihm zu Ohren kam, Jekaterina Iwanowna sei nach Moskau gefahren, um auf dem Konservatorium zu studieren, da beruhigte er sich und lebte wieder wie früher.

Als er sich dann später manchmal erinnerte, wie er über den Friedhof geschlendert war oder wie er in der ganzen Stadt nach einem Frack gesucht hatte, rekelte er sich träge und sagte:

»Was für Scherereien waren das doch!«

IV

Vier Jahre waren vergangen. Starzew besaß bereits eine große Praxis in der Stadt. Jeden Morgen fertigte er schnell bei sich in Djalisch die Kranken ab, dann fuhr er zu den Patienten in der Stadt, aber nicht mehr mit zwei Pferden, sondern in einer Troika mit Schellengeläut, und erst spät in der Nacht kehrte er heim. Er war voller geworden und ging nicht mehr gern zu Fuß, weil er an Atemnot litt. Auch Pantelejmon hatte zugenommen, und je mehr er in die Breite ging, desto trauriger seufzte er und klagte über sein bitteres Los – er hatte das viele Fahren satt!

Starzew verkehrte in verschiedenen Häusern und traf dort viele Menschen, doch mit keinem befreundete er sich näher. Die städtischen Spießer reizten ihn durch ihre Gespräche, ihre Lebensauffassung und sogar durch ihr Aussehen. Die Erfahrung lehrte ihn allmählich, dass der Spießbürger, spielt man mit ihm Karten oder frühstückt mit ihm, ein friedfertiger, gutmütiger und sogar vernünftiger Mensch ist, aber man braucht mit ihm nur über etwas zu sprechen, das über Essen und Trinken hinausgeht, zum Beispiel über Politik oder Wissenschaft, schon weiß er nicht aus noch ein oder kommt mit einer so bornierten, bösartigen Philosophie daher, dass man nur resigniert abwinken und sich abwenden kann. Selbst wenn Starzew versuchte, sich mit einem liberalen Bürger zu unterhalten, zum Beispiel darüber, dass die Menschheit Gott sei Dank vorwärtsschreite und dass man mit der Zeit ohne Pass und ohne Todesstrafe auskommen werde, musterte ihn der Bürger scheel und misstrauisch und fragte: »Das heißt, dann kann auf der Straße jeder jeden umbringen?« Und wenn Starzew in einer Gesellschaft beim Abendessen oder Teetrinken davon sprach, dass man arbeiten müsse, dass man ohne Arbeit nicht leben könne, dann fasste man das jedes Mal als Vorwurf auf, wurde böse und begann hartnäckig zu streiten. Bei alledem taten diese Spießbürger nichts, absolut nichts, sie interessierten sich für nichts, und er wusste schon nicht mehr, worüber er sich mit ihnen hätte unterhalten sollen. So vermied Starzew Gespräche, er speiste nur und spielte Karten, und wenn er in irgendeinem Hause zu einem Familienfest kam und man ihn zu einem Imbiss einlud, dann setzte er sich hin und aß schweigend, wobei er auf seinen Teller blickte. Alles, was während dieser Zeit gesprochen wurde, war uninteressant, ungerecht und dumm, er fühlte sich gereizt und geriet in Erregung, doch er schwieg, und da er stets finster schwieg und auf seinen Teller starrte, nannte man ihn in der Stadt einen »aufgeblasenen Polen«, obwohl er niemals Pole gewesen war.

Von Zerstreuungen, wie Theater oder Konzerten, hielt er sich fern, dafür aber spielte er jeden Abend an die drei Stunden mit Genuss Wint. Er hatte noch eine Zerstreuung, an der er allmählich immer mehr Gefallen fand – abends aus den Taschen die Geldscheine zu holen, die er in seiner Praxis eingenommen hatte. Es kam

Jonytsch

vor, dass er an die siebzig Rubel nach Hause brachte, alle Taschen vollgestopft mit gelben und grünen Scheinen, die nach Parfüm, Essig, Weihrauch und Fischtran rochen, und wenn sich einige hundert angesammelt hatten, dann brachte er das Geld zur »Gesellschaft für gegenseitige Kredithilfe« und deponierte es dort auf seinem laufenden Konto.

In den vier Jahren nach Jekaterina Iwanownas Weggang war er nur zweimal bei den Turkins gewesen, auf Einladung Wera Jossifownas, die noch immer wegen Migräne in Behandlung war. Jeden Sommer kam Jekaterina Iwanowna die Eltern besuchen, doch er hatte sie noch kein einziges Mal gesehen; irgendwie hatte es sich nicht ergeben.

So waren vier Jahre vergangen. An einem ruhigen, warmen Morgen brachte man einen Brief ins Krankenhaus. Wera Jossifowna schrieb an Dmitri Jonytsch, sie sehne sich sehr nach ihm und bitte ihn dringend, zu ihr zu kommen und ihre Leiden zu lindern, übrigens sei heute gerade ihr Geburtstag. Darunter stand noch eine Nachschrift: »Ich schließe mich Mamas Bitte an. K.«

Starzew überlegte, und am Abend fuhr er zu den Turkins.

»Ah, bitte, seien Sie gegrüßt!«, empfing ihn Iwan Petrowitsch, nur mit den Augen lächelnd. »Bongschurchen.«

Wera Jossifowna, weißhaarig und schon stark gealtert, drückte Starzew die Hand, seufzte affektiert und sagte:

»Sie wollen mir nicht den Hof machen, Doktor, Sie kommen nie zu uns, ich bin Ihnen schon zu alt. Aber da ist eine Junge gekommen, vielleicht hat sie mehr Glück.«

Und Kätzchen? Sie war mager und blass geworden, aber schöner und schlanker; sie war jedoch schon Jekaterina Iwanowna und nicht mehr Kätzchen, sie besaß nicht mehr die frühere Frische und den Ausdruck kindlicher Naivität. In ihrem Blick und ihren Manieren lag etwas Neues – etwas Unentschlossenes, Schuldbewusstes, als fühle sie sich hier, im Haus der Turkins, nicht mehr heimisch.

»Wie lange ist es her!«, sagte sie, als sie Starzew die Hand reichte, und es war zu sehen, wie ihr Herz vor Aufregung klopfte; unverwandt und neugierig blickte sie ihm ins Gesicht und fuhr fort: »Wie voll Sie geworden sind! Sie sind gebräunt, Sie sind männlicher geworden, aber im Allgemeinen haben Sie sich nicht verändert.«

Auch jetzt gefiel sie ihm, sie gefiel ihm sogar sehr, doch etwas fehlte an ihr, oder etwas war zu viel – er hätte selber nicht sagen können, was, aber irgendetwas hinderte ihn daran, so zu fühlen wie früher. Ihm gefiel ihre Blässe nicht, der neue Ausdruck ihres Gesichts, das schwache Lächeln, die Stimme; etwas später missfiel ihm schon das Kleid, der Sessel, in dem sie saß, und etwas gefiel ihm nicht an der Vergangenheit, als er sie beinahe geheiratet hätte. Er erinnerte sich an seine Liebe, an die Träume und Hoffnungen, die ihn vor vier Jahren erregt hatten, und es wurde ihm unbehaglich zumute.

Man trank Tee und aß süßen Kuchen. Darauf las Wera Jossifowna einen Roman vor, sie las von Dingen, die es niemals im Leben gab, und Starzew hörte zu, starrte auf ihren schönen grauen Kopf und wartete, dass sie zum Ende käme.

Talentlos, dachte er, ist nicht der, der keine Geschichten zu schreiben versteht, sondern derjenige, der sie schreibt und das nicht zu verbergen weiß.

»Nicht unübel«, sagte Iwan Petrowitsch.

Dann spielte Jekaterina Iwanowna Klavier, geräuschvoll und lange, und als sie geendet hatte, dankte man ihr überschwänglich und war von ihr entzückt.

Wie gut, dass ich sie nicht geheiratet habe, dachte Starzew.

Sie sah ihn an und wartete wohl darauf, dass er ihr vorschlagen würde, in den Garten zu gehen, aber er schwieg.

»Unterhalten wir uns doch ein bisschen«, sagte sie und trat zu ihm. »Wie geht's, wie steht's? Wie leben Sie? Ich habe jeden Tag an Sie gedacht«, fuhr sie nervös fort, »ich wollte Ihnen einen Brief schreiben, ich wollte selbst zu Ihnen nach Djalisch kommen, und ich hatte bereits beschlossen zu fahren, dann aber überlegte ich es mir wieder anders – der Himmel weiß, wie Sie jetzt zu mir stehen. Ich habe Sie heute mit solcher inneren Unruhe erwartet. Um Gottes willen, gehen wir in den Garten.«

Sie gingen in den Garten und setzten sich dort auf die Bank unter dem alten Ahornbaum, so wie vor vier Jahren. Es war dunkel.

»Wie geht es Ihnen?« fragte Jekaterina Iwanowna.

»Nicht schlecht, man lebt so«, antwortete Starzew.

Weiter wusste er nichts zu sagen. Sie schwiegen.

»Ich bin aufgeregt«, sagte Jekaterina Iwanowna und bedeckte ihr Gesicht mit den Händen, »aber Sie dürfen das nicht beachten. Mir ist so wohl daheim, ich bin so froh, alle zu sehen, und kann mich doch nicht daran gewöhnen. Wie viele Erinnerungen! Ich meinte, wir beide würden uns ununterbrochen bis zum Morgen unterhalten.«

Jetzt sah er ihr Gesicht und ihre glänzenden Augen aus der Nähe, und hier, in der Dunkelheit, kam sie ihm jünger vor als im Zimmer, und es schien sogar, als sei ihr früherer kindlicher Ausdruck zurückgekehrt. Und tatsächlich, sie sah ihn mit naiver Neugier an, als wollte sie den Mann, der sie einst so heiß, so zärtlich und so unglücklich geliebt hatte, begreifen und aus der Nähe betrachten; ihre Augen dankten ihm für diese Liebe. Und er erinnerte sich an alles, was gewesen, bis auf die kleinsten Einzelheiten – wie er über den Friedhof geschlendert und wie er am nächsten Morgen müde nach Hause zurückgekehrt war, und auf einmal wurde ihm weh ums Herz, und ihn dauerte das Vergangene. In seinem Herzen flackerte ein Flämmchen auf.

»Erinnern Sie sich noch, wie ich Sie am Abend in den Klub begleitete?«, fragte er. »Damals regnete es, es war dunkel ...«

Das Flämmchen in seinem Herzen brannte heller, und er wollte schon sprechen, sich über sein Leben beklagen ...

»Ach!«, sagte er seufzend. »Da fragen Sie, wie es mir geht. Wie leben wir hier denn? Überhaupt nicht. Wir werden alt, dick, und es geht bergab. Ehe man sichs versieht, ist der Tag um, und das Leben fließt trübe, ohne Eindrücke, ohne Gedanken dahin ... Am Tage der Broterwerb, abends der Klub, die Gesellschaft von Kartenspielern, Alkoholikern und Krakeelern, die ich nicht ausstehen kann. Was ist daran schön?«

»Aber Sie haben doch Ihre Arbeit, ein edles Ziel im Leben. Sie haben so gern von Ihrem Krankenhaus gesprochen. Ich war damals seltsam, ich bildete mir ein, eine große Pianistin zu sein. Heutzutage spielen alle jungen Damen Klavier, und ich spiele wie alle, an mir war nichts Besonderes; ich war eine ebensolche Pianistin, wie Mama eine Schriftstellerin ist. Damals habe ich Sie natürlich nicht verstanden, aber dann in Moskau habe ich oft an Sie gedacht. Ich habe überhaupt nur an Sie gedacht. Was für ein Glück ist es, Semstwo-Arzt zu sein, den Leidenden zu helfen, dem Volk zu dienen. Was für ein Glück!«, wiederholte Jekaterina Iwanowna begeistert. »Wenn ich in Moskau an Sie dachte, erschienen Sie mir als ein so idealer, erhabener Mensch …«

Starzew fielen die Scheine ein, die er abends mit solchem Vergnügen aus seinen Taschen holte, und das Flämmchen in seinem Herzen erlosch.

Er stand auf, um zum Haus zu gehen. Sie nahm seinen Arm.

»Sie sind der beste Mensch, den ich in meinem Leben kennengelernt habe«, fuhr sie fort. »Wir werden uns sehen und uns unterhalten, nicht wahr? Sie müssen es mir versprechen. Ich bin keine Pianistin, über mich selbst mache ich mir keine Illusionen mehr, und ich werde in Ihrer Gegenwart weder spielen noch über Musik reden.«

Als sie ins Haus traten und Starzew bei der abendlichen Beleuchtung ihr Gesicht und ihre traurigen, prüfend auf ihn gerichteten Augen sah, da fühlte er Unruhe und dachte wieder: Wie gut, dass ich sie damals nicht geheiratet habe.

Er begann sich zu verabschieden.

»Sie haben keinerlei römisches Recht, ohne Abendessen abzufahren«, sagte Iwan Petrowitsch, als er ihn begleitete. »Das ist ganz perpendikulär von Ihnen. Nun, spiel mal Theater!«, sagte er im Vorzimmer zu Pawa.

Pawa, der kein Knabe mehr war, sondern schon ein junger Mann mit einem Schnurrbart, hob einen Arm und sagte mit tragischem Ton:

»Stirb, Unglückliche!«

Das alles reizte Starzew. Als er in die Kutsche stieg und sich nach dem dunklen Haus und dem Garten umsah, die ihm einstmals so lieb und teuer gewesen waren, da fiel ihm auf einmal alles wieder ein – Wera Jossifownas Romane, Kätzchens geräuschvolles Spiel, Iwan Petrowitschs Witze, Pawas tragische Pose – und er dachte: Wenn die talentiertesten Leute der Stadt so unbegabt sind, wie müssen dann erst die anderen sein.

Drei Tage später brachte Pawa einen Brief von Jekaterina Iwanowna.

»Sie kommen nicht zu uns. Warum?«, schrieb sie. »Ich fürchte, Ihre Einstellung zu uns hat sich geändert; ich fürchte es, und mir ist bange, wenn ich nur daran denke. Beruhigen Sie mich doch, kommen Sie zu uns und sagen Sie, dass alles gut ist.

Ich muss Sie unbedingt sprechen. Ihre J. I.«

Er las den Brief und sagte zu Pawa:

»Bestelle, mein Lieber, dass ich heute nicht kommen kann, ich bin sehr beschäftigt. Sag, ich würde so in drei Tagen kommen.«

Doch die drei Tage vergingen, eine Woche verging, und er fuhr immer noch nicht hin. Als er einmal an Turkins Haus vorbeikam, fiel ihm ein, dass er wenigstens auf einen Augenblick hineingehen müsste, aber er überlegte es sich und … ging nicht hinein.

Und er war niemals mehr bei den Turkins.

V

Abermals sind einige Jahre vergangen. Starzew ist noch dicker, geradezu fett geworden, er atmet schwer und geht mit zurückgeworfenem Kopf. Wenn er, aufgedunsen und rot, in seiner Troika mit Schellengeläut vorüberfährt und Pantelejmon, ebenfalls aufgedunsen und rot, mit feistem Nacken auf dem Kutschbock sitzt, die Arme gerade vorgestreckt, als wären es Holzstöcke, und den Entgegenkommenden »Rrrechts halten!« zuruft, so ist das ein eindrucksvolles Bild, und man meint, da führe kein Mensch, sondern ein heidnischer Götze. Er hat in der Stadt eine riesige Praxis; zum Verschnaufen kommt er nicht. Er besitzt bereits ein Gut und zwei Häuser in der Stadt, und er ist gerade dabei, sich ein drittes, noch gewinnbringenderes zu suchen, und wenn man ihm in der »Gesellschaft für gegenseitige Kredithilfe« von einem Haus erzählt, das versteigert werden soll, dann geht er mir nichts, dir nichts hin, schreitet durch alle Zimmer, ohne auf die nicht angekleideten Frauen und Kinder zu achten, die ihn erstaunt und furchtsam ansehen, stößt mit dem Stock gegen alle Türen und fragt:

»Das ist das Arbeitszimmer? Das ist das Schlafzimmer? Und was ist das?«

Dabei atmet er schwer und wischt sich den Schweiß von der Stirn.

Er hat viel zu tun, trotzdem aber gibt er die Stelle als Semstwo-Arzt nicht auf; die Habgier hat ihn gepackt, er möchte hier wie dort Erfolg haben. In Djalisch und in der Stadt nennt man ihn bereits einfach Jonytsch. »Wo fährt denn Jonytsch hin?« oder »Sollte man nicht Jonytsch zu einem Konsilium laden?«, heißt es.

Seine Stimme hat sich verändert, sie ist dünn und schneidend geworden, wahrscheinlich, weil er vor Fett schon fast keine Luft mehr bekommt. Auch sein Charakter hat sich verändert – er ist schwierig und reizbar. Wenn er die Patienten empfängt, ist er meist ärgerlich, er stößt ungeduldig mit dem Stock auf und schreit mit seiner unangenehmen Stimme:

»Wollen Sie gefälligst nur auf meine Fragen antworten! Keine Unterhaltung!«

Er ist einsam. Langweilig lebt er dahin, nichts interessiert ihn.

In der ganzen Zeit, seit er in Djalisch lebt, ist die Liebe zu Kätzchen seine einzige und wohl auch seine letzte Freude gewesen. Abends spielt er im Klub Wint und sitzt dann allein an einem großen Tisch und isst zu Abend. Der Diener Iwan, der älteste und ehrwürdigste, bedient ihn, serviert ihm Lafitte Nr. 17, und alle – die Klubältesten, der Koch und der Diener – wissen, was er gern hat und was nicht, und sind nach Kräften bemüht, ihm gefällig zu sein, sonst wird er noch böse und fängt an, mit dem Stock auf den Fußboden zu stoßen.

Beim Abendbrot dreht er sich manchmal um und mischt sich in ein Gespräch ein:

»Wovon sprechen Sie? Wie? Von wem?«

Und wenn einmal an einem Nachbartisch von den Turkins die Rede ist, dann fragt er:

»Von welchen Turkins sprechen Sie? Von denen, wo die Tochter Klavier spielt?«

Das ist alles, was man über ihn sagen kann.

Jonytsch

Und die Turkins? Iwan Petrowitsch ist nicht älter geworden, er hat sich überhaupt nicht verändert und erzählt nach wie vor Witze und Anekdoten; Wera Jossifowna liest den Gästen nach wie vor gern und in aller Herzenseinfalt ihre Romane vor. Kätzchen spielt jeden Tag vier Stunden Klavier. Sie ist merklich gealtert, kränkelt und fährt jeden Herbst mit der Mutter auf die Krim. Iwan Petrowitsch begleitet sie zum Bahnhof, und wenn der Zug anfährt, wischt er sich die Tränen ab und ruft:
»Lebt wohl, bitte!«
Und er winkt mit dem Taschentuch.

Herzchen

Olenka, die Tochter des pensionierten Kollegienassessors Plemjannikow, saß nachdenklich im Hof auf der Eingangstreppe. Es war heiß, aufdringlich umschwirrten sie die Fliegen, und es war sehr angenehm, daran zu denken, dass es bald Abend sein würde. Von Osten zogen dunkle Regenwolken heran, und von Zeit zu Zeit wehte von dort Feuchtigkeit herüber.

Mitten im Hof stand Kukin, Unternehmer und Inhaber des Vergnügungsparks »Tivoli«, der hier auf dem Hof im Nebengebäude wohnte, und blickte zum Himmel empor.

»Schon wieder!«, sagte er verzweifelt. »Wieder wird es Regen geben! Jeden Tag Regen, jeden Tag Regen – wie zum Trotz! Das ist zum Aufhängen! Das ist mein Ruin! Jeden Tag furchtbare Verluste!«

Er rang die Hände und fuhr, zu Olenka gewandt, fort: »Da haben Sie unser Leben, Olga Semjonowna! Zum Heulen! Man arbeitet, man strebt, man plagt sich, schläft nächtelang nicht, immerzu überlegt man, wie man es noch besser machen könnte – und was kommt dabei heraus? Da ist einerseits das Publikum, roh und ungebildet. Ich biete ihm die beste Operette, ein Ausstattungsstück, hervorragende Coupletsänger, aber braucht das Publikum so etwas? Versteht es denn etwas davon? Es braucht Jahrmarktspossen! Banalitäten muss man ihm bieten! Und anderseits schauen Sie sich das Wetter an. Fast jeden

Herzchen

Abend Regen. Seit dem 10. Mai geht das nun schon so, den ganzen Mai und Juni hindurch, einfach entsetzlich! Das Publikum kommt nicht, aber ich, muss ich denn nicht Pacht zahlen? Bezahle ich nicht die Künstler?«

Am nächsten Tag gegen Abend zogen wieder Wolken heran, und Kukin sagte mit hysterischem Lachen:

»Na und? Soll er doch! Soll doch der ganze Park versaufen und ich dazu! Dass ich auch nie Glück habe, weder in dieser noch in jener Welt! Sollen mich doch die Künstler vor Gericht bringen! Was heißt Gericht? Nach Sibirien in die Katorga! Aufs Schafott meinetwegen! Hahaha!«

Und am dritten Tag genau das Gleiche …

Olenka hörte Kukin schweigend und ernst zu, und manchmal traten ihr Tränen in die Augen. Zu guter Letzt rührte sie Kukins Unglück, und sie gewann ihn lieb. Er war klein, hager, hatte ein gelbes Gesicht und trug das Haar an den Schläfen zurückgekämmt; er sprach mit kraftloser Tenorstimme und verzog beim Sprechen den Mund. Auf seinem Gesicht malte sich immer Verzweiflung, dennoch erweckte er in ihr ein echtes, tiefes Gefühl. Sie liebte ständig irgendjemanden und konnte ohne Liebe nicht sein. Früher hatte sie ihren Papa geliebt, der jetzt krank in einem dunklen Zimmer im Lehnstuhl saß und schwer atmete; sie liebte ihre Tante, die ab und zu, einmal in zwei Jahren, aus Brjansk zu Besuch kam, und noch früher, als sie noch ins Progymnasium ging, hatte sie ihren Französischlehrer geliebt. Sie war ein stilles, gutmütiges, mitfühlendes Wesen mit sanftem, weichem Blick und kerngesund. Wenn die Männer ihre vollen rosigen Wangen, ihren weichen weißen Hals mit dem dunklen Muttermal und das gutmütig-naive Lächeln sahen, das auf ihrem Gesicht lag, sobald sie etwas Angenehmes hörte, dann dachten sie: Ja, nicht übel ..., und sie lächelten ebenfalls, und die zu Besuch weilenden Damen konnten nicht anders, sie mussten plötzlich mitten im Gespräch ihre Hand ergreifen und mit einem Ausdruck des Entzückens ausrufen:

»Herzchen!«

Das Haus, in dem sie seit ihrer Geburt wohnte und das ihr testamentarisch vermacht worden war, lag am Rande der Stadt, in der sogenannten Zigeunervorstadt unweit vom »Tivoli«; abends und nachts hörte sie, wie im Park die Musik spielte, wie laut knallend die Raketen zerplatzten, und sie meinte dann, Kukin kämpfe mit seinem Schicksal und stürme gegen seinen Hauptfeind – die Gleichgültigkeit des Publikums; ihr Herz stockte wonnig, sie konnte nicht mehr schlafen, und wenn er gegen Morgen heimkehrte, klopfte sie leise an das Fenster ihres Schlafzimmers, zeigte ihm durch die Vorhänge nur ihr Gesicht und die eine Schulter und lächelte dabei zärtlich ...

Er machte ihr einen Heiratsantrag, und sie wurden getraut. Und jedes Mal, wenn er, wie es sich gehört, ihren Hals und ihre vollen gesunden Schultern erblickte, klatschte er in die Hände und rief:

»Herzchen!«

Er war glücklich, da es aber am Tage der Hochzeit und in der Nacht darauf geregnet hatte, wich von seinem Gesicht nicht der Ausdruck der Verzweiflung.

Nach der Hochzeit lebten sie glücklich miteinander. Sie saß bei ihm an der Kasse, achtete im Park auf Ordnung, trug die Ausgaben ein, zahlte die Gagen aus, und ihre rosigen Wangen und ihr liebes, naives, strahlendes

Lächeln tauchten bald am Kassenfenster, bald hinter den Kulissen, bald am Büfett auf. Sie sagte schon zu ihren Bekannten, das Bemerkenswerteste, das Wichtigste und Notwendigste auf der Welt sei das Theater, nur im Theater könne man wahren Genuss empfinden und ein gebildeter, humaner Mensch werden.

»Aber versteht denn das Publikum etwas davon?«, fragte sie. »Es braucht Jahrmarktspossen! Gestern wurde bei uns ›Faust verkehrt‹ gegeben, fast alle Logen waren leer, aber hätten Wanetschka und ich irgendeine Banalität gebracht, glauben Sie mir, dann wäre das Theater brechend voll gewesen. Morgen geben Wanetschka und ich ›Orpheus in der Unterwelt‹, kommen Sie doch hin.«

Was Kukin über das Theater und über die Schauspieler sagte, das wiederholte sie. Genau wie er verachtete sie das Publikum wegen seiner Gleichgültigkeit gegenüber der Kunst und wegen seiner Unwissenheit; sie mischte sich auf den Proben ein und verbesserte die Schauspieler, sie achtete auf das Benehmen der Musiker, und wenn im Lokalblatt missbilligend vom Theater gesprochen wurde, dann weinte sie und ging in die Redaktion, um die Sache zu klären.

Die Schauspieler hatten sie gern und nannten sie »Wanetschka und ich« und »Herzchen«; sie bemitleidete sie und gab ihnen kleine Darlehen, und wenn man sie manchmal betrog, so weinte sie nur leise, beschwerte sich aber nicht bei ihrem Mann.

Auch im Winter lebten sie gut. Sie mieteten das Stadttheater für die ganze Saison und stellten es für kurze Zeit einer ukrainischen Truppe, einem Zauberkünstler oder den örtlichen Theaterliebhabern zur Verfügung. Olenka war voller geworden und strahlte vor Zufriedenheit, Kukin aber magerte ab, wurde gelb und klagte über die furchtbaren Verluste, obgleich die Geschäfte den ganzen Winter hindurch nicht schlecht gingen. Nachts hustete er, und sie gab ihm Himbeersaft und Lindenblütentee zu trinken, rieb ihn mit Kölnischwasser ein und hüllte ihn in ihre weichen Schals.

»Was bist du für ein lieber Mann!«, sagte sie ganz aufrichtig und strich ihm die Haare glatt. »Was für ein guter Mann du bist.«

In den großen Fasten fuhr er nach Moskau, um eine Truppe zu engagieren, und sie konnte ohne ihn nicht schlafen, sie saß immerzu am Fenster und schaute zu den Sternen empor. Dabei verglich sie sich mit den Hühnern, die ebenfalls die ganze Nacht nicht schlafen und unruhig sind, wenn kein Hahn im Stall ist. Kukin hielt sich länger in Moskau auf und schrieb, er komme in der Osterwoche zurück, und in seinen Briefen traf er bereits Anordnungen hinsichtlich des »Tivoli«. Doch am Montag in der Karwoche ertönte plötzlich spätabends ein unheilverkündendes Klopfen am Tor; jemand schlug gegen die Pforte wie gegen ein Fass: bum, bum, bum! Verschlafen und mit den bloßen Füßen durch die Pfützen patschend, eilte die Köchin, um zu öffnen.

»Machen Sie auf, seien Sie so gut!«, rief jemand mit dumpfer Bassstimme hinter dem Tor. »Ein Telegramm für Sie!«

Olenka hatte auch schon früher Telegramme von ihrem Mann erhalten, aber diesmal fiel sie beinahe in Ohnmacht. Mit zitternden Händen entsiegelte sie das Telegramm und las:

»Iwan Petrowitsch heute plötzlich verschieden erwarten umgort Anordnungen Geerdigung Dienstag.«

Herzchen

So stand es in dem Telegramm: »Geerdigung« und das unverständliche Wort »umgort«; unterschrieben war es vom Regisseur der Operettentruppe.

»Mein Liebster!«, schluchzte Olenka. »Mein lieber Wanetschka, mein Bester! Weshalb bin ich dir begegnet? Weshalb habe ich dich kennengelernt und liebgewonnen? Warum hast du deine arme, unglückliche Olenka verlassen?«

Kukin wurde am Dienstag in Moskau auf dem Wagankow-Friedhof beerdigt; Olenka kehrte am Mittwoch heim, und kaum war sie in ihrem Zimmer, da warf sie sich aufs Bett und schluchzte so laut, dass man es sogar auf der Straße und auf den Nachbarhöfen hörte.

»Das Herzchen!«, sagten die Nachbarinnen und bekreuzigten sich. »Das Herzchen, Olga Semjonowna, das Mütterchen, wie es sich grämt!«

Eines Tages, es war drei Monate danach, kehrte Olenka von der Messe heim, traurig und tief verschleiert. Es traf sich, dass einer ihrer Nachbarn neben ihr ging, der ebenfalls aus der Kirche kam – Pustowalow, der Verwalter des Holzlagers des Kaufmanns Babakajew. Er trug einen Strohhut und eine weiße Weste mit einer goldenen Kette und ähnelte mehr einem Gutsbesitzer als einem Händler.

»Jedes Ding hat seine Ordnung, Olga Semjonowna«, sagte er gemessen, und Mitgefühl schwang in seiner Stimme, »und wenn jemand von unseren Verwandten stirbt, so heißt das, es hat Gott so gefallen, und darum müssen wir dessen eingedenk sein und es mit Ergebenheit tragen.«

Er begleitete Olenka bis zu ihrem Hoftor, verabschiedete sich und ging weiter. Danach hörte sie noch den ganzen Tag seine gesetzte Stimme, und kaum hatte sie die Augen geschlossen, da sah sie seinen dunklen Bart vor sich. Er gefiel ihr sehr gut. Und offenbar hatte auch sie Eindruck auf ihn gemacht, denn kurz darauf kam eine ältere Dame, die sie kaum kannte, zu ihr zum Kaffeetrinken; sie hatte sich noch nicht richtig an den Tisch gesetzt, da fing sie schon an, von Pustowalow zu reden, was für ein guter, solider Mann er sei und dass ihn jedes Mädchen mit Freuden heiraten würde. Drei Tage später kam Pustowalow selber zu Besuch; er blieb nicht lange, nur etwa zehn Minuten, und sprach wenig, aber Olenka gewann ihn so lieb, dass sie die ganze Nacht nicht schlafen konnte, sie glühte wie im Fieber, und am Morgen schickte sie nach der älteren Dame. Kurz darauf machte er ihr einen Antrag, und dann fand die Hochzeit statt.

Nach ihrer Heirat lebten Pustowalow und Olenka gut miteinander. Gewöhnlich saß er bis zum Mittagessen in seinem Holzlager, dann war er geschäftlich unterwegs, und Olenka löste ihn ab; sie saß bis zum Abend im Kontor, schrieb Rechnungen und gab Ware aus.

»Heutzutage wird das Holz jedes Jahr um zwanzig Prozent teurer«, sagte sie zu den Käufern und Bekannten. »Bedenken Sie doch, früher haben wir mit hiesigem Holz gehandelt, jetzt aber muss Wassetschka jedes Jahr in das Gouvernement Mogiljow nach Holz fahren. Und wie hoch die Tarife sind!«, sagte sie und bedeckte entsetzt die Wangen mit den Händen. »Wie hoch die Tarife sind!«

Es kam ihr so vor, als handele sie schon sehr, sehr lange mit Holz, als sei dieses Holz das Wichtigste und Notwendigste im Leben, und etwas Vertrautes, Rührendes lag für sie in den Worten: Balken, Knüppelholz,

Bretter, Sperrholz, Dachlatte, Lafette, Schalbrett... Des Nachts, wenn sie schlief, träumte sie von ganzen Bergen von Brettern, von unendlich langen Wagenzügen, die das Holz weit nach außerhalb brachten. Sie träumte auch, wie ein ganzes Regiment von zwölf Arschin hohen und fünfzehn Zoll dicken Balken aufrecht gegen das Holzlager anstürmte, wie Balken und Knüppel gegeneinanderstießen und dabei den dumpfen Ton trockenen Holzes von sich gaben, wie alles immerzu umfiel, wieder aufstand und sich übereinandertürmte. Olenka schrie im Schlaf auf, und Pustowalow sagte zärtlich zu ihr:

»Olenka, was ist dir, mein Liebes? Bekreuzige dich!«

Die Gedanken ihres Mannes waren auch die ihren. Wenn er dachte, im Zimmer sei es sehr warm oder die Geschäfte gingen jetzt schlecht, so dachte sie dasselbe. Ihr Mann liebte keinerlei Zerstreuungen und saß an den Feiertagen zu Hause und sie ebenfalls.

»Sie sind immer nur zu Hause oder im Büro«, sagten die Bekannten. »Sie sollten ins Theater gehen, Herzchen, oder in den Zirkus.«

»Wassetschka und ich, wir haben keine Zeit, ins Theater zu gehen«, sagte sie würdevoll. »Wir kennen nur die Arbeit, für Larifari haben wir nichts übrig. Was ist schon Gutes an diesen Theatern?«

Sonnabends ging sie mit Pustowalow zur Abendmesse, an den Feiertagen zur Frühmesse, und wenn sie aus der Kirche heimkehrten, schritten sie mit gerührtem Gesicht nebeneinander her, beide rochen nach Parfüm, und Olenkas Seidenkleid raschelte angenehm; daheim tranken sie dann Tee mit verschiedenen Sorten Warenje und aßen Butterbrote dazu, darauf Kuchen. Jeden Mittag roch es im Hof und auf der Straße vor dem

Tor wunderbar nach Borschtsch und gebratenem Hammelfleisch oder Ente, an den Fastentagen nach Fisch, und man konnte nicht an dem Tor vorübergehen, ohne Appetit zu bekommen. Im Büro brodelte ständig der Samowar, und die Kunden wurden mit Tee und Kringeln bewirtet. Einmal in der Woche gingen die Ehegatten ins Dampfbad und kehrten von dort Seite an Seite und mit gerötetem Gesicht zurück.

»Ich muss schon sagen, wir leben gut«, sagte Olenka zu den Bekannten, »Gott sei's gedankt. Gebe Gott einem jeden solch ein Leben, wie ich es mit Wassetschka führe.«

Wenn Pustowalow nach Holz ins Gouvernement Mogiljow fuhr, sehnte sie sich sehr, sie konnte nachts nicht schlafen und weinte. Manchmal kam des Abends der Regimentsveterinär Smirnin zu ihr, ein junger Mann, der bei ihr im Nebengebäude wohnte. Er erzählte ihr etwas oder spielte mit ihr Karten, und das zerstreute sie. Besonders interessant fand sie die Berichte aus seinem eigenen Familienleben; er war verheiratet und hatte einen Sohn, aber er lebte von seiner Frau getrennt, weil sie ihn betrogen hatte, und nun hasste er sie und schickte ihr jeden Monat vierzig Rubel als Unterhalt für den Sohn. Wenn Olenka davon hörte, seufzte sie und schüttelte den Kopf, und er tat ihr leid.

»Nun, Gott schütze Sie«, sagte sie, wenn sie sich von ihm verabschiedete und ihn mit der Kerze bis zur Treppe begleitete. »Ich danke Ihnen, dass Sie sich mit mir ein bisschen unterhalten haben, Gott gebe Ihnen Gesundheit, und die Himmelskönigin ...«

Und immer drückte sie sich so würdevoll, so bedächtig aus, als ahme sie ihren Mann nach; der Veterinär war schon hinter der Tür verschwunden, aber sie rief noch hinter ihm her: »Wissen Sie, Wladimir Platonytsch, Sie sollten sich mit Ihrer Frau vertragen. Wenigstens des Sohnes wegen sollten Sie ihr verzeihen! Das Bübchen versteht doch sicher schon alles.«

Wenn Pustowalow heimkehrte, erzählte sie ihm mit halblauter Stimme von dem Veterinär und seinem unglücklichen Familienleben, und beide seufzten, schüttelten den Kopf und sprachen über den Jungen, der sich wahrscheinlich nach seinem Vater sehnte, darauf standen sie infolge einer seltsamen Gedankenverbindung vor den Heiligenbildern, verneigten sich bis zur Erde und beteten, Gott möge ihnen Kinder schenken.

So lebten die Pustowalows ruhig und friedlich, in Liebe und völliger Eintracht sechs Jahre. Doch eines Tages im Winter ging Wassili Andrejitsch in seinem Lager, nachdem er heißen Tee getrunken hatte, ohne Mütze ins Freie, um Holz auszugeben, er erkältete sich und wurde krank. Die besten Ärzte behandelten ihn, aber die Krankheit tat das Ihre, und nach vier Monaten starb er. Olenka war abermals Witwe.

»Warum hast du mich verlassen, mein Liebster?«, schluchzte sie, als sie den Gatten begraben hatte. »Wie soll ich jetzt ohne dich leben, ich Arme, ich Unglückliche? Gute Leute, bedauert mich arme Waise ...«

Sie ging ständig in einem schwarzen Kleid mit Pleureusen, hatte bereits für immer Hut und Handschuhen entsagt, verließ selten das Haus, nur um zur Kirche oder zu dem Grab ihres Mannes zu gehen, und lebte wie eine Nonne. Erst nach sechs Monaten nahm sie die Pleureusen ab und öffnete die Fensterläden. Zuweilen konnte man des Morgens sehen, wie sie mit ihrer Köchin zum Einkaufen auf den Markt ging, aber wie sie jetzt bei sich zu Hause lebte und was sie dort tat, das konnte man nur erraten. Man erriet es zum Beispiel daran, dass man sie in ihrem Gärtchen mit dem Veterinär Tee trinken sah und dass er ihr aus der Zeitung vorlas, außerdem noch daran, dass sie, als sie auf der Post eine Bekannte traf, sagte:

»Bei uns in der Stadt gibt es keine richtige Veterinärinspektion, davon kommen viele Krankheiten. Man hört manchmal, dass die Menschen von der Milch krank werden und sich bei Pferden und Kühen anstecken. Eigentlich muss man für die Gesundheit der Haustiere genauso Sorge tragen wie für die Gesundheit der Menschen.«

Sie wiederholte die Gedanken des Veterinärs und war jetzt in allem mit ihm einer Meinung. Es war klar, sie konnte nicht ein einziges Jahr ohne Liebe leben und hatte im Nebengebäude ihres Hauses ein neues Glück gefunden. Eine andere hätte man deswegen verurteilt, von Olenka aber dachte niemand schlecht, und alles in ihrem Leben war so verständlich. Sie und der Veterinär sprachen zu niemandem über die Veränderung, die in ihren Beziehungen eingetreten war, sie versuchten sie zu verheimlichen, doch es gelang ihnen nicht, weil Olenka kein Geheimnis für sich behalten konnte. Wenn seine Regimentskameraden ihn besuchten, dann sprach sie, während sie ihnen Tee reichte oder das Abendbrot servierte, von der Rinderpest, der Perlsucht und vom städtischen Schlachthof, er aber wurde furchtbar verlegen, und sobald die Gäste gegangen waren, nahm er sie beim Arm und zischte ärgerlich:

»Ich habe dich doch gebeten, nicht über Dinge zu reden, die du nicht verstehst! Wenn wir Veterinäre uns unterhalten, dann misch dich bitte nicht ein. Das ödet einen ja an!«

Sie aber schaute ihn verwundert und besorgt an und fragte:

»Wolodetschka, wovon soll ich denn reden?«

Und sie umarmte ihn mit Tränen in den Augen, bat ihn, nicht zu zürnen, und beide waren glücklich.

Indessen, dieses Glück dauerte nicht lange. Der Veterinär zog mit seinem Regiment ab, er zog für immer ab, weil das Regiment verlegt wurde, weit weg, fast bis nach Sibirien. Und Olenka blieb allein.

Nun war sie ganz allein. Ihr Vater lebte schon lange nicht mehr, sein Lehnstuhl, dem ein Bein fehlte, lag auf dem staubigen Boden herum. Sie wurde mager und hässlich, und wenn man ihr auf der Straße begegnete, schaute man ihr nicht mehr nach wie früher und lächelte ihr nicht mehr zu; offenbar lagen die besten Jahre schon hinter ihr, und ein neues, unbekanntes Leben, an das man besser nicht dachte, hatte begonnen. An den Abenden saß Olenka auf der Eingangstreppe, und sie hörte, wie im »Tivoli« die Musik spielte und die Raketen platzten, aber das rief keinerlei Gedanken mehr in ihr wach. Sie blickte teilnahmslos auf den leeren Hof, dachte an gar nichts, hatte keine Wünsche, und wenn die Nacht hereinbrach, ging sie schlafen und sah im Traum den leeren Hof. Sie aß und trank gleichsam gezwungenermaßen.

Was aber die Hauptsache und das Schlimmste war – sie hatte keinerlei eigene Meinung mehr. Sie sah die Dinge um sich herum und verstand auch, was um sie vorging, doch sie konnte sich darüber keine Meinung bilden und wusste nicht, worüber sie sprechen sollte.

Herzchen

Und wie schrecklich ist es, keine Meinung zu haben! Man sieht zum Beispiel eine Flasche stehen, oder es regnet, oder ein Bauer fährt auf seinem Wagen, aber wozu diese Flasche, der Regen oder der Bauer da sind, welchen Sinn sie haben, das vermag man nicht einmal für tausend Rubel zu sagen. Bei Kukin und Pustowalow und dann bei dem Veterinär hatte Olenka alles erklären können, sie hatte über alles, was es auch war, eine Meinung gehabt, jetzt aber herrschte in ihren Gedanken wie in ihrem Herzen eine ebensolche Leere wie auf dem Hof. Und ihr war so bange, und sie hatte einen so bitteren Geschmack im Mund, als habe sie zu viel Wermut genossen.

Die Stadt hatte sich allmählich nach allen Seiten ausgedehnt; die Zigeunervorstadt wurde jetzt bereits Straße genannt, und dort, wo früher der Vergnügungspark »Tivoli« und die Holzlager waren, wuchsen bereits Häuser empor, und es gab eine Reihe von neuen Nebenstraßen. Wie schnell eilt doch die Zeit dahin! Olenkas Haus war dunkel geworden, der Schuppen windschief und der ganze Hof mit Unkraut und Brennnesseln bewachsen. Olenka selbst war gealtert und hässlich geworden; im Sommer saß sie auf der Treppe, und in ihrer Seele sah es nach wie vor öde und leer aus, und sie hatte nach wie vor den Geschmack von Wermut im Mund; im Winter saß sie am Fenster und blickte auf den Schnee. Sobald dann der Frühlingswind das Geläut der Domglocken herübertrug, wurden die Erinnerungen an die Vergangenheit wach, das Herz krampfte sich wonnig zusammen, und aus den Augen strömten die Tränen; doch das währte nur einen Augenblick, dann kam wieder die Leere, wo man nicht wusste, wofür man lebte. Das schwarze Kätzchen Bryska umschmeichelte sie und schnurrte sanft, doch diese Zärtlichkeiten rührten Olenka nicht. Brauchte sie das? Sie brauchte eine Liebe, die von ihrem ganzen Wesen, ihrer ganzen Seele, ihrem Verstand Besitz ergreifen, die ihr Gedanken einflößen und ihrem Leben Inhalt geben würde, die ihr alterndes Blut erwärmte. Sie schubste die schwarze Bryska von ihrem Schoß und sagte ärgerlich: »Scher dich weg! Hier hast du nichts zu suchen!«

Und so ging es tagaus, tagein und Jahr für Jahr – keine einzige Freude, keine eigene Meinung. Was die Köchin Mawra sagte, das war gut so.

An einem heißen Juliabend, als die städtische Viehherde durch die Straße getrieben wurde und der ganze Hof in Staubwolken gehüllt war, klopfte plötzlich jemand ans Tor. Olenka öffnete selbst, und wie sie hinausschaute, erstarrte sie vor Überraschung – vor dem Tor stand der Veterinär Smirnin, nun schon grauhaarig und in Zivil. Sie erinnerte sich plötzlich an alles, sie konnte nicht mehr an sich halten, fing an zu weinen und legte ihren Kopf an seine Brust, ohne ein Wort zu sagen; und in ihrer heftigen Erregung merkte sie gar nicht, wie sie beide ins Haus gingen und sich hinsetzten, um Tee zu trinken.

»Mein Lieber!«, stammelte sie, zitternd vor Freude. »Wladimir Platonytsch! Woher schickt Sie Gott?«

»Ich will mich für immer hier niederlassen«, berichtete er. »Ich habe meinen Abschied eingereicht und bin nun gekommen, um das Glück in der Freiheit zu suchen, um ein sesshaftes Leben zu führen. Außerdem muss ich jetzt meinen Sohn aufs Gymnasium schicken. Er ist herangewachsen. Wissen Sie, ich habe mich mit meiner Frau ausgesöhnt.«

»Wo ist sie denn?«, fragte Olenka.

»Sie ist mit dem Sohn im Hotel, und ich laufe nun herum und suche eine Wohnung.«

»Mein Gott, Sie Lieber, so nehmen Sie doch mein Haus! Ist das denn eine schlechte Wohnung? Ach, mein Gott, ich werde auch nichts von Ihnen nehmen«, sagte Olenka aufgeregt und fing wieder an zu weinen. »Wohnen Sie hier, ich bin auch mit dem Nebengebäude zufrieden. Was für eine Freude, mein Gott!«

Am nächsten Tag strich man bereits das Dach des Hauses und weißte die Wände, und Olenka ging, die Arme in die Hüften gestemmt, über den Hof und traf ihre Anordnungen. Auf ihrem Gesicht leuchtete das frühere Lächeln, sie lebte wieder auf und bekam rote Wangen, als sei sie aus einem langen Schlaf erwacht. Die Frau des Veterinärs traf ein, eine magere, hässliche Dame mit kurzem Haar und kapriziösem Gesichtsausdruck, und mit ihr Sascha, ein dicker Junge mit hellen blauen Augen und Grübchen in den Wangen, der für sein Alter viel zu klein war – er stand bereits im zehnten Lebensjahr. Kaum war der Junge in den Hof gekommen, da lief er schon hinter der Katze her, und sogleich hörte man sein fröhliches, freudiges Lachen.

»Tantchen, ist das Ihre Katze?«, fragte er Olenka. »Wenn sie Junge kriegt, dann schenken Sie uns bitte ein Kätzchen. Mama hat große Angst vor Mäusen.«

Olenka unterhielt sich mit ihm, gab ihm Tee zu trinken, und ihr wurde so warm ums Herz, sie erschauerte vor Wonne, als sei dieser Junge ihr eigener Sohn. Als er am Abend im Esszimmer saß und seine Aufgaben machte, schaute sie ihn gerührt an und flüsterte:

»Mein Lieber, mein Schönster ... Mein Kindchen, du bist so ein kluges Kerlchen, so ein sauberes.«

»Insel nennt man«, las er, »den Teil des Festlands, der von allen Seiten von Wasser umgeben ist.«

»Insel nennt man den Teil des Festlands …«, wiederholte sie, und das war die erste Meinung, die sie nach so vielen Jahren des Schweigens und der gedanklichen Leere mit Überzeugung äußerte.

Sie hatte nun bereits wieder ihre eigene Meinung und sprach beim Abendessen mit Saschas Eltern darüber, wie tüchtig jetzt die Kinder im Gymnasium lernen müssten, dass aber trotzdem eine humanistische Bildung besser sei als eine Realschulbildung, weil einem dann alle Wege offenstünden – wenn du willst, kannst du Arzt werden, wenn du willst, kannst du Ingenieur werden.

Sascha kam aufs Gymnasium. Seine Mutter fuhr zu ihrer Schwester nach Charkow und kehrte nicht zurück; sein Vater fuhr jeden Tag irgendwohin Viehherden begutachten, und es kam vor, dass er drei Tage von zu Hause wegblieb, und Olenka meinte, Sascha werde völlig vernachlässigt, er sei überflüssig im Haus und sterbe vor Hunger; und sie holte ihn zu sich ins Nebengebäude und brachte ihn dort in einem kleinen Zimmer unter.

Und nun ist bereits ein halbes Jahr vergangen, seit Sascha bei ihr wohnt. Jeden Morgen geht Olenka zu ihm ins Zimmer; er schläft fest, eine Hand unter der Wange, und atmet kaum. Es tut ihr leid, ihn zu wecken.

»Saschenka«, sagt sie traurig, »steh auf, mein Lieber! Es ist Zeit, zur Schule zu gehen!«

Er steht auf, zieht sich an und betet, dann setzt er sich an den Tisch; er trinkt drei Tassen Tee und isst zwei große Kringel und ein halbes Weißbrot mit Butter. Er ist noch nicht ganz wach und daher schlecht gelaunt.

»Du hast die Fabel nicht richtig gelernt«, sagt Olenka und schaut ihn an, als schicke sie ihn auf eine lange Reise. »Ich habe meine Sorgen mit dir. Du musst dir Mühe geben, mein Lieber, und lernen ... Gehorche den Lehrern.«

»Ach, lassen Sie mich bitte«, erwidert Sascha.

Dann geht er zum Gymnasium; er ist zwar klein, trägt aber auf dem Kopf eine große Schirmmütze und auf dem Rücken einen Ranzen. Lautlos geht Olenka hinter ihm her.

»Saschenkaaa!«, ruft sie ihm nach.

Er schaut sich um, und sie steckt ihm eine Dattel oder einen Sahnebonbon zu. Wenn er in die Gasse einbiegt, wo das Gymnasium steht, wird es ihm peinlich, dass ihm eine hochgewachsene, dicke Frau nachläuft; er blickt sich um und sagt:

»Gehen Sie nach Hause, Tantchen, ich finde jetzt schon alleine hin.«

Sie bleibt stehen und sieht ihm nach, ohne mit der Wimper zu zucken, bis er im Tor des Gymnasiums verschwindet. Ach, wie sie ihn liebt! Von ihren früheren Liebesempfindungen ist keine so tief gewesen, niemals vorher hat sich ihre Seele so selbstlos, so uneigennützig und mit solcher freudigen Bereitschaft hingegeben wie jetzt, da in ihr immer stärker ein mütterliches Gefühl aufgeflammt ist. Für diesen fremden Jungen, für seine Grübchen in den Wangen, für seine Mütze würde sie mit Freuden ihr ganzes Leben opfern, mit Tränen der Rührung würde sie es opfern. Warum? Wer soll das wissen – warum?

Nachdem sie Sascha ins Gymnasium begleitet hat, kehrt sie still nach Hause zurück, zufrieden, ruhig, von

Liebe erfüllt; ihr Gesicht, das im letzten halben Jahr wieder jung geworden ist, lächelt und strahlt; wer sie so sieht, freut sich und sagt zu ihr:

»Guten Tag, mein Herzchen, Olga Semjonowna! Wie geht es, Herzchen?«

»Tüchtig müssen sie jetzt im Gymnasium lernen«, erzählt sie auf dem Markt. »Das ist doch kein Spaß, gestern hat man der ersten Klasse eine Fabel zum Auswendiglernen aufgegeben, dazu eine lateinische Übersetzung und dann noch eine Rechenaufgabe ... Wie soll der Kleine das bloß schaffen?«

Und sie spricht über die Lehrer, über den Unterricht, über die Lehrbücher – so wie Sascha darüber spricht.

Nach zwei Uhr essen sie zusammen Mittag, abends machen sie zusammen die Schularbeiten und weinen dabei. Wenn sie ihn ins Bett legt, bekreuzigt sie ihn lange und flüstert ein Gebet, und wenn sie sich dann schlafen gelegt hat, träumt sie von einer fernen, nebelhaften Zukunft, wenn Sascha nach beendetem Studium Arzt oder Ingenieur sein wird; er wird ein eigenes großes Haus, Pferde und Wagen besitzen, er wird heiraten und Kinder haben ... Sie schlummert ein und denkt immer nur an dasselbe, und unter ihren geschlossenen Lidern quellen Tränen hervor und rollen über die Wangen. Das schwarze Kätzchen liegt neben ihr und schnurrt:

»Murr ... murr ... murr ...«

Plötzlich klopft es heftig ans Tor. Olenka erwacht und kann vor Angst nicht atmen; ihr Herz pocht heftig. Eine halbe Minute vergeht, und wieder klopft es.

Ein Telegramm aus Charkow, denkt sie und zittert am ganzen Leib. – Die Mutter will Sascha zu sich nach Charkow holen ... O mein Gott!

Herzchen

Sie ist verzweifelt; ihr Kopf, ihre Füße, ihre Hände werden kalt, und es scheint, als gebe es auf der ganzen Welt keinen unglücklicheren Menschen als sie. Doch es vergeht noch eine Minute, man hört Stimmen – der Veterinär ist aus dem Klub heimgekehrt.

Na, Gott sei Dank, denkt sie.

Ein Stein fällt ihr vom Herzen, und allmählich wird ihr wieder wohler zumute, sie legt sich hin und denkt an Sascha, der im Nebenzimmer fest schläft und ab und zu im Schlaf spricht:

»Ich werde dir helfen! Scher dich weg! Nicht doch!«

Die Dame mit dem Hündchen

I

Es hieß, auf der Strandpromenade sei ein neuer Kurgast aufgetaucht – eine Dame mit einem Hündchen. Dmitri Dmitritsch Gurow, der bereits die zweite Woche in Jalta weilte und sich schon eingelebt hatte, begann sich ebenfalls für Neuankömmlinge zu interessieren. Als er im Pavillon bei Vernet saß, sah er eine junge Dame, eine mittelgroße Blondine in einem Barett, auf der Promenade vorübergehen; hinter ihr her lief ein weißer Spitz.

Und danach begegnete er ihr mehrmals am Tage, bald im Stadtpark, bald in den Anlagen. Sie ging allein spazieren, immer in demselben Barett und mit dem weißen Spitz. Niemand wusste, wer sie war, und alle nannten sie einfach: die Dame mit dem Hündchen.

Wenn sie ohne ihren Mann und ohne Bekannte hier ist, überlegte Gurow, sollte man eigentlich ihre Bekanntschaft machen.

Er war noch nicht vierzig, hatte aber schon eine Tochter von zwölf Jahren und zwei Söhne, die das Gymnasium besuchten. Man hatte ihn früh verheiratet, als er noch Student im zweiten Semester war, und jetzt erschien ihm seine Frau anderthalbmal alter als er. Sie war hochgewachsen, hatte dunkle Augenbrauen und hielt sich sehr gerade; sie war ernst und würdevoll und – wie sie selbst von sich sagte – eine denkende Frau. Sie las viel, ließ beim Schreiben von Briefen das stumme Endzeichen nach den Konsonanten weg und rief ihren Mann nicht Dmitri, sondern Dimitri; er fand sie jedoch insgeheim beschränkt, engherzig und wenig elegant, fürchtete sie und blieb nicht gern zu Haus. Er war ihr schon seit langem und oft untreu; daher kam es wohl auch, dass er von Frauen fast immer hässlich sprach, und wenn in seiner Gegenwart von ihnen die Rede war, nannte er sie stets »minderwertiges Geschlecht«.

Ihm schien, er sei durch bittere Erfahrung genügend belehrt, um sie nennen zu dürfen, wie es ihm beliebte, dennoch konnte er keine zwei Tage ohne das »minderwertige Geschlecht« auskommen. In Gesellschaft von Männern langweilte er sich, er fühlte sich unter ihnen nicht wohl, war wortkarg und kalt; befand er sich aber unter Frauen, so gab er sich ungezwungen und wusste, wovon er reden und wie er sich verhalten musste; ja, es fiel ihm nicht einmal schwer, mit ihnen zu schweigen. In seinem Äußeren, in seinem Charakter, in seinem ganzen Wesen lag etwas Anziehendes, etwas schwer zu Fassendes, das die Frauen für ihn einnahm, das sie reizte; er wusste das, und auch ihn selbst zog eine unbekannte Macht zu ihnen hin.

Die wiederholte und tatsächlich bittere Erfahrung hatte ihn längst darüber belehrt, dass jede Annäherung, die am Anfang das Leben so abwechslungsreich gestaltet und uns als ein liebenswürdiges und leichtes Abenteuer erscheint, sich bei anständigen Menschen, besonders bei Moskauern, die etwas schwerfällig und unentschlossen sind, unvermeidbar zu einer wahren und recht komplizierten Verpflichtung auswächst, die zu guter Letzt zu einer schweren Belastung wird. Doch bei jeder neuen Begegnung mit einer interessanten Frau entschwand diese Erfahrung dem Gedächtnis; man wollte leben, genießen, und alles erschien so leicht und vergnüglich.

Und da geschah es, als er einmal gegen Abend im Gartenrestaurant speiste, dass die Dame im Barett gemächlich daherkam und sich an den Nebentisch setzte. Der Ausdruck ihres Gesichts, der Gang, das Kleid, die Frisur sagten ihm, dass sie zur guten Gesellschaft gehörte, verheiratet, in Jalta zum ersten Mal und allein war und dass sie sich hier langweilte. Die Geschichten von den lockeren hiesigen Sitten enthielten viel Unwahres, er lehnte sie ab und wusste, dass solche Geschichten meist von Leuten erfunden wurden, die selber gern einen Seitensprung gemacht hätten, es aber nicht fertigbrachten; doch als die Dame sich, drei Schritte von ihm entfernt, am Nebentisch niederließ, fielen ihm all diese Geschichten von leichten Siegen, von Ausflügen in die Berge ein, und plötzlich bemächtigte sich seiner der verführerische Gedanke an eine rasche, flüchtige Verbindung, an einen Flirt mit der unbekannten Frau, deren Namen er nicht kannte.

Freundlich lockte er den Spitz zu sich heran, und als dieser kam, drohte er ihm mit dem Finger. Der Spitz knurrte. Gurow drohte ihm wieder.

Die Dame blickte ihn an und senkte sogleich wieder die Augen.

»Er beißt nicht«, sagte sie und errötete.

»Darf man ihm einen Knochen geben?« Und als sie bejahend nickte, fragte er liebenswürdig: »Sind Sie schon lange in Jalta?«

»Etwa fünf Tage.«

»Und ich bin beinahe schon zwei Wochen hier.«

Sie schweigen ein Weilchen.

»Die Zeit vergeht schnell, dabei ist es hier so langweilig!«, sagte sie, ohne ihn anzublicken.

»Das sagt man gewöhnlich nur so, dass es hier langweilig sei. Leute, die irgendwo in Belewo oder Schisdra zu Hause sind, langweilen sich dort nicht, doch kaum sind sie hier, heißt es: ›Ach, wie langweilig! Ach, der Staub!‹ Man sollte meinen, sie kämen aus Granada hergefahren.«

Sie lachte. Dann aßen sie beide schweigend weiter, wie Unbekannte, doch nach dem Essen entfernten sie sich nebeneinander; und es entspann sich ein scherzhaftes leichtes Geplauder wie bei müßigen, zufriedenen Leuten, denen es gleich ist, wohin sie gehen oder wovon sie sprechen. Sie gingen spazieren und redeten davon, wie merkwürdig das Meer beleuchtet sei: Das Wasser hatte eine warme zartlila Färbung, und der Mond warf einen goldenen Streifen darüber. Sie sprachen davon, wie schwül es nach dem heißen Tag sei. Gurow erzählte, dass er Moskauer und seiner Ausbildung nach Philologe sei, jetzt aber in einer Bank arbeite; dass er früher einmal habe Opernsänger werden wollen, aber dann das Studium abgebrochen habe, dass er in Moskau zwei Häuser besitze … Von ihr erfuhr er, dass sie in Petersburg aufgewachsen sei, doch nach S. geheiratet habe, wo sie bereits seit zwei Jahren wohne, dass sie noch etwa einen Monat in Jalta bleiben wolle und dass ihr Mann, der ebenfalls eine Erholung brauche, sie vielleicht abholen würde. Sie konnte durchaus nicht erklären, wo ihr Mann tätig war – ob in der Gouvernementsverwaltung oder in der Semstwo-Verwaltung des Gouvernements –, und das kam ihr selber komisch vor. Und Gurow erfuhr auch, dass sie Anna Sergejewna hieß.

Die Dame mit dem Hündchen

Nachher, in seinem Zimmer, dachte er an sie und daran, dass sie ihm morgen sicherlich wieder begegnen würde. So musste es sein. Beim Zubettgehen fiel ihm ein, dass sie bestimmt vor kurzem noch Internatsschülerin war und genau wie jetzt seine Tochter hatte lernen müssen; er erinnerte sich, wie linkisch und befangen sie sich noch beim Lachen und bei der Unterhaltung mit Unbekannten benahm, wahrscheinlich war sie zum ersten Mal im Leben allein, in einem Milieu, wo man ihr nachging, sie anschaute und sie anredete, aus einer geheimen Absicht, die sie sehr wohl erraten musste. Er dachte an ihren schlanken, zarten Hals, an die schönen grauen Augen. Sie hat trotz allem etwas Bemitleidenswertes an sich, überlegte er beim Einschlafen.

II

Eine Woche war vergangen, seit sie sich kennengelernt hatten. Es war Feiertag. In den Zimmern herrschte drückende Schwüle, auf den Straßen wirbelte der Wind den Staub auf und riss die Hüte von den Köpfen. Den ganzen Tag über empfand man Durst, und Gurow ging oft zum Pavillon und bot Anna Sergejewna bald Wasser mit Fruchtsaft, bald Gefrorenes an. Man wusste nicht, wo man bleiben sollte.

Am Abend, als der Wind ein wenig abgeflaut war, gingen sie zur Mole, um beim Anlegen des Dampfers zuzuschauen. An der Anlegestelle hatten sich viele Spaziergänger eingefunden; manche wollten jemanden empfangen und trugen Blumensträuße. Und da fielen deutlich zwei Besonderheiten des eleganten Jaltaer Publikums auf: Die älteren Damen gingen sehr jugendlich gekleidet, und es gab eine Unmenge Generale.

Wegen des hohen Seegangs kam der Dampfer erst spät, bei Sonnenuntergang an, und bevor er an der Mole anlegen konnte, musste er lange manövrieren. Anna Sergejewna blickte durch ihre Lorgnette auf den Dampfer und die Passagiere, als suche sie Bekannte, und wenn sie sich Gurow zuwandte, glänzten ihre Augen. Sie sprach viel, stellte kurze Fragen und vergaß sogleich, wonach sie gefragt hatte. Dann verlor sie ihre Lorgnette in der Menge.

Der elegante Schwarm zerstreute sich langsam, die Gesichter waren bereits nicht mehr zu erkennen, und der Wind hatte sich völlig gelegt. Gurow und Anna Sergejewna aber standen noch immer da, als warteten sie auf jemanden vom Dampfer. Anna Sergejewna schwieg jetzt und roch an ihren Blumen, ohne Gurow anzusehen.

»Das Wetter ist gegen Abend besser geworden«, sagte er. »Wo wollen wir nun hingehen? Wie wäre es, wenn wir irgendwohin fahren würden?«

Sie antwortete nicht.

Da blickte er sie aufmerksam an, legte plötzlich den Arm um sie und küsste sie auf den Mund; ein Hauch von dem Duft und der Feuchtigkeit der Blumen umfing ihn, doch er blickte sich sogleich ängstlich um, ob es auch niemand gesehen hatte.

»Lassen Sie uns zu Ihnen gehen …«, sagte er leise.

Und beide entfernten sich rasch.

In ihrem Zimmer war es schwül, es roch nach einem Parfüm, das sie in einem japanischen Laden gekauft hatte. Als Gurow sie jetzt betrachtete, dachte er bei sich: Was für Begegnungen bringt doch das Leben mit sich! Von früher hatte er sich die Erinnerung an sorglose, gutmütige Frauen bewahrt, die die Liebe fröhlich machte, die ihm dankbar waren für ein Glück, auch für ein kurzes; und auch an solche wie zum Beispiel seine Frau erinnerte er sich, die ohne Aufrichtigkeit liebten, mit unnötigen Gesprächen, manieriert, hysterisch, mit einer Miene, als handele es sich nicht um Liebe und Leidenschaft, sondern um etwas weit Bedeutenderes; aber auch an zwei, drei sehr schöne und kalte Frauen dachte er, über deren Gesicht plötzlich ein raubtierhafter Ausdruck huschte, ausgelöst von dem Wunsch, Besitz zu ergreifen, dem Leben mehr zu entreißen, als es zu geben vermochte; sie hatten ihre erste Jugend bereits hinter sich, das waren launische, unvernünftige, herrschsüchtige und nicht sehr kluge Frauen, und wenn Gurows Gefühl für sie erkaltete, dann weckte ihre Schönheit in ihm nur Hass, und die Spitzen an ihrer Wäsche kamen ihm wie Schuppen vor.

Hier aber war es immer dieselbe Zaghaftigkeit, die Unbeholfenheit unerfahrener Jugend, die Verlegenheit; und das verwirrte einen so, als hätte jemand plötzlich an die Tür geklopft. Anna Sergejewna, diese »Dame mit dem Hündchen«, verhielt sich zu dem Geschehen ganz eigenartig, sehr ernsthaft, als wäre sie nun eine »Gefallene« – so schien es wenigstens, und das war merkwürdig und in diesem Augenblick unangebracht. Ihre Zuge wurden schlaff und welk, und zu beiden Seiten ihres Gesichts hing traurig das lange Haar herunter; niedergeschlagen und in Gedanken versunken saß sie da – wie eine Sünderin auf einem alten Gemälde.

»Das war nicht gut«, sagte sie, »Sie werden der Erste sein, der mich jetzt nicht mehr achtet.«

Auf dem Tisch lag eine Wassermelone. Gurow schnitt sich ein Stück davon ab und begann gemächlich zu essen. Wohl eine halbe Stunde verging in Schweigen.

Anna Sergejewna sah rührend aus, sie strahlte die ganze Reinheit einer anständigen, naiven, in diesen Dingen unerfahrenen Frau aus; die einsame Kerze auf dem Tisch beleuchtete ihr Gesicht nur schwach, aber man konnte erkennen, dass ihr nicht wohl zumute war.

»Wieso sollte ich aufhören, dich zu achten?«, fragte Gurow. »Du weißt selbst nicht, was du redest.«

»Mag Gott mir verzeihen!«, sagte sie, und ihre Augen füllten sich mit Tränen. »Das ist entsetzlich.«

»Du tust, als müsstest du dich rechtfertigen.«

»Womit könnte ich mich je rechtfertigen? Ich bin eine schlechte, gemeine Frau, ich verachte mich und denke gar nicht an Rechtfertigung. Ich habe nicht meinen Mann betrogen, sondern mich selbst. Und nicht nur jetzt, sondern lange schon betrüge ich. Mein Mann ist vielleicht ein redlicher und guter Mensch, aber er ist ein Lakai! Ich weiß nicht, was er tut, wie er seinen Beruf ausübt, ich weiß nur, er ist ein Lakai. Als ich ihn heiratete, war ich zwanzig Jahre alt, ich verging vor Neugierde, ich wollte etwas, das besser war; ich sagte mir – es gibt doch noch ein anderes Leben. Ich wollte einmal leben. Nur leben, leben …! Die Neugierde verzehrte mich … Sie verstehen das nicht, aber ich schwöre bei Gott, ich konnte mich bereits nicht mehr beherrschen, mit mir war etwas geschehen, ich war nicht mehr zu halten, ich sagte zu meinem Mann, ich sei krank, und bin hierher gereist … Und hier bin ich immer umhergegangen wie in einem

Rausch, wie eine Wahnsinnige ... Und jetzt bin ich eine abscheuliche, gemeine Frau, die jeder verachten darf.«

Gurow langweilte es bereits, ihr zuzuhören, ihn ärgerte die naive Art, diese unerwartete Beichte, die so fehl am Platze war; wären nicht die Tränen in ihren Augen gewesen, man hätte denken können, sie scherze oder spiele ihm eine Rolle vor.

»Ich begreife nichts«, sagte er leise, »was willst du eigentlich?«

Sie verbarg ihr Gesicht an seiner Brust und schmiegte sich an ihn.

»Glauben Sie, glauben Sie mir, ich flehe Sie an ...«, sagte sie. »Ich möchte ein anständiges, sauberes Leben, die Sünde ist mir widerwärtig, ich weiß selbst nicht, was ich tue. Einfache Leute sagen dann immer: Der Böse hat mich verführt. Auch ich kann jetzt von mir sagen, der Böse hat mich verführt.«

»Genug, genug ...«, murmelte er.

Er blickte in ihre starren, erschrockenen Augen; er küsste sie, sprach leise und zärtlich auf sie ein, und allmählich beruhigte sie sich, sie gewann ihre Fröhlichkeit zurück, und dann lachten sie beide.

Als sie nachher hinausgingen, trafen sie auf der Strandpromenade keine Menschenseele mehr, die Stadt mit ihren Zypressen war wie ausgestorben, aber das Meer rauschte noch und brandete gegen das Ufer; eine Barkasse schaukelte auf den Wellen, und darauf blinkte schläfrig ein Laternchen.

Sie fanden einen Wagen und fuhren nach Oreanda.

»Ich habe soeben unten im Vestibül deinen Namen erfahren; auf der Tafel steht von Diederitz«, sagte Gurow. »Ist dein Mann Deutscher?«

»Nein, ich glaube sein Großvater war ein Deutscher, er selbst ist aber rechtgläubig.«

In Oreanda saßen sie auf einer Bank, nicht weit von der Kirche, schauten hinunter auf das Meer und schwiegen. Jalta war im Morgennebel kaum zu sehen, über den Gipfeln der Berge hingen unbeweglich weiße Wolken. Es regte sich kein Blatt an den Bäumen, die Zikaden zirpten, und das eintönige dumpfe Brausen des Meeres, das von unten heraufdrang, sprach von Ruhe, von dem ewigen Schlaf, der uns erwartet. So hatte es dort unten gerauscht, als es hier weder Jalta noch Oreanda gab, so rauscht es jetzt, und ebenso gleichgültig und dumpf wird es rauschen, wenn wir einmal nicht mehr sein werden. Und in dieser Beständigkeit, in dieser völligen Gleichgültigkeit gegenüber Leben und Tod eines jeden von uns ist möglicherweise das Unterpfand unserer ewigen Erlösung enthalten, der unaufhörlichen Bewegung des Lebens auf der Erde, der unaufhörlichen Vollendung. Neben der jungen Frau sitzend, die ihm im Morgenrot so schön erschien, beruhigt und bezaubert angesichts dieser märchenhaften Umgebung – des Meeres, der Wolken, des weiten Himmels –, dachte Gurow daran, dass, wenn man es recht überlegte, im Grunde genommen alles wunderschön war auf dieser Welt, alles, außer dem, was wir selber denken und tun, wenn wir den höheren Sinn des Daseins und unsere eigene Menschenwürde vergessen.

Ein Mann trat auf sie zu, wahrscheinlich der Wächter, er warf einen Blick auf sie und ging wieder weg. Auch diese Einzelheit erschien so geheimnisvoll und schön wie alles.

Man sah den Dampfer aus Feodossija kommen, beleuchtet von der Morgenröte und bereits ohne Lichter.

Die Dame mit dem Hündchen

»Auf dem Gras liegt Tau«, sagte Anna Sergejewna nach langem Schweigen.

»Ja, es ist Zeit, nach Hause zu fahren.«

Sie kehrten zurück in die Stadt.

Danach trafen sie sich jeden Tag um die Mittagszeit auf der Strandpromenade; sie frühstückten gemeinsam, nahmen das Mittagessen ein, gingen spazieren und bewunderten das Meer. Sie klagte, dass sie schlecht schlafe und Herzklopfen habe, stellte immerfort ein und dieselben Fragen, bald von Eifersucht, bald von der Angst geplagt, er könnte sie nicht mehr genügend achten. Und wenn in den Anlagen oder im Gartenrestaurant niemand in der Nähe war, geschah es oft, dass er sie plötzlich an sich zog und leidenschaftlich küsste. Der Müßiggang, diese Küsse am helllichten Tag, bei denen man um sich blicken und Angst haben musste, dass jemand sie sah, die Hitze, der Geruch des Meeres, der ständige Anblick müßiger, eleganter und satter Menschen schienen ihn völlig verwandelt zu haben; er sagte Anna Sergejewna, wie schön sie sei, wie berückend, er war von einer ungeduldigen Leidenschaftlichkeit und entfernte sich keinen Schritt von ihrer Seite; sie aber versank häufig in Nachdenken, bat ihn, zu bekennen, dass er sie nicht achte, sie überhaupt nicht liebe und in ihr nur eine abscheuliche Frau sehe. Beinahe jeden Abend fuhren sie zu später Stunde in die Umgebung der Stadt, nach Oreanda oder zum Wasserfall, und die Spazierfahrten misslangen nie, die Eindrücke waren jedes Mal unverändert schön und großartig.

Sie warteten auf die Ankunft ihres Mannes. Doch es kam ein Brief, in dem er mitteilte, seine Augen seien erkrankt und er flehe sie an, so schnell wie möglich heimzukommen. Und Anna Sergejewna beeilte sich.

»Es ist gut, wenn ich abreise«, sagte sie zu Gurow. »Das ist ein Wink des Schicksals.«

Sie fuhr mit dem Wagen, und er begleitete sie. Einen ganzen Tag waren sie unterwegs. Als sie den Schnellzug bestiegen hatte und das zweite Glockenzeichen ertönte, sagte sie:

»Lassen Sie sich noch einmal anschauen ... Noch einmal. Ja, so.«

Sie weinte nicht, war aber traurig, als wäre sie krank, und ihr Mund zuckte.

»Ich werde an Sie denken ... mich Ihrer erinnern«, sagte sie. »Der Herr sei mit Ihnen, bleiben Sie hier. Behalten Sie mich in gutem Angedenken. Wir nehmen für immer Abschied, das muss sein, weil wir einander nie hätten begegnen dürfen. Nun, der Herr sei mit Ihnen.«

Der Zug entfernte sich rasch, seine Lichter waren bald verschwunden, und eine Minute später verstummte auch das Rattern, als hätte sich alles absichtlich verschworen, so schnell wie möglich diesem süßen Dämmerzustand, dieser Unbesonnenheit ein Ende zu machen. Und Gurow, allein auf dem Perron geblieben und in die dunkle Ferne blickend, lauschte dem Zirpen der Grillen sowie dem Summen der Telegrafendrähte mit einem Gefühl, als wäre er soeben erwacht. Und er dachte daran, dass es nun in seinem Leben noch ein Erlebnis oder Abenteuer gab, das auch schon vorüber war und von dem jetzt nur die Erinnerung blieb ... Er war gerührt, betrübt und empfand so etwas wie Reue, denn diese junge Frau, die er ja niemals wiedersehen würde, war mit ihm nicht glücklich gewesen. Er war freundlich und herzlich zu ihr gewesen, aber dessen ungeachtet hatte in seinem Benehmen, in seinem Ton und in seinen Zärtlichkeiten doch ein Hauch von Spott gelegen, die unfeine Überheblichkeit eines glücklichen Mannes, der zudem beinahe doppelt so alt war wie sie. Immerfort hatte sie ihn als einen guten, ungewöhnlichen und überragenden Menschen bezeichnet; offensichtlich erschien er ihr nicht als der, der er in Wirklichkeit war, folglich hatte er sie, ohne es zu wollen, ständig betrogen.

Hier auf der Station spürte man bereits den Herbst, denn es war ein kühler Abend.

Auch für mich wird es Zeit, nach Norden zu fahren, dachte Gurow, als er den Perron verließ. Es wird Zeit!

III

Zu Hause, in Moskau, war alles schon winterlich, die Öfen wurden geheizt, und morgens, wenn die Kinder sich für die Schule fertigmachten und Tee tranken, war es dunkel, und die Kinderfrau zündete für kurze Zeit das Licht an. Es begann bereits zu frieren. Wenn der erste Schnee fällt und man die erste Schlittenfahrt unternimmt, ist es so angenehm, die weiße Erde und die weißen Dächer zu betrachten, es atmet sich so leicht und gut, und man erinnert sich an die Jahre der Jugend. Die alten weißbereiften Linden und Birken haben so ein gutmütiges Aussehen bekommen, sie stehen dem Herzen näher als die Zypressen und Palmen, und in ihrer Nähe mochte man nicht mehr an die Berge und das Meer denken.

Gurow war Moskauer. Er kehrte an einem schönen, frostigen Tag nach Moskau zurück, und als er den Pelz

Die Dame mit dem Hündchen

und die warmen Handschuhe angezogen hatte und einen Gang über die Petrowka machte, als er am Samstagabend das Läuten der Glocken hörte, da verloren die kürzliche Reise und die Orte, an denen er geweilt hatte, allen Zauber für ihn. Allmählich tauchte er völlig unter in dem Moskauer Leben, er las bereits mit wahrer Gier drei Zeitungen am Tag und erklärte, er lese die Moskauer Zeitungen aus Prinzip nicht. Es zog ihn schon in die Restaurants, die Klubs, zu Festessen und Jubiläumsfeiern, und es schmeichelte ihm, dass in seinem Haus bekannte Rechtsanwälte und Künstler verkehrten und dass er im Akademikerklub mit einem Professor Karten spielte. Er konnte auch schon wieder eine ganze Portion in der Pfanne servierte Soljanka aufessen.

Noch ein Monat, so schien es ihm, und Anna Sergejewna würde in seiner Erinnerung verblassen und ihm nur hin und wieder mit einem rührenden Lächeln im Traum erscheinen, wie alle anderen. Doch mehr als ein Monat verging, tiefer Winter brach herein, aber in seiner Erinnerung war alles noch so frisch, als hätte er sich erst gestern von Anna Sergejewna getrennt. Und die Erinnerungen wurden immer stärker. Gleichviel ob in die abendliche Stille seines Arbeitszimmers die Stimmen der Kinder drangen, die ihre Aufgaben lernten, ob er eine Romanze hörte oder die Klänge des Musikautomaten in einem Restaurant oder ob der Schneesturm im Kamin heulte – plötzlich erstand alles vor seinen Augen: sowohl was auf der Mole geschehen war als auch der frühe Morgen mit dem Nebel auf den Bergen, der Dampfer aus Feodossija und die Küsse. Lange schritt er im Zimmer auf und ab, erinnerte sich und lächelte, und dann gingen die Erinnerungen in Träume über, und das Vergangene vermischte sich in seiner Phantasie mit dem, was kommen würde. Anna Sergejewna erschien ihm nicht im Traum, aber sie folgte ihm überallhin wie ein Schatten und beobachtete ihn. Wenn er die Augen schloss, sah er sie wie lebendig vor sich, und sie erschien ihm schöner, jünger, zarter, als sie es war, und er selbst kam sich besser vor als damals in Jalta. Abends schaute sie ihn aus dem Bücherschrank an, aus dem Kamin, aus einem Winkel des Zimmers, er hörte ihren Atem, das zärtliche Rascheln ihres Kleides. Auf der Straße blickte er den Frauen nach, suchte, ob sich nicht eine fände, die ihr ähnlich war.

Es quälte ihn bereits ein starkes Verlangen, seine Erinnerungen jemandem mitzuteilen. Zu Hause durfte er jedoch nicht von seiner Liebe sprechen, und außerhalb des Hauses hatte er niemanden. Mit den Mietern seines Hauses war es nicht angebracht und ebenso wenig in der Bank. Und wovon sollte er sprechen? Hatte er denn damals geliebt? Hatte es denn in seinen Beziehungen zu Anna Sergejewna irgendetwas Schönes, Poetisches oder Lehrreiches oder einfach etwas Interessantes gegeben? Und es blieb ihm nichts anderes übrig, als unbestimmt über die Liebe zu reden, über die Frauen, und niemand erriet, worum es sich handelte, nur seine Frau runzelte die dunklen Brauen und sagte:

»Die Rolle eines Gecken steht dir nicht, Dimitri.«

Eines Nachts, als er mit seinem Partner, einem Beamten, den Akademikerklub verließ, konnte er nicht an sich halten und sagte:

»Wenn Sie wüssten, was für eine bezaubernde Frau ich in Jalta kennengelernt habe!«

Der Beamte setzte sich in den Schlitten und fuhr los, aber plötzlich drehte er sich um und rief:

»Dmitri Dmitritsch!«
»Was gibt's?«
»Sie hatten neulich doch recht: Der Stör hatte einen kleinen Stich!«

Diese Worte, die so alltäglich waren, empörten Gurow plötzlich, sie erschienen ihm erniedrigend, unsauber. Was für rohe Sitten, was für Menschen! Was für sinnlose Nächte, was für uninteressante und wenig bemerkenswerte Tage! Wildes Kartenspiel, Prassen und Saufen, immerzu Gespräche über ein und dasselbe. Unnötige Dinge und die ständigen Gespräche über ein und dasselbe nahmen die besten Jahre, die besten Kräfte in Anspruch, und zu guter Letzt blieb einem nichts als ein verstümmeltes, kraftloses Leben, ein sinnloses Dasein, und weggehen oder fliehen konnte man nicht, es war, als säße man in einem Irrenhaus oder in einer Strafanstalt!

Gurow schlief die ganze Nacht nicht, er ärgerte sich unentwegt, und am nächsten Tag schmerzte ihm der Kopf. Auch in den folgenden Nächten schlief er schlecht, immerfort setzte er sich im Bett auf und überlegte oder ging aus einer Ecke in die andere. Die Kinder waren ihm lästig, die Bank war ihm lästig, er mochte weder aus dem Haus gehen noch über irgendetwas reden.

Im Dezember, während der Feiertage, machte er sich auf den Weg, er sagte zu seiner Frau, er reise nach Petersburg, um sich dort für einen jungen Mann zu verwenden – und fuhr nach S. Wozu? Das wusste er selbst nicht recht. Er wollte Anna Sergejewna sehen und sprechen, wenn möglich, eine Zusammenkunft mit ihr verabreden.

Er kam morgens in S. an und nahm im Hotel das beste Zimmer; der Fußboden war ganz und gar mit grauem

Soldatentuch ausgelegt, und auf dem Tisch stand ein verstaubtes Tintenfass, mit einem Pferd, auf dem ein Reiter ohne Kopf saß, der die Hand mit dem Hut erhoben hatte. Der Portier gab ihm die notwendigen Auskünfte: von Diederitz wohne auf der Staraja Gontscharnaja-Straße im eigenen Haus, unweit entfernt vom Hotel, er lebe gut, sei reich, habe Pferde und Wagen, alle in der Stadt würden ihn kennen. Der Portier sprach den Namen so aus: Drydyritz.

Gurow ging gemächlich zur Staraja Gontscharnaja-Straße und fand das Haus. Gegenüber dem Haus zog sich ein langer, grauer, mit Nägeln gespickter Zaun hin.

Vor so einem Zaun kann man auch davonlaufen, dachte Gurow und schaute bald auf die Fenster, bald auf den Zaun.

Er überlegte: Heute war ein dienstfreier Tag und der Mann wahrscheinlich zu Hause. Aber das hatte nichts zu sagen, es wäre sowieso taktlos gewesen, das Haus zu betreten und Verwirrung zu stiften. Wenn er jedoch ein Briefchen schickte, so könnte es womöglich in die Hände des Mannes geraten und alles verderben. Am besten, er verließ sich auf den Zufall. So ging er denn immerfort auf der Straße am Zaun auf und ab und wartete auf einen Zufall. Er sah, wie ein Bettler durch das Hoftor trat und die Hunde über ihn herfielen, eine Stunde später hörte er die Klänge eines Klaviers, und die Töne drangen schwach und undeutlich zu ihm. Sicherlich spielte Anna Sergejewna. Plötzlich öffnete sich die Haustür, und heraus trat ein altes Frauchen, hinter ihr lief der bekannte weiße Spitz. Gurow wollte den Hund rufen, aber sein Herz begann zu klopfen, und er konnte sich vor Aufregung nicht an den Namen des Spitzes erinnern.

Die Dame mit dem Hündchen

Er ging weiter auf und ab und hasste den grauen Zaun immer mehr, jetzt dachte er bereits ärgerlich, Anna Sergejewna habe ihn vergessen und amüsiere sich womöglich schon mit einem anderen; das war ganz natürlich bei einer jungen Frau, die sich von morgens bis abends diesen verfluchten Zaun anschauen musste. Er kehrte in sein Hotelzimmer zurück und saß lange auf dem Sofa, ohne zu wissen, was er tun sollte. Dann aß er zu Mittag, dann schlief er lange.

Wie dumm und beunruhigend das alles ist, dachte er beim Erwachen, als er die dunklen Fenster erblickte – es war schon Abend. Wozu habe ich mich nun ausgeschlafen? Was werde ich heute Nacht anfangen?

Er saß auf dem Bett, auf dem eine billige graue, an ein Krankenhaus erinnernde Decke lag, und verspottete sich ärgerlich: Da hast du deine Dame mit dem Hündchen ... Und da hast du auch dein Abenteuer ... Jetzt kannst du hier sitzen.

Noch am Morgen, auf dem Bahnhof, war ihm ein Plakat mit sehr großer Schrift aufgefallen: Die »Geisha« wurde zum ersten Mal gegeben. Er erinnerte sich daran und fuhr ins Theater.

Sehr gut möglich, dass sie die Premiere besucht, dachte er bei sich.

Das Theater war voll. Auch hier, wie überhaupt in allen Provinztheatern, lag eine Dunstschicht über dem Kronleuchter, unruhig lärmte die Galerie; in der ersten Reihe standen vor Beginn der Vorstellung die hiesigen Stutzer, die Hände auf dem Rücken, auch hier saß in der Loge des Gouverneurs auf dem vorderen Platz die Gouverneurstochter in einer Pelzboa, der Gouverneur selbst verbarg sich bescheiden hinter der Portiere, und nur seine Hände waren zu sehen; der Vorhang schwankte, das Orchester stimmte lange die Instrumente. Die ganze Zeit, während das Publikum eintrat und die Plätze einnahm, schweiften Gurows Augen unruhig suchend umher.

Auch Anna Sergejewna trat ein. Sie nahm in der dritten Reihe Platz, und als Gurow zu ihr hinüberblickte, krampfte sich sein Herz zusammen, und er begriff deutlich, dass es jetzt für ihn auf der ganzen Welt keinen Menschen gab, der ihm näherstand, der ihm teurer und wichtiger war; sie, diese kleine, in der provinziellen Menge verlorene Frau, die so unscheinbar war, die eine ganz gewöhnliche Lorgnette in den Händen hielt, erfüllte jetzt sein ganzes Leben, sie war sein Kummer, seine Freude, sein einziges Glück, das er nunmehr für sich wünschte; und unter den Klängen eines schlechten Orchesters, miserabler kleinstädtischer Geigen dachte er daran, wie schön sie war. Dachte dies und träumte.

Zusammen mit Anna Sergejewna war ein junger Mann eingetreten und hatte sich neben sie gesetzt, er trug einen kleinen Backenbart, war sehr groß und hielt sich etwas krumm; bei jedem Schritt neigte er den Kopf, und das sah aus, als verbeuge er sich ständig. Wahrscheinlich war dies ihr Mann, den sie damals in Jalta, in einer Anwandlung von Bitterkeit, einen Lakaien genannt hatte. Und in der Tat, in seiner langen Gestalt, in dem Backenbart und in der kleinen Glatze lag etwas lakaienhaft Bescheidenes, er lächelte süßlich, und in seinem Knopfloch blinkte ein akademisches Abzeichen, als wäre es die Nummer eines Lakaien.

In der ersten Pause ging der Mann hinaus, um zu rauchen, während sie auf ihrem Platz sitzen blieb. Gurow,

Die Dame mit dem Hündchen

der ebenfalls im Parkett saß, trat zu ihr; er lächelte gezwungen und sagte mit bebender Stimme: »Guten Tag.«

Sie blickte zu ihm auf und erbleichte, dann blickte sie ihn noch einmal an, entsetzt, als traue sie ihren Augen nicht, und presste krampfhaft den Fächer und die Lorgnette in ihren Händen, offensichtlich kämpfte sie mit sich, um nicht ohnmächtig zu werden. Beide schwiegen. Sie saß; er stand, erschreckt von ihrer Verwirrung, und wagte nicht, sich neben sie zu setzen. Eine Flöte und die Geigen, die gestimmt wurden, begannen zu klingen; plötzlich erschraken beide, ihnen schien, man blicke aus allen Logen auf sie. Da stand sie auf und schritt rasch dem Ausgang zu, er – hinterher, und beide gingen, ohne zu überlegen, durch Korridore, über Treppen, hinauf und hinunter, und an ihren Augen huschten alle möglichen Leute in Gerichts-, Lehrer- und Beamtenuniformen vorüber, und alle trugen sie Abzeichen; es huschten Damen vorbei, Pelze in der Garderobe, mit einem Zugwind schlug ihnen der Geruch von Tabakresten entgegen. Gurow, dessen Herz heftig pochte, dachte: Herrgott, was sollen diese Leute, was soll das Orchester …!

Und in diesem Augenblick erinnerte er sich plötzlich daran, wie er damals auf der Bahnstation, nach Anna Sergejewnas Abreise, zu sich gesagt hatte, dass alles zu Ende sei und dass sie sich niemals wiedersehen würden. Jedoch, wie weit war es noch bis zum Ende!

Auf einer schmalen, düsteren Treppe mit der Aufschrift »Durchgang zu den Rängen« blieb sie stehen.

»Wie Sie mich erschreckt haben!«, sagte sie schwer atmend, immer noch bleich und erschüttert. »Oh, wie Sie mich erschreckt haben! Ich bin mehr tot als lebendig. Warum sind Sie hergekommen? Wozu?«

»Aber begreifen Sie, Anna, begreifen Sie ...«, sagte er halblaut und hastig. »Ich flehe Sie an, begreifen Sie ...«

Sie sah ihn flehentlich an, voller Angst, voller Liebe, unverwandt sah sie ihn an, um sich seine Züge noch fester einzuprägen.

»Ich leide so!«, fuhr sie fort, ohne auf ihn zu hören. »Die ganze Zeit habe ich nur an Sie gedacht, ich lebte nur in dem Gedanken an Sie. Und ich wollte vergessen, vergessen, aber warum sind Sie hergekommen, warum?«

Über ihnen, auf dem Treppenabsatz, rauchten zwei Gymnasiasten und schauten herunter, aber Gurow war alles gleich, er zog Anna Sergejewna an sich und küsste ihr Gesicht, ihre Wangen, ihre Hände.

»Was tun Sie, was tun Sie!«, sagte sie voller Entsetzen und versuchte ihn von sich wegzuschieben. »Wir sind beide wahnsinnig. Reisen Sie noch heute ab, reisen Sie sofort ab ... Ich beschwöre Sie bei allem, was heilig ist, ich flehe Sie an ... Man kommt!«

Jemand kam die Treppe herauf.

»Sie müssen abreisen ...«, fuhr Anna Sergejewna flüsternd fort. »Hören Sie, Dmitri Dmitritsch? Ich komme zu Ihnen nach Moskau. Ich bin niemals glücklich gewesen, jetzt bin ich unglücklich, und niemals, niemals werde ich glücklich sein, niemals! Zwingen Sie mich doch nicht, noch mehr zu leiden! Ich schwöre, dass ich nach Moskau komme. Und jetzt lassen Sie uns auseinandergehen! Mein Lieber, mein Guter, mein Teurer, lassen Sie uns auseinandergehen!«

Sie drückte ihm die Hand und stieg eilig, sich ständig nach ihm umblickend, die Treppe hinunter, und an ihren Augen sah man, dass sie tatsächlich nicht glücklich war. Gurow blieb noch stehen und horchte; als alles still war, begab er sich zur Garderobe und verließ das Theater.

IV

Anna begann zu ihm nach Moskau zu reisen. Alle zwei, drei Monate verließ sie S. und sagte zu ihrem Mann, sie müsse wegen ihres Frauenleidens einen Professor konsultieren; und der Mann glaubte ihr und glaubte ihr wiederum auch nicht.

In Moskau angekommen, stieg sie im »Slawischen Basar« ab und sandte unverzüglich einen Boten in roter Mütze zu Gurow. Gurow besuchte sie, und niemand in Moskau wusste etwas davon.

So ging er einmal an einem Wintermorgen zu ihr (der Bote hatte ihn am Abend vorher nicht angetroffen). Bei ihm war seine Tochter, die er ins Gymnasium begleiten wollte, weil es am Weg lag. Der Schnee fiel in dichten, nassen Flocken.

»Wir haben jetzt drei Grad Wärme, und trotzdem schneit es«, sagte Gurow zu seiner Tochter. »Aber es ist nur an der Erdoberfläche warm, in den oberen Schichten der Atmosphäre herrscht eine ganz andere Temperatur.«

»Papa, und warum gibt es im Winter kein Gewitter?«

Er erklärte auch das. Und beim Sprechen dachte er daran, dass er zu einem Rendezvous ging und keine Menschenseele davon wusste und wahrscheinlich auch niemals davon wissen würde. Er führte ein Doppelleben: ein offizielles, allen sichtbares, das alle kannten, die es anging, das erfüllt war von bedingter Wahrheit und bedingter Täuschung, ein Leben, das dem seiner Bekannten und Freunde vollkommen glich, und ein anderes, heimliches. Und infolge einer merkwürdigen, vielleicht zufälligen Verknüpfung der Umstände vollzog sich alles, was für ihn von Wert, was interessant und notwendig war, worin er aufrichtig dachte und sich selbst nicht betrog, woraus der Kern seines Lebens bestand, im Geheimen; und all das, was seine Lüge, seine Hülle ausmachte, unter der er sich versteckte, um die Wahrheit zu verbergen, wie zum Beispiel seine Stellung in der Bank, die Streitgespräche im Klub, sein »minderwertiges Geschlecht«, der Besuch von Jubiläumsfeiern gemeinsam mit der Frau – all das war offiziell. Und von sich schloss er auf andere, er glaubte nicht, was er sah, und setzte stets voraus, dass sich das wirkliche und interessanteste Leben eines jeden Menschen heimlich, gleichsam wie unter dem Mantel der Nacht abspielte. Jede persönliche Existenz hält sich durch ein Geheimnis, und vielleicht ist deshalb ein kultivierter Mensch so leidenschaftlich bemüht, sein Persönlichstes geheim zu halten.

Nachdem Gurow die Tochter ins Gymnasium gebracht hatte, begab er sich zum »Slawischen Basar«. Er legte unten den Pelz ab, stieg hinauf und klopfte leise an die Tür. Anna Sergejewna, in seinem grauen Lieblingskleid, ermüdet von der Fahrt und der Erwartung, hatte seit dem gestrigen Abend auf ihn gewartet; sie sah blass aus, schaute ihn an und lächelte nicht, doch kaum war er eingetreten, lag sie bereits an seiner Brust. Als hätten sie sich zwei Jahre nicht gesehen, küssten sie sich lange und anhaltend.

»Nun, wie geht es dir dort?«, fragte er. »Was gibt es Neues?«

»Warte noch, ich sag es dir gleich ... Ich kann nicht.«

Sie konnte nicht sprechen, denn sie weinte. Sie wandte sich von ihm ab und drückte ihr Tuch an die Augen.

Nun, soll sie ein bisschen weinen, ich setze mich einstweilen, dachte er und nahm auf einem Sessel Platz.

Sodann klingelte er und bestellte sich Tee; und nachher, als er Tee trank, stand sie immer noch von ihm abgewandt am Fenster. Sie weinte vor Aufregung, in dem schmerzlichen Bewusstsein, dass ihr Leben sich so traurig gestaltet hatte; sie sahen einander nur heimlich, versteckten sich vor den Leuten wie Diebe! War ihr Leben etwa nicht zerstört?

»Nun, nun, hör auf!«, sagte er.

Für ihn war es offensichtlich, dass ihre Liebe nicht so bald enden würde. Wer wusste überhaupt wann? Anna Sergejewnas Zuneigung wurde immer stärker, sie vergötterte ihn, und es war undenkbar, ihr zu sagen, dies alles müsse ja einmal ein Ende haben; sie hätte es auch gar nicht geglaubt.

Er fasste sie bei den Schultern, um sie zu liebkosen, um ein wenig mit ihr zu scherzen, und dabei sah er sich selbst im Spiegel.

Sein Haar begann schon grau zu werden. Und es erschien ihm merkwürdig, dass er in den letzten Jahren so gealtert und so hässlich geworden war. Die Schultern, auf denen seine Hände lagen, fühlten sich warm an und bebten. Ihn überkam Mitleid mit diesem Leben, das noch so warm und so schön war, aber wahrscheinlich auch schon nahe dem Welken und Erlöschen, wie sein eigenes Leben. Was liebte sie so an ihm?

Die Frauen hatten immer einen anderen in ihm gesehen, als er war; sie liebten in ihm nicht ihn selbst, sondern einen Menschen, den ihre Phantasie geschaffen und den sie ihr Leben lang sehnsüchtig gesucht hatten; und später, wenn sie ihren Irrtum merkten, liebten sie ihn trotzdem. Doch keine Einzige von ihnen war mit ihm glücklich gewesen. Die Zeit war dahingegangen, er hatte Bekanntschaften geschlossen, Frauen kennengelernt und sich wieder von ihnen getrennt, doch niemals hatte er geliebt; alles Mögliche gab es, nur keine Liebe.

Und erst jetzt, als sein Kopf grau war, liebte er, wie es sich gehörte, liebte er tatsächlich – zum ersten Mal in seinem Leben.

Anna Sergejewna und er liebten einander wie Menschen, die sich sehr nahestehen, die sich ganz und gar gehören, wie Mann und Frau, wie zärtliche Freunde; ihnen schien, das Schicksal selbst habe sie füreinander bestimmt, und sie fanden es unbegreiflich, dass er mit einer anderen Frau und sie mit einem anderen Mann verheiratet war. Man konnte sie mit zwei Zugvögeln vergleichen, einem Männchen und einem Weibchen, die man gefangen und gezwungen hatte, in getrennten Käfigen zu leben. Sie verziehen einer dem anderen, wessen sie sich in der Vergangenheit schämen mussten, verziehen alles Gegenwärtige und fühlten, dass ihre Liebe sie beide verändert hatte.

Früher, in Augenblicken der Betrübnis, tröstete er sich mit allerhand Überlegungen, die ihm gerade in den Kopf kamen, jetzt aber dachte er nicht daran, zu überlegen, jetzt beseelte ihn ein tiefes Mitleid, er wollte aufrichtig und zärtlich sein.

»Hör auf, meine Liebe«, sagte er, »du hast ein bisschen geweint, nun lass es genug sein. Jetzt wollen wir miteinander reden. Lass uns etwas ersinnen.«

Danach berieten sie lange, sprachen davon, wie sie sich von der Notwendigkeit, sich zu verstecken, zu betrügen, in verschiedenen Städten zu wohnen, sich lange nicht zu sehen, befreien könnten. Wie sie aus dieser unerträglichen Verstrickung herausfinden sollten.

»Wie nur, wie?«, fragte er und fasste sich an den Kopf. »Wie?«

Und es schien, als könnte es nicht mehr lange dauern, bis die Lösung gefunden sein und ein neues, wunderschönes Leben beginnen würde; und beide begriffen sehr gut, dass es bis zum Ende noch sehr, sehr weit war und die größten Schwierigkeiten und Komplikationen noch vor ihnen lagen.

Die Braut

I

Es war schon gegen zehn Uhr abends, über dem Garten stand der Vollmond. Im Haus der Schumins war gerade der Abendgottesdienst zu Ende, den die Großmutter, Maria Michailowna, hatte abhalten lassen. Nadja – sie war für eine Minute in den Garten hinausgegangen – konnte jetzt sehen, wie im Saal der Tisch zu einem Imbiss gedeckt wurde und wie sich die Großmutter in ihrem prächtigen Seidenkleid eilig hin und her bewegte; Vater Andrej, der Oberpriester der Kathedrale, sprach mit Nadjas Mutter, Nina Iwanowna, und bei der abendlichen Beleuchtung erschien ihr die Mutter hinter dem Fenster in diesem Augenblick sehr jung; neben ihr stand Andrej Andrejitsch, Vater Andrejs Sohn, und hörte aufmerksam zu.

Im Garten war es still und kühl; dunkle, ruhige Schatten lagen über der Erde. Und weit, sehr weit entfernt, wahrscheinlich außerhalb der Stadt, quakten die Frösche. Man spürte den Mai, den lieben Mai! Es atmete sich so tief, und es schien, als rege sich irgendwo unter dem Himmel, über den Bäumen, weit hinter der Stadt, in Feldern und Wäldern ein anderes Frühlingsleben, geheimnisvoll, herrlich, reich und heilig, ein Leben, dessen Erkenntnis dem schwachen, sündigen Menschen unzugänglich ist. Und man hätte weinen mögen.

Nadja war schon dreiundzwanzig; seit ihrem sechzehnten Lebensjahr hatte sie sich leidenschaftlich gewünscht zu heiraten, und jetzt war sie endlich die Braut von Andrej Andrejitsch, demselben, der dort hinter dem Fenster stand; er gefiel ihr, die Hochzeit war schon auf den 7. Juli festgesetzt, doch sie konnte sich nicht freuen und schlief schlecht, und ihr Frohsinn war vergangen ...

Aus dem Kellergeschoss, wo sich die Küche befand, drang durch das offene Fenster Messerklappern, eiliges Laufen und Türenschlagen; es roch nach Putenbraten und eingelegten Kirschen. Und irgendwie schien es, so wie jetzt würde es das ganze Leben lang sein, ohne Veränderung, ohne Ende!

Da trat jemand aus dem Haus und blieb auf der Freitreppe stehen; das war Alexander Timofejitsch oder einfach Sascha, der Besuch aus Moskau, der vor etwa zehn Tagen gekommen war. Vor sehr langer Zeit kam zur Großmutter immer eine entfernte Verwandte, eine verarmte adlige Witwe, die kleine, magere und kranke Marja Petrowna, die Almosen erhielt. Sie hatte einen Sohn, Sascha. Es war nicht ersichtlich warum, jedenfalls sagte man von ihm, er sei künstlerisch sehr begabt, und als seine Mutter gestorben war, schickte ihn die Großmutter, besorgt um ihr Seelenheil, nach Moskau auf die komissarowsche Schule; nach etwa zwei Jahren wechselte er zur Kunstschule über, wo er wohl an die fünfzehn Jahre studierte und mit Ach und Krach die Prüfung im Architekturfach bestand. Er arbeitete trotzdem nicht als Architekt, sondern in einer der Moskauer lithographischen Anstalten. Fast jeden Sommer kam er, gewöhnlich sehr krank, zur Großmutter, um auszuruhen und sich zu erholen.

Er hatte jetzt einen hochgeschlossenen Rock an und abgetragene Beinkleider aus Segeltuch, die unten geflickt

Die Braut

waren. Sein Hemd war nicht gebügelt, und der ganze Mensch machte einen ungepflegten Eindruck. Er war sehr mager, bärtig, dunkel, hatte große Augen, lange, dünne Finger und war doch schön. An die Schumins hatte er sich gewöhnt wie an die eigene Familie und fühlte sich bei ihnen zu Hause. Sogar das Zimmer, in dem er hier wohnte, hieß Saschas Zimmer.

Auf der Treppe stehend, erblickte er Nadja und ging zu ihr.

»Schön ist es hier bei Ihnen«, sagte er. »Natürlich ist es schön. Sie müssten bis zum Herbst hierbleiben.«

»Ja, das werde ich wohl tun müssen. Wahrscheinlich bleibe ich bis September.«

Er lachte ganz ohne Grund und setzte sich neben sie.

»Und ich sitze da und sehe mir von hier Mama an«, sagte Nadja. »Sie erscheint mir von hier so jung. Mama hat gewiss ihre Schwächen«, fügte sie nach einer Weile hinzu, »aber sie ist trotz allem eine außergewöhnliche Frau.«

»Ja, sie ist gut ...«, stimmte Sascha zu. »In ihrer Art ist Ihre Mama natürlich eine sehr gute und liebe Frau, doch ... wie soll ich es Ihnen sagen? Heute Morgen, es war noch sehr zeitig, ging ich in Ihre Küche, dort schlafen vier Dienstboten auf dem nackten Fußboden, anstatt Bettzeug haben sie Lumpen; ein Gestank und diese Wanzen, diese Schaben ... Genau wie vor zwanzig Jahren, nichts hat sich geändert. Die Großmutter ... nun, Gott mit ihr, sie ist eben eine Großmutter; aber die Mama ... sie spricht doch Französisch und tritt im Liebhabertheater auf. Die müsste das doch begreifen.«

Wenn Sascha sprach, dann hob er vor dem Zuhörer zwei seiner langen, dünnen Finger.

»Mir kommt das alles hier so roh vor, weil ich es nicht gewohnt bin«, fuhr er fort. »Weiß der Teufel, niemand tut hier etwas! Mamachen geht den ganzen Tag lang wie eine Herzogin spazieren, die Großmutter tut auch nichts, Sie ebenfalls nicht. Und der Bräutigam Andrej Andrejitsch tut auch nichts.«

Nadja hatte dies schon im vorigen Jahr zu hören bekommen und, wie ihr schien, auch im vorvorigen. Sie wusste, dass Sascha nicht anders reden konnte, und früher hatte sie das lächerlich gefunden; jetzt aber ärgerte sie sich, sie hätte nicht sagen können warum.

»Das ist alles alt, und ich habe es bis zum Überdruss gehört«, sagte sie und erhob sich. »Sie sollten sich etwas Neues ausdenken.«

Er lachte und stand ebenfalls auf, und beide gingen zum Haus. Hochgewachsen, schön und schlank wie sie war, wirkte sie jetzt neben ihm ungemein gesund und elegant; sie fühlte das, und er tat ihr leid, es war ihr irgendwie peinlich.

»Sie reden auch viel Unsinn«, fuhr sie fort. »Da haben Sie eben über meinen Andrej gesprochen, aber Sie kennen ihn doch gar nicht.«

»Meinen Andrej ... Gott mit ihm, Ihrem Andrej! Mir tut nur Ihre Jugend leid.«

Als sie den Saal betraten, setzte man sich gerade zum Abendessen an den Tisch. Die Großmutter oder, wie man sie im Haus nannte, »Babulja«, eine sehr dicke und hässliche Frau mit dichten Brauen und einem Bärtchen auf der Oberlippe, sprach laut, und schon an ihrer Stimme und ihrer Art zu sprechen konnte man erkennen, dass sie das Familienoberhaupt war. Ihr gehörten die Kaufbuden auf dem Markt und das altertümliche

Die Braut

Haus mit den Säulen und dem Garten, trotzdem betete sie jeden Morgen, Gott möge sie vor dem Ruin bewahren, und weinte dabei. Ihre Schwiegertochter, Nina Iwanowna, Nadjas Mutter, eine blonde, stark geschnürte Dame mit einem Pincenez und Brillanten an jedem Finger, und Vater Andrej, ein hagerer, zahnloser alter Mann, der immer aussah, als wolle er gleich etwas sehr Komisches zum Besten geben, und sein Sohn Andrej Andrejitsch, Nadjas Bräutigam, ein stattlicher und schöner Mensch, mit welligem Haar, der einem Künstler glich, sprachen über Hypnotismus.

»In einer Woche wirst du dich bei mir erholt haben«, sagte Babulja zu Sascha, »du musst nur recht viel essen. Wie siehst du bloß aus!« Sie seufzte. »Zum Fürchten! Wirklich und wahrhaftig wie der verlorene Sohn.«

»Und er brachte sein Gut um mit Prassen und fing an zu darben«, sprach Vater Andrej langsam, und seine Augen lachten, »da schickte man ihn auf den Acker, die Säue zu hüten …«

»Ich kann meinen lieben Alten gut leiden«, sagte Andrej und berührte die Schulter des Vaters. »Ein prächtiger Alter. Ein guter Alter.«

Alle schwiegen.

Sascha lachte plötzlich auf und presste die Serviette an den Mund.

»Sie glauben also an Hypnotismus?«, fragte Vater Andrej Nina Iwanowna.

»Ich kann natürlich nicht behaupten, dass ich daran glaube«, antwortete Nina Iwanowna, wobei sie ihrem Gesicht einen ernsten, ja sogar strengen Ausdruck gab, »doch ich muss gestehen, dass es in der Natur viele unbegreifliche und geheimnisvolle Dinge gibt.«

»Ich stimme völlig mit Ihnen überein, obwohl ich von mir aus hinzufügen muss, dass der Glaube den Bereich des Geheimnisvollen für uns bedeutend verkleinert.«

Eine große, sehr fette Pute wurde aufgetragen. Vater Andrej und Nina Iwanowna setzten ihr Gespräch fort. Die Brillanten an Nina Iwanownas Fingern funkelten, und dann funkelten plötzlich Tränen in ihren Augen, sie war erregt.

»Ich wage zwar nicht, mit Ihnen zu streiten«, sagte sie, »doch geben Sie zu, das Leben gibt so viele unlösbare Rätsel auf!«

»Nicht eines, ich versichere Sie.«

Nach dem Abendessen spielte Andrej Andrejitsch Geige, Nina Iwanowna begleitete ihn am Flügel. Er hatte vor ungefähr zehn Jahren die philologische Fakultät der Universität absolviert, bekleidete jedoch kein Amt und hatte keine bestimmte Beschäftigung, nur hin und wieder beteiligte er sich an einem Wohltätigkeitskonzert, und in der Stadt nannte man ihn einen Künstler.

Andrej Andrejitsch spielte; alle hörten schweigend zu. Auf dem Tisch summte leise der Samowar, und Sascha trank als Einziger Tee. Später, als es zwölf schlug, sprang plötzlich eine Saite auf der Geige; alle lachten, gerieten in Bewegung, und man begann sich zu verabschieden.

Nachdem Nadja ihren Verlobten hinausbegleitet hatte, ging sie nach oben, wo sie mit ihrer Mutter wohnte (die Großmutter bewohnte das untere Stockwerk). Unten im Saal wurden bereits die Lichter gelöscht, Sascha aber saß noch dort und trank Tee. Er trank immer lange

Die Braut

Tee, nach Moskauer Gepflogenheit sieben Gläser hintereinander. Als Nadja schon ausgekleidet war und im Bett lag, hörte sie noch lange, wie die Dienstboten unten aufräumten und die Großmutter zankte. Endlich wurde es still, und nur von Zeit zu Zeit ertönte unten aus Saschas Zimmer sein tiefes Husten.

II

Als Nadja erwachte, war es wohl gegen zwei Uhr; es begann zu dämmern. Irgendwo in der Ferne ertönte das Klopfen des Nachtwächters. Sie hatte keine Lust mehr zu schlafen, sie lag sehr weich, und das störte sie. Wie in all den vorangegangenen Mainächten setzte sich Nadja im Bett auf und begann zu grübeln. Doch ihre Gedanken waren genauso eintönig, unnütz und aufdringlich wie in den Nächten vorher. Sie dachte daran, wie Andrej Andrejitsch angefangen hatte, ihr den Hof zu machen; an seinen Heiratsantrag dachte sie und wie sie ihre Einwilligung gegeben und dann allmählich gelernt hatte, diesen guten, klugen Menschen zu schätzen. Warum aber empfand sie jetzt, wo bis zur Hochzeit nur noch ein knapper Monat blieb, Angst und Unruhe, als ob etwas Ungewisses, etwas Schweres sie erwartete?

»Tick-tock, tick-tock ...«, klopfte träge der Wächter. »Tick-tock ...«

Durch das große altmodische Fenster konnte man den Garten sehen und die üppig blühenden Fliederbüsche, die schläfrig und von der Kälte matt waren; ein dichter weißer Nebel schwebte sacht auf den Flieder zu, um ihn einzuhüllen. Auf den entfernt stehenden Bäumen schrien schläfrige Krähen.

»Mein Gott, warum ist mir so schwer, warum nur?« sagte sie zu sich.

Vielleicht fühlt jede Braut vor der Hochzeit das Gleiche. Wer weiß! Oder war das Saschas Einfluss? Aber Sascha sagte doch schon so viele Jahre hintereinander immer dasselbe wie nach der Schablone, und wenn er sprach, kam er einem so naiv und so seltsam vor. Doch warum ging ihr Sascha trotz alledem nicht aus dem Kopf? Warum?

Der Wächter hatte längst aufgehört zu klopfen. Vor dem Fenster und im Garten lärmten die Vögel, der Nebel war verschwunden, ringsum erstrahlte alles im Frühlingslicht wie von einem Lächeln. Bald hatte die Sonne den ganzen Garten freundlich erwärmt, er belebte sich, und die Tautropfen funkelten wie Diamanten auf den Blättern. Und der alte verwilderte Garten erschien an diesem Morgen so jung und schmuck.

Großmutter war schon aufgewacht. Saschas heiseres Husten ertönte wieder. Man hörte, wie unten der Samowar auf den Tisch gestellt und Stühle gerückt wurden.

Langsam vergingen die Stunden. Nadja war längst aufgestanden, lange schon ging sie im Garten spazieren, und noch immer nahm der Vormittag kein Ende.

Nina Iwanowna kam daher, verweint, mit einem Glas Mineralwasser. Sie beschäftigte sich mit Spiritismus, Homöopathie, las viel und liebte es, von den Zweifeln zu sprechen, die sie plagten; und all das, so schien es Nadja, hatte einen tiefen, geheimnisvollen Sinn. Jetzt küsste Nadja die Mutter und ging neben ihr her.

»Worüber hast du geweint, Mama?«, fragte sie.

»Ich habe gestern Abend noch angefangen, eine Geschichte zu lesen, in der von einem alten Mann und seiner Tochter die Rede ist. Der Alte arbeitet irgendwo, na, und da verliebt sich der Vorgesetzte in seine Tochter. Ich habe nicht zu Ende gelesen, aber da ist so eine Stelle, wo es einem schwer wird, die Tränen zurückzuhalten«, sagte Nina Iwanowna und nahm einen Schluck aus ihrem Glas. »Heute Morgen erinnerte ich mich daran und musste wieder weinen.«

»Und ich bin all diese Tage schon nicht froh«, sagte Nadja nach kurzem Schweigen. »Warum kann ich nachts nicht schlafen?«

»Das weiß ich nicht, meine Liebe. Wenn ich nachts nicht schlafen kann, dann mache ich die Augen ganz fest zu, so – und stelle mir Anna Karenina vor, wie sie geht und spricht, oder ich denke an irgendetwas Historisches, aus dem Altertum ...«

Nadja fühlte, dass die Mutter sie nicht verstand und auch nicht verstehen konnte. Sie fühlte das zum ersten Mal in ihrem Leben, und ihr wurde sogar angst, sie hätte sich verstecken mögen – und sie ging hinauf in ihr Zimmer.

Um zwei Uhr wurde Mittag gegessen. Es war Mittwoch, ein Fastentag; daher wurde der Großmutter Rübensuppe und Blei mit Grütze serviert.

Um die Großmutter zu necken, aß Sascha sowohl seine Fleischsuppe wie die Fastensuppe. Er scherzte die ganze Zeit, während sie aßen, doch seine Späße waren schwerfällig, leicht moralisierend, und es war gar nicht zum Lachen, wenn er vor einem Witz erst seine langen, dünnen Finger hob, die wie Totenfinger aussahen; und

Die Braut

wenn man bedachte, dass er sehr krank war und vielleicht nicht mehr lange auf dieser Welt zu leben hatte, konnten einem vor Mitleid die Tränen kommen.

Nach dem Essen begab sich Großmutter in ihrem Zimmer zur Ruhe. Nina Iwanowna spielte noch ein Weilchen Klavier und ging dann auch fort.

»Ach, liebe Nadja«, begann Sascha sein übliches Nachmittagsgespräch, »wenn Sie doch auf mich hören würden!«

Sie saß mit geschlossenen Augen in einem tiefen altmodischen Sessel, und er ging leise im Zimmer auf und ab, aus einer Ecke in die andere.

»Wenn Sie doch wegfahren wollten, um zu studieren!«, sagte er. »Nur gebildete und erhabene Menschen sind interessant, sie allein werden gebraucht. Denn je mehr solche Menschen es gibt, umso eher bricht das Reich Gottes auf Erden an. Von Ihrer Stadt wird einmal kein Stein auf dem anderen bleiben – das Oberste wird zuunterst gekehrt werden, alles wird wie durch einen Zauber verändert sein. Und hier werden dann riesige, wunderschöne Häuser stehen, herrliche Gärten mit Fontänen, und bemerkenswerte Menschen werden hier leben … Doch das ist nicht die Hauptsache. Die Hauptsache ist, dass es die ›Masse‹ in unserem Sinne, dieses Übel, nicht mehr geben wird. Denn jeder Mensch wird glauben, und jeder wird wissen, wozu er lebt, und keiner wird einen Halt in der Masse suchen. Meine Liebe, meine Gute, fahren Sie fort! Zeigen Sie allen, dass Sie dieses unbeweglichen, grauen, miserablen Lebens überdrüssig sind. Zeigen Sie es wenigstens sich selber!«

»Das geht nicht, Sascha. Ich heirate ja.«

»Ach, gehen Sie weg! Wozu ist das nütze?«

Die Braut

Sie traten hinaus in den Garten und gingen auf und ab.

»Und wie dem auch sei, meine Liebe, man muss sich da hineindenken, man muss begreifen, wie unsauber, wie unsittlich dieses müßige Leben ist«, fuhr Sascha fort. »Begreifen Sie doch: Wenn zum Beispiel Sie und Ihre Mutter und Ihre Großmutter nichts tun, so bedeutet dies, dass jemand anders für Sie arbeitet, dass Sie ein fremdes Leben aussaugen, und ist das etwa anständig, ist das nicht schmutzig?«

Nadja wollte sagen: Ja, es ist so; sie wollte sagen, sie habe begriffen; doch in ihre Augen traten Tränen, sie wurde plötzlich ganz still, duckte sich und lief schnell in ihr Zimmer hinauf.

Gegen Abend kam Andrej Andrejitsch und spielte wie gewöhnlich lange Geige. Er war nicht sehr gesprächig und liebte die Geige vielleicht deshalb, weil man während des Spiels schweigen konnte. Nach zehn Uhr, als er schon im Mantel war und gehen wollte, umarmte er Nadja und bedeckte ihr Gesicht, ihre Schultern und ihre Hände mit gierigen Küssen.

»Meine Liebe, meine Teure, meine Herrliche!«, murmelte er. »Oh, wie bin ich glücklich. Ich bin wahnsinnig vor Seligkeit!«

Und ihr schien, als habe sie das alles schon einmal vor langer, langer Zeit gehört oder als habe sie es irgendwo gelesen … in einem alten, zerlesenen, längst vergessenen Roman.

Im Saal saß Sascha am Tisch und trank Tee aus der Untertasse, die er auf seinen langen fünf Fingern balancierte. Die Großmutter legte eine Patience, Nina Iwanowna las. Die Flamme im Öllämpchen vor dem Heili-

Die Braut

genbild knisterte, und alles schien ruhig und wohlgeordnet. Nadja sagte gute Nacht und ging hinauf in ihr Zimmer, legte sich nieder und schlief sofort ein. Aber kaum dämmerte der Morgen, da war sie wie in der vergangenen Nacht wieder wach. Sie konnte nicht weiterschlafen, ihr Herz war schwer und unruhig. Den Kopf auf die Knie gelegt, saß sie und dachte an den Verlobten, an die Hochzeit ... Sie erinnerte sich, dass die Mutter ihren verstorbenen Mann nicht geliebt hatte, dass sie jetzt nichts besaß und in völliger Abhängigkeit von ihrer Schwiegermutter, der Babulja, lebte. Und so viel Nadja auch darüber nachdachte, sie konnte nicht begreifen, warum ihr die Mutter bis jetzt so ungewöhnlich vorgekommen war, warum sie nicht die einfache, alltägliche und unglückliche Frau in ihr bemerkt hatte.

Auch Sascha schlief nicht – man hörte ihn husten. Er ist ein merkwürdiger, naiver Mensch, dachte Nadja. In seinen Träumen, in all diesen märchenhaften Gärten und wunderbaren Fontänen spürte man etwas Ungereimtes; doch warum lag in all seiner Naivität, ja sogar in dieser Ungereimtheit so viel Schönheit, dass sie allein bei dem Gedanken, ob sie nicht doch wegfahren und studieren sollte, fühlte, wie ihr Herz von Freude und Begeisterung überflutet wurde, wie es ihre Brust durchschauerte.

»Aber lieber nicht daran denken, lieber nicht denken ...«, flüsterte sie. »Man muss nicht daran denken.«

»Tick-tock ...«, klopfte der Nachtwächter irgendwo in der Ferne. »Tick-tock ... tick-tock ...«

III

Mitte Juni fing Sascha plötzlich an, sich zu langweilen, und er machte Anstalten, nach Moskau zu fahren.

»Ich kann in dieser Stadt nicht leben«, sagte er düster. »Weder Wasserleitung noch Kanalisation! Mittags ekele ich mich vor dem Essen: In der Küche herrscht ein unmöglicher Schmutz ...«

»Nun warte doch noch etwas, du verlorener Sohn!«, redete ihm die Großmutter zu; aus irgendeinem Grund flüsterte sie. »Am Siebenten ist die Hochzeit!«

»Ich will nicht.«

»Du wolltest doch bis September bei uns bleiben!«

»Aber ich will nicht mehr. Ich muss arbeiten!«

Der Sommer war in diesem Jahr feucht und kalt, die Bäume waren nass, im Garten sah alles so trostlos und traurig aus, dass man wirklich Lust zum Arbeiten bekam. In den Zimmern oben und unten hörte man fremde weibliche Stimmen, Großmutters Nähmaschine ratterte: Man beeilte sich mit der Aussteuer. Nadja bekam allein sechs Pelzmäntel, von denen der billigste, wie Großmutter sagte, dreihundert Rubel kostete! Die Geschäftigkeit im Haus machte Sascha nervös; er saß in seinem Zimmer und war böse. Trotzdem überredete man ihn zum Bleiben, und er gab sein Wort, nicht vor dem 1. Juli abzureisen.

Die Zeit ging schnell dahin. Am Peter-und Pauls-Tag nach dem Mittagessen begab sich Andrej Andrejitsch mit Nadja in die Moskauer Straße, um noch einmal das Haus zu besichtigen, das schon lange für das junge Paar gemietet und in Ordnung gebracht worden war. Es war ein zweigeschossiges Gebäude, man hatte aber einstweilen nur die obere Etage eingerichtet. Im Saal standen Wiener Rohrstühle, ein Flügel und ein Geigenpult, der parkettartig gestrichene Fußboden glänzte. Es roch nach Farbe. An der Wand hing in goldenem Rahmen ein großes Ölbild: eine nackte Dame und neben ihr eine lila Vase mit abgebrochenem Henkel.

»Ein wunderbares Bild«, sagte Andrej Andrejitsch und seufzte ehrfurchtsvoll. »Es ist von dem Kunstmaler Schischmatschewski.«

Dann kam der Salon mit einem runden Tisch, einem Sofa nebst Sesseln, die mit leuchtend blauem Stoff bezogen waren. Über dem Sofa hing eine große Fotografie von Vater Andrej mit der hohen Kopfbedeckung der Weltgeistlichen und mit allen Orden. Danach betraten sie das Esszimmer, das ein Büfett hatte, dann das Schlafzimmer; hier standen im Halbdunkel nebeneinander zwei Betten, und es schien, als ob man bei der Einrichtung dieses Raumes daran gedacht hätte, dass es hier immer angenehm und schön sein würde und gar nicht anders sein könnte. Während Andrej Andrejitsch Nadja durch die Zimmer führte, hielt er sie die ganze Zeit um die Taille gefasst; sie jedoch fühlte sich schwach, schuldbewusst und hasste alle diese Zimmer, die Betten, die Sessel; die nackte Dame verursachte ihr Übelkeit. Ihr war jetzt klar, dass sie Andrej Andrejitsch nicht mehr liebte oder ihn vielleicht niemals geliebt hatte; doch wie sie das sagen sollte, wem und wozu, das wusste sie nicht, und sie konnte es auch nicht ergründen, obwohl sie all die Tage und Nächte darüber nachgedacht hatte ... Er hielt sie um die Taille gefasst, sprach so liebevoll, so bescheiden und war so glücklich,

Die Braut

während er durch diese seine Wohnung schritt; sie aber sah in all dem nichts als Banalität, alles kam ihr so dumm, naiv, so abgeschmackt vor, und sein Arm, der ihre Hüfte umschlang, erschien ihr hart und kalt wie ein Fassreifen. Sie hätte auf der Stelle davonlaufen, in Tränen ausbrechen, aus dem Fenster springen können. Andrej Andrejitsch führte sie in das Badezimmer, dort griff er an den Hahn in der Wand, und plötzlich floss Wasser heraus.

»Wie gefällt dir das?«, sagte er und lachte. »Ich habe auf dem Dachboden ein Bassin für hundert Eimer anbringen lassen, und nun werden wir beide Wasser haben.«

Sie schritten über den Hof und traten dann auf die Straße, wo sie eine Droschke nahmen. Dichte Staubwolken trieben dahin, und es schien, als würde es gleich anfangen zu regnen.

»Ist dir kalt?«, fragte Andrej Andrejitsch und kniff wegen des Staubs die Augen zusammen.

Sie schwieg.

»Weißt du noch, wie Sascha mir gestern zum Vorwurf machte, dass ich nichts tue?«, sagte er nach einer Weile. »Er hat recht, vollkommen recht! Ich tue nichts und kann nichts tun. Meine Teure, wie kommt das? Warum ist mir sogar der Gedanke widerwärtig, ich könnte mir eines Tages eine Kokarde an die Mütze heften und eine Stellung annehmen? Warum ist mir nicht wohl zumute, wenn ich einen Advokaten, einen Lateinlehrer oder einen Stadtverordneten sehe? O Mütterchen Russland, wie viel Müßiggänger und unnütze Menschen schleppst du mit dir herum! Wie viele gibt es, die so sind wie ich, du Leidgeprüfte!«

Die Braut

Die Tatsache, dass er nichts tat, verallgemeinerte er und sah darin ein Zeichen der Zeit.

»Wenn wir erst verheiratet sind«, fuhr er fort, »dann gehen wir zusammen aufs Land, meine Liebe, und arbeiten dort! Wir kaufen uns ein kleines Grundstück mit einem Garten am Fluss, wir werden arbeiten und das Leben beobachten ... Oh, wie schön wird das sein!«

Er nahm den Hut ab, und sein Haar flatterte im Wind, sie aber hörte ihm zu und dachte: Mein Gott! Ich möchte nach Hause! Kurz vor dem Haus fuhren sie an Vater Andrej vorüber.

»Da kommt ja auch der Vater!«, rief Andrej Andrejitsch erfreut und schwenkte den Hut. »Ich kann meinen lieben Alten gut leiden, wirklich«, sagte er, während er den Droschkenkutscher bezahlte. »Ein prächtiger Alter. Ein guter Alter.«

Zornig und erschöpft trat Nadja ins Haus; sie dachte daran, dass sie den ganzen Abend Gäste haben würden, man musste sich mit ihnen unterhalten, lächeln, dem Geigenspiel lauschen, allen möglichen Unsinn mit anhören und nur von der Hochzeit reden. Die Großmutter, majestätisch und prächtig in ihrem seidenen Kleid, hochmütig aussehend wie immer, wenn Besuch da war, saß vor dem Samowar. Mit seinem schlauen Lächeln um die Lippen kam Vater Andrej herein.

»Ich habe das Vergnügen und den gnadenreichen Trost, Sie bei guter Gesundheit anzutreffen«, sagte er zur Großmutter, und es war schwer zu erraten, ob er scherzte oder im Ernst sprach.

IV

Der Wind klopfte an die Fenster, aufs Dach, man hörte ihn pfeifen, und im Kamin sang der Hausgeist verdrießlich und klagend sein Liedchen. Es war in der Stunde nach Mitternacht. Im Haus waren alle zu Bett gegangen, doch niemand schlief, und Nadja kam es vor, als würde unten Geige gespielt. Ein heftiges Poltern ertönte, wahrscheinlich hatte sich ein Fensterladen losgerissen.

Eine Minute später erschien Nina Iwanowna, nur im Hemd, mit einem Licht.

»Was war das für ein Gepolter, Nadja?«, fragte sie.

Mit den zu einem Zopf geflochtenen Haaren und ihrem schüchternen Lächeln wirkte die Mutter in dieser stürmischen Nacht älter, hässlicher und kleiner. Nadja dachte daran, wie sie noch unlängst ihre Mutter für eine außergewöhnliche Frau gehalten und voll Stolz ihren Worten gelauscht hatte; jetzt konnte sie sich dieser Worte überhaupt nicht mehr erinnern; alles, was sie sich ins Gedächtnis zurückrufen konnte, war schwach und bedeutungslos.

Im Kamin brummten mehrere Bässe zugleich, und es hörte sich an wie: »Aaach mein Gooott!« Nadja setzte sich im Bett auf, und plötzlich fuhr sie sich in die Haare und brach in Schluchzen aus.

»Mama, Mama«, rief sie, »wenn du wüsstest, wie mir zumute ist! Ich bitte dich, ich flehe dich an, lass mich wegfahren! Ich beschwöre dich!«

»Wohin?«, fragte Nina Iwanowna verständnislos und setzte sich auf das Bett. »Wohin wegfahren?«

Die Braut

Nadja weinte lange und konnte kein Wort hervorbringen.

»Lass mich fahren, fort aus der Stadt!«, sagte sie schließlich. »Die Hochzeit soll nicht stattfinden – begreif doch! Ich liebe diesen Menschen nicht ... Ich kann nicht einmal von ihm sprechen.«

»Nein, mein Liebstes, nein.« Nina Iwanowna sprach hastig, sie war aufs höchste erschreckt. »Beruhige dich – daran ist nur deine schlechte Stimmung schuld. Das vergeht. Das kommt vor. Wahrscheinlich hast du dich mit Andrej gezankt; aber was sich liebt, das neckt sich.«

»Ach, geh, Mama, geh!«, schluchzte Nadja.

»Ja«, sagte Nina Iwanowna nach kurzem Schweigen. »Wie lang ist es her, da warst du ein Kind, ein kleines Mädchen, und jetzt bist du schon Braut. In der Natur geht ein ständiger Stoffwechsel vor sich. Und ehe du dichs versiehst, wirst du selbst Mutter und eine alte Frau sein und wirst eine ebenso widerspenstige Tochter haben wie ich.«

»Meine Liebe, meine Gute, du bist doch klug und bist unglücklich«, sagte Nadja. »Du bist so unglücklich – warum sagst du so abgeschmackte Dinge? Um Gottes willen, warum?«

Nina Iwanowna wollte noch etwas sagen, konnte jedoch kein Wort hervorbringen, schluchzte und ging in ihr Zimmer. Wieder dröhnten die Bässe im Kamin, es war zum Fürchten. Nadja sprang aus dem Bett und ging schnell zur Mutter. Nina Iwanowna lag mit verweintem Gesicht im Bett unter einer hellblauen Decke und hielt ein Buch in der Hand.

»Mama, hör mich an!«, sagte Nadja. »Ich beschwöre dich, überlege und begreife! Begreif doch nur, wie seicht und erniedrigend unser Leben ist. Mir sind die Augen aufgegangen, ich sehe jetzt alles. Und was ist denn dein Andrej Andrejitsch? Er ist doch nicht klug, Mama! Du lieber Gott! Begreifst du, Mama, er ist dumm!«

Nina Iwanowna richtete sich heftig auf.

»Du und deine Großmutter – ihr quält mich!«, sagte sie schluchzend. »Ich will leben! Leben!«, wiederholte sie und schlug sich zweimal mit der Faust an die Brust. »Gebt mir doch Freiheit! Ich bin noch jung, ich will leben, und ihr habt eine alte Frau aus mir gemacht …!«

Sie weinte bitterlich, legte sich nieder und rollte sich unter der Decke zusammen, da lag sie und sah so kläglich, klein und töricht aus. Nadja kehrte in ihr Zimmer zurück, kleidete sich an und erwartete, am Fenster sitzend, den Morgen. Die ganze Nacht saß sie und grübelte, draußen schlug jemand unaufhörlich an die Läden und pfiff dazu.

Am Morgen klagte die Großmutter, der Wind habe in der Nacht im Garten alle Äpfel heruntergeschlagen und einen alten Pflaumenbaum abgebrochen. Es war grau, trübe, trostlos, man hätte die Lampe anzünden mögen; alle klagten über die Kälte, und der Regen klatschte an die Fenster. Nach dem Tee ging Nadja zu Sascha; ohne ein Wort zu sagen, kniete sie in der Ecke bei einem Sessel nieder und bedeckte das Gesicht mit den Händen.

»Was ist denn?«, fragte Sascha.

»Ich kann nicht mehr …«, sagte sie. »Wie konnte ich hier früher leben, ich begreife es nicht, es ist mir unfasslich! Meinen Verlobten verachte ich … ich verachte mich selbst, verachte dieses ganze müßige, sinnlose Dasein.«

»Nun, nun …«, meinte Sascha, der noch nicht begriff, worum es ging. »Das macht nichts … Das ist gut so.«

»Ich bin dieses Lebens überdrüssig«, fuhr Nadja fort, »ich halte es hier keinen Tag länger aus. Morgen fahre ich weg von hier. Nehmen Sie mich mit, um Himmels willen!«

Sascha schaute sie eine Minute lang erstaunt an; endlich hatte er verstanden, und er freute sich wie ein Kind. Er schwenkte die Arme und begann mit seinen Pantoffeln aufzustampfen, als wollte er einen Freudentanz aufführen.

»Großartig!«, rief er und rieb sich die Hände. »Gott, wie ist das herrlich!«

Und sie blickte ihn unverwandt mit großen, verliebten Augen wie verzaubert an und meinte, dass er ihr sogleich etwas Bedeutsames, unermesslich Wichtiges sagen würde; er hatte ihr noch nichts gesagt, doch ihr schien es bereits, als öffnete sich vor ihr etwas Neues und Weites, etwas, das sie früher nicht gekannt hatte, und sie schaute ihn jetzt voller Erwartung an, zu allem bereit, und sei es der Tod.

»Morgen reise ich«, sagte er nach kurzem Nachdenken, »Sie begleiten mich zum Bahnhof. Ich nehme Ihr Gepäck in meinen Koffer und löse Ihnen eine Fahrkarte; sobald das dritte Glockenzeichen ertönt, steigen Sie ein – und wir fahren los. Sie begleiten mich bis Moskau, von da fahren Sie allein weiter nach Petersburg. Haben Sie einen Pass?«

»Ja.«

»Ich schwöre Ihnen, Sie werden es nicht bedauern und nicht bereuen«, sagte Sascha hingerissen. »Sie fahren weg, Sie werden studieren, und weiter lassen Sie sich von Ihrem Schicksal führen. Sobald Sie Ihr Leben umgekrempelt haben, wird alles anders. Die Hauptsache ist, das Leben umzugestalten, alles andere ist unwichtig. Also, reisen wir morgen?«

»Ja, ja! Um Himmels willen!«

Nadja meinte, sie wäre sehr aufgeregt, ihr Herz wäre noch nie so schwer gewesen, sie müsste nun bis zur Abreise leiden und sich mit marternden Gedanken quälen; doch kaum war sie in ihr Zimmer zurückgekehrt und hatte sich auf ihr Bett gelegt, da schlummerte sie schon ein und lag mit verweintem Gesicht und lächelnd bis zum Abend in festem Schlaf.

V

Man schickte nach einer Droschke. Nadja, schon in Hut und Mantel, ging hinauf, um noch einmal einen Blick auf ihre Mutter und auf all ihr Eigentum zu werfen, sie stand in ihrem Zimmer vor dem Bett, das noch warm war, und schaute sich um, dann ging sie leise zur Mutter. Nina Iwanowna schlief, es war still im Raum. Nadja küsste die Mutter und strich ihr übers Haar, sie blieb noch zwei Minuten stehen ... Dann kehrte sie langsam in das untere Stockwerk zurück.

Draußen regnete es stark. Die Droschke stand mit hochgeklapptem Verdeck und ganz nass vor der Haustür.

»Für dich bleibt kein Platz, Nadja«, sagte die Großmutter, als die Magd die Koffer hineinstellte. »Und was treibt dich bloß bei diesem Wetter auf den Bahnhof? Du solltest zu Hause bleiben. Sieh doch nur, wie es regnet!«

Nadja wollte etwas sagen und konnte nicht. Sascha half ihr jetzt in den Wagen und bedeckte ihre Knie mit einem Plaid. Und da saß er auch schon neben ihr.

»Glückliche Reise! Der Herr segne dich!«, rief die Großmutter von der Treppe her. »Schreib uns aus Moskau, Sascha!«

»Ist recht. Leben Sie wohl, Babulja!«

»Die Himmelskönigin behüte dich!«

»Ist das ein Wetterchen!«, sagte Sascha.

Erst jetzt weinte Nadja. Erst jetzt war ihr klar, dass sie ganz gewiss wegfuhr; als sie vor ihrer Mutter gestanden und sich von der Großmutter verabschiedet hatte, da hatte sie es noch nicht glauben wollen. Leb wohl, meine Stadt! Und sie dachte plötzlich an alle: an Andrej und seinen Vater, an die neue Wohnung und an die nackte Dame mit der Vase; all das schreckte und bedrückte sie schon nicht mehr, es war alles so dumm und kleinlich und blieb immer weiter und weiter hinter ihr zurück. Und als sie im Abteil saßen und der Zug sich in Bewegung setzte, da schrumpfte das Vergangene, das ihr so groß und ernst vorgekommen war, zu einem Klümpchen zusammen, und die unfassbar große, weite Zukunft, die bis dahin kaum zu erkennen gewesen war, tat sich auf. Der Regen trommelte gegen die Wagenfenster, man sah nichts als grüne Felder, Telegrafenmasten flogen vorüber mit Vögeln auf den Drähten, und die Freude benahm ihr plötzlich den Atem: Sie dachte daran, dass sie in die Freiheit fuhr, dass sie studieren würde, und das war eigentlich dasselbe, was man früher »zu den Kosaken gehen« nannte. Und sie lachte und weinte und betete.

»Macht nichts!«, sagte Sascha schmunzelnd. »Macht nichts!«

VI

Der Herbst verging und der Winter auch. Nadja hatte schon heftiges Heimweh und dachte jeden Tag an die Mutter und an die Großmutter, sie dachte auch an Sascha. Die Briefe, die von daheim kamen, klangen beruhigend und liebevoll; es schien alles vergeben und vergessen zu sein. Im Mai, nach den Prüfungen, fuhr sie gesund und fröhlich nach Hause; unterwegs stieg sie in Moskau aus, um Sascha zu besuchen. Er war noch ganz der alte, wie im vergangenen Sommer: mit seinem dichten Bart, den zerzausten Haaren und den großen, schönen Augen, und er trug noch denselben Rock und dieselben Beinkleider aus Segeltuch; doch er sah krank, erschöpft, gealtert aus und war magerer geworden und hustete ständig. Und Nadja erschien er irgendwie unansehnlich und provinziell.

»Mein Gott, Nadja ist gekommen!«, sagte er und lachte fröhlich. »Meine Liebe, mein Herzchen!«

Sie saßen in der lithographischen Werkstatt, wo es dunstig vom Tabakrauch war und zum Ersticken nach Tusche und Farben roch; dann gingen sie in sein Zimmer, auch das war vollgeraucht und vollgespuckt. Auf dem Tisch neben dem erkalteten Samowar stand ein zerbrochener Teller mit einem dunklen Stück Papier darauf; auf dem Tisch und auf dem Fußboden lagen eine Unmenge toter Fliegen. An alledem konnte man erkennen, dass Sascha sein persönliches Leben vernachlässigte, er lebte, wie es gerade kam, voll Verachtung gegenüber allen Bequemlichkeiten, und hätte jemand mit ihm von seinem persönlichen Glück, seinem persönlichen Leben, von Liebe zu ihm gesprochen, dann hätte er nichts begriffen und nur gelacht.

»Es geht, es ist alles gutgegangen«, erzählte Nadja in Eile. »Im Herbst hat Mama mich in Petersburg besucht, sie sagte, die Großmutter sei mir nicht böse, sie gehe nur immer in mein Zimmer und bekreuze die Wände.«

Sascha blickte fröhlich drein, hustete aber und sprach mit brüchiger Stimme, und Nadja betrachtete ihn ständig und war sich nicht klar, ob er wirklich schwer krank war oder ob es ihr nur so schien.

»Sascha, mein Lieber«, sagte sie, »Sie sind doch krank.«

»Nein, es ist nicht schlimm. Ich bin krank, aber nicht sehr ...«

»Ach, mein Gott!« Nadja wurde ganz aufgeregt. »Warum lassen Sie sich nicht behandeln, warum achten Sie nicht auf Ihre Gesundheit? Mein lieber, teurer Sascha«, sagte sie, und die Tränen stürzten ihr aus den Augen; und sie sah mit einem Mal Andrej Andrejitsch vor sich und die nackte Dame mit der Vase und ihre ganze Vergangenheit, die wie ihre Kindheit in weite Ferne gerückt war; und sie weinte, weil Sascha ihr schon nicht mehr so neu, intelligent und interessant erschien wie im vergangenen Jahr. »Lieber Sascha, Sie sind sehr, sehr krank. Ich würde wer weiß was tun, damit Sie nicht so blass und schmal aussehen. Ich bin Ihnen so verpflichtet! Sie können sich gar nicht vorstellen, wie viel Sie für mich getan haben, mein guter Sascha! Eigentlich sind Sie für mich jetzt der allernächste, allerliebste Mensch.«

Sie saßen und sprachen miteinander; jetzt, nachdem Nadja einen Winter in Petersburg verbracht hatte, kamen ihr Sascha, seine Worte, sein Lächeln und seine ganze

Gestalt wie etwas Abgelebtes, Altmodisches, längst Vergangenes und vielleicht schon zu Grabe Getragenes vor.

»Übermorgen fahre ich an die Wolga«, sagte Sascha, »und von da zur Kumys-Kur. Ich will Kumys trinken. Zusammen mit mir fahren ein Freund und seine Frau. Die Frau ist ein wunderbarer Mensch; ich versuche ständig, sie zum Studium zu überreden. Ich möchte, dass sie ihr Leben umkrempelt.«

Als sie sich ausgesprochen hatten, fuhren sie zum Bahnhof. Sascha lud sie zum Tee ein und schenkte ihr Äpfel. Und als der Zug abfuhr und er lächelnd mit dem Taschentuch winkte, da sah man es sogar seinen Beinen an, dass er sehr krank war und wohl kaum mehr lange zu leben hatte.

Ihre Heimatstadt erreichte Nadja um die Mittagsstunde. Auf der Fahrt vom Bahnhof nach Hause erschienen ihr die Straßen sehr breit und die Häuser klein und geduckt; man sah keine Menschen, nur der deutsche Klavierstimmer in seinem rostfarbenen Mantel begegnete ihr. Und zu Hause war alles wie mit Staub bedeckt. Die Großmutter, schon ganz alt geworden, doch wie früher dick und hässlich, umarmte Nadja und weinte lange, das Gesicht an ihre Schulter geschmiegt; sie konnte sich gar nicht losreißen. Nina Iwanowna sah auch sehr viel älter und nicht mehr hübsch aus, sie schien zusammengeschrumpft, doch sie war wie früher geschnürt, und an ihren Fingern blitzten Brillanten.

»Meine Liebe!«, sagte sie, am ganzen Leibe bebend. »Meine Liebe!«

Danach saßen sie beisammen und weinten leise. Sowohl die Großmutter wie die Mutter fühlten deutlich, dass das Vergangene für immer und unwiderruflich dahin war; verloren die Stellung in der Gesellschaft, das frühere Ansehen und das Recht, Gäste einzuladen; so ist es, wenn in das leichte, sorglose Leben einer Familie plötzlich nachts die Polizei eindringt, eine Haussuchung vornimmt, und es stellt sich heraus, der Hausherr hat Fälschungen und Veruntreuungen begangen – dann leb wohl, leichtes, sorgloses Leben!

Nadja ging hinauf und erblickte dasselbe Bett, dieselben Fenster mit den schlichten weißen Vorhängen, und hinter den Scheiben denselben von der Sonne überfluteten, fröhlich rauschenden Garten. Sie berührte ihren Tisch und saß ein Weilchen nachdenklich da. Sie aß gut zu Mittag, trank Tee mit wohlschmeckender fetter Sahne, aber irgendetwas fehlte, sie fühlte eine Leere in den Räumen, und die Decken waren so niedrig. Am Abend legte sie sich schlafen, deckte sich zu, und es kam ihr komisch vor, dass sie in diesem warmen, sehr weichen Bett lag.

Nina Iwanowna kam für einen Augenblick und setzte sich schüchtern und vorsichtig zu ihr, als wäre sie sich einer Schuld bewusst.

»Nun, wie ist es, Nadja?«, fragte sie nach kurzem Schweigen. »Bist du zufrieden? Sehr zufrieden?«

»Ja, Mama.«

Nina Iwanowna erhob sich und machte das Zeichen des Kreuzes über Nadja und über die Fenster.

»Und ich bin, wie du siehst, religiös geworden«, sagte sie. »Weißt du, ich beschäftige mich jetzt mit Philosophie und denke immerzu nach ... Und vieles ist mir jetzt klar wie der Tag geworden. Vor allen Dingen, so scheint es mir, sollte man das Leben wie durch ein Prisma sehen.«

»Sag, Mama, wie steht es mit Großmutters Gesundheit?«

»Sie scheint sich nicht schlecht zu fühlen. Als du damals mit Sascha fortgefahren warst und als dein Telegramm kam, da fiel Großmutter einfach um, nachdem sie es gelesen hatte; drei Tage lag sie, ohne sich zu rühren. Dann betete und weinte sie viel. Aber jetzt geht es wieder.«

Sie stand auf und ging im Zimmer hin und her.

»Tick-tock ...«, ertönte das Klopfen des Wächters. »Tick-tock, tick-tock ...«

»Vor allen Dingen sollte man das Leben wie durch ein Prisma sehen«, sagte sie, »das heißt mit anderen Worten, man sollte es im Bewusstsein in die einfachsten Elemente zerlegen, etwa wie in die sieben Grundfarben, und jedes Element müsste einzeln untersucht werden.«

Was Nina Iwanowna noch sagte und wann sie ging, hörte Nadja nicht mehr, denn sie schlief sehr bald ein.

Der Mai verging, es kam der Juni. Nadja hatte sich zu Hause schon eingewöhnt. Die Großmutter beschäftigte sich ständig mit dem Samowar und seufzte tief; Nina Iwanowna erzählte abends von ihrer Philosophie; sie aß noch immer das Gnadenbrot im Hause und musste sich wegen jedem Groschen an die Großmutter wenden. Es gab viele Fliegen, und die Decken in den Zimmern schienen immer niedriger und niedriger zu werden.

Babulja und Nina Iwanowna vermieden es, auf die Straße zu gehen, aus Angst, sie könnten Vater Andrej oder Andrej Andrejitsch begegnen. Nadja ging immer wieder durch den Garten, durch die Straßen, schaute auf die Häuser, die grauen Zäune, und ihr schien, als ob alles

Die Braut

in der Stadt schon lange alt geworden und abgelebt sei und nur noch warte: auf das Ende oder einen neuen, frischen Anfang. Oh, wenn es doch bald käme, dieses neue, lichte Leben, wo man gerade und kühn seinem Schicksal ins Auge sehen, sein Recht fühlen, fröhlich und frei sein wird! Früher oder später wird dieses Leben kommen! Es wird eine Zeit geben, in der von Großmutters Haus, wo alles so eingerichtet ist, dass vier Dienstboten nicht anders als im Kellergeschoss, in einem Raum, in Unsauberkeit leben können, keine Spur mehr übrig bleibt, eine Zeit, in der man es vergessen haben und niemand sich seiner mehr erinnern wird. Nadja amüsierte sich nur über die Jungen vom Nachbarhof, die, wenn sie im Garten spazieren ging, an den Zaun schlugen, lachten und sie neckten.

»Die Braut! Da geht die Braut!«

Aus Saratow kam ein Brief von Sascha. In seiner fröhlichen, tanzenden Handschrift schrieb er, dass die Fahrt auf der Wolga sehr schön gewesen, dass er jedoch in Saratow ein bisschen krank geworden sei, die Stimme verloren habe und schon zwei Wochen im Krankenhaus liege. Sie begriff, was das bedeutete, und ein Vorgefühl, fast wie eine Gewissheit, bemächtigte sich ihrer. Es war ihr unangenehm, dass dieses Vorgefühl und die Gedanken an Sascha sie nicht mehr so erregten wie früher. Sie hatte den leidenschaftlichen Wunsch zu leben, sie wollte nach Petersburg, und ihre Bekanntschaft mit Sascha erschien ihr nur noch als eine liebe Erinnerung aus ferner, ferner Vergangenheit. Sie schlief die ganze Nacht nicht und saß am nächsten Morgen lauschend am Fenster. Und wirklich, unten ertönten Stimmen; aufgeregt und hastig fragte die Großmutter. Darauf schluchzte jemand ... Als Nadja herunterkam, stand Großmutter in der Ecke und betete, und ihr Gesicht war verweint. Auf dem Tisch lag ein Telegramm.

Lange ging Nadja im Zimmer auf und ab und horchte, wie Großmutter weinte, dann nahm sie das Telegramm und las. Darin stand, dass Alexander Timofejitsch oder einfach Sascha gestern Morgen in Saratow an der Schwindsucht gestorben sei.

Großmutter und Nina Iwanowna gingen in die Kirche, um eine Seelenmesse zu bestellen; Nadja schritt noch lange durch die Zimmer und grübelte. Deutlich erkannte sie, dass ihr Leben umgekrempelt war, wie Sascha es gewollt hatte, dass sie hier einsam, fremd und überflüssig war, dass sie das alles hier nicht brauchte, dass alles Vergangene von ihr losgerissen und entschwunden war, als ob es verbrannt und die Asche in alle Winde verstreut worden wäre. Sie ging in Saschas Zimmer und stand dort eine Weile.

Leb wohl, lieber Sascha! dachte sie, und vor ihrem inneren Auge sah sie ein neues, weites, kühnes Leben, und dieses Leben, noch unklar und voller Geheimnisse, lockte sie und riss sie mit sich fort.

Sie stieg hinauf in ihr Zimmer, um zu packen; am anderen Morgen nahm sie lebhaft und fröhlich Abschied von den Ihren und verließ die Stadt – wie sie annahm, für immer.

Erzählungen wie Sand am Meer

Gabriele Wohmann

Mit einem Lieblings-Zitat, einem Tschechow-Stoßseufzer, habe ich nicht auf die Bitte um dieses Nachwort reagiert: »Keine Zeit und zu faul.« Bei Tschechow bin ich gezwungen, nicht faul zu sein. Tschechow, der Hunderte von Briefen und Geschichten schrieb, außerdem Theaterstücke, Tagebücher (mehr Tagesprotokolle, also nichts Indiskretes für Voyeure), beklagte sich: »Keine Themen.« Das sogenannte Faulsein, den Müßiggang konnte er nicht genießen, bei ihm ist das »ein Gehen von einer Zimmerecke in die andere«, immer mit dem Lebensgefühl: »Ich führe ein vorwiegend vegetatives Leben, ständig vergiftet von dem Gedanken, dass ich schreiben muss, ewig schreiben.« Das sollte sich aber nicht nur bitter anhören, immer muss Tschechows Sinn für das Tragikomische durchschimmern, so wie es auch diese kleine Auswahl aus dem Mammut-Prosawerk beweist. Pur grimmig war Tschechow nur, wenn es um Kritiken und sonstige Sekundärliteratur ging: Nichts als Bagatellen schreibe er, wurde ihm vorgeworfen. Allerdings blieb er sich selber sein ganzes Werk hindurch in seinem kurzen Leben zum Verwechseln ähnlich, und ich finde, gerade das ist gut so. Selbstverständlich sind ihm die noch heute üblichen törichten Belehrungen, die untauglichen Ratschläge nicht erspart geblieben. Die grundsätzliche Ähnlichkeit, die seine Stücke mit den Geschichten und diese miteinander verwandt macht und beglaubigt, wird von ihm befürwortet und verteidigt: »Wenn man in seinen Werken an sich selber erinnert, dann soll das sogar so sein.« Konsequent hat er sich immer wieder gegen das Verfassen von Rezensionen oder Essayistischem gewehrt und dagegengehalten: »Ich habe Erzählungen wie Sand am Meer.«

Schön, wie viel Verlass auf eine ganz bestimmte Erzählweise Tschechows ist. Schöne Wiederholungen. Im Merkmalhaften kennzeichnet er Personen und Schauplätze, mit wenigen Skizzierungen eröffnet er großräumige Szenarien, und es wird Sommer mitten im Winter, wenn ich eine tschechowsche Menschengruppe durch einen tschechowschen Obstgarten begleite, Winter mitten im Sommer bei Kutschierfahrten durch Nebel und Schnee. Vom Anfang bis zum offenen Schluss ist immer die Phantasie zu Ergänzungen eingeladen. Skeptizismus und Ironie als existenzielle Schreibeigenschaften verhindern hermetische Zustände, und in keiner dieser kleinen Welten tschechowscher Geschichten werden endgültige Antworten gegeben und philosophische Lösungen vorgetäuscht.

Diese Verlässlichkeit des Ähnlichen führte natürlich bei den Zeitgenossen zu dem Irrtum, es handle sich nicht um Selbstbewusstsein und um Treue zum individuellen Genie, sondern um Begrenzung; diese Unbeirrbarkeit wurde mit Stillstand verwechselt. Die Fülle Aberhunderter Einzelsujets innerhalb einer engen Zusammengehörigkeit der Figuren und ihrer Handlungs- und Gemütsspielräume offenbart doch nur Tschechows Instinktsicherheit und sein Zutrauen zu sich selbst als der einzig wegweisenden Instanz. Auf seine originale Geisteswelt verließ er sich, wodurch er freilich niemals

Nachwort

modisch werden konnte, nachträglich kann man sagen: musste. Nein, er erlebte es nicht, in größerem Umfang erfolgreich zu sein, von der Kritik angemessen gewürdigt oder gar »verstanden« zu werden. Bis in unsere Gegenwart ist er zwar als Dramatiker beliebt-berühmt, wird viel und meistens verunstaltend aufgeführt, aber kaum gelesen, und überhaupt nicht populär ist er als Prosaschreiber. Tschechow war zu intelligent, um sich wegen dieser Unterschätztheit bei Leidensgefühlen aufzuhalten. Zusätzlich zu den notorisch-chronisch seine Arbeit begleitenden Belästigungen durch die Zensur hat er stupide Einwände, törichte Vorwürfe hören müssen; über Bagatellen schreibe und schreibe er, nichts Universales lasse er durchblicken und keine Tendenz erkennen, unpolitisch und ohne Botschaft und Vorschlag an die Lesemenschheit publiziere er und demnach ohne die erwünschte Weltverbesserungsabsicht. Kein Wunder, dass er jeglicher Sekundärliteratur und an erster Stelle den Rezensionen Misstrauen und Verachtung entgegenbrachte. Theorievollstreckungs-Langeweile.

Überhaupt: Langeweile! Mit ihr kannte dieser »Vielschreiber« sich aus, er fürchtete sie jeden Tag, und keiner schildert genauer Menschen, denen die Sehnsucht, sich nicht zu langweilen, schwer und lebensbelastend zusetzt. Diese tschechowsche Lebenslaune drückt ja auch der Stoßseufzer »Keine Zeit und zu faul« aus. Was finden wir immer wieder vor? Menschen, die warten, vordergründig auf ein Mittagessen, auf einen Wetterwechsel, auf ein nicht vorhersehbares Ende der Langeweile. Hintergründig und hauptsächlich auf etwas, das grundsätzlich empfindsamen Lebewesen in ihrer schwer erträglichen Lage einen Fingerzeig geben könnte. Ein

Stillstand führt sich vor, und in der Stille bebt und bangt und zaudert es in denen, die ihr stagnierendes Leben kaum mehr aushalten können. Ruhe herrscht, aber gleichzeitig ist auf Tschechows Szenen ein jeder unruhig.

Tschechow ist einer der extrem wenigen Schriftsteller, die sich bei Frauenporträts nicht irren, und oft sind es bei ihm die Frauen, aus deren Blickwinkel das tschechowtypische Existenzgefühl anschaulich wird. Sie »tragen ihr Leben wie eine Schleppe hinter sich her«, fühlen sich »wie vor Urzeiten geboren«, eigentlich längst gestorben. Sie formulieren das Schweregefühl, diese langatmige Lebensmüdigkeit, aber ohne Härte, nicht bitter, nur ratlos. Keine Larmoyanz, die hebt sich im Kunstgriff zum Tragikomischen auf. Die bewunderte Schauspielerin Arkadina sagt: »Ach, was kann langweiliger sein als diese liebe ländliche Langeweile! Es ist heiß, still, niemand tut etwas, alle philosophieren ...« Fast heiter dringt dieser Spürsinn für die Gefahren, die Überdruss, Melancholie, Vergeudung mit sich bringen, durch die gemeinsame Anstrengung von Tschechows Figuren, in der Stagnation halbe Schritte weiterzukommen, und geschähe es nur mit Hilfe eines Seufzers, eines kurzen Aufbegehrens.

Denn den plötzlichen Wechsel zum Guten hin gibt es nicht. Und keinen Deus ex Machina, der die prinzipielle Änderung herbeiführt. »Sich dem Bösen widersetzen ist unmöglich, sich dem Guten widersetzen kann man.« Diese Eintragung ins tagebuchartige Notizheft enthält viel von der schmerzlich-ironischen Einsicht in den Charakter der Menschen, die er in den Erzählungen und ebenso in den Dramen, die er lieber »Komödien«

Nachwort

nannte, kenntnisreich erfand, gespeist von den durch nichts zu bestechenden Offenbarungen seines sehr genauen Zuschauens und Zuhörens.

Was ereignet sich auf Tschechows kleinen Erzählbühnen? Sarkastische Menschen reizen mit ihren Exkursen sanfte und zärtliche Frauen, die sich nach »guten Gedanken« und den großen Gefühlen sehnen. Witzbolde und Opportunisten diskutieren: vielleicht über die Abwesenheit des Geldes, der Freiheit für den Menschen, über die Schlampigkeiten der Bürokratie oder über die Imbisshäppchen und die einzig korrekte Weise, mit der die »Sakuski« gereicht werden, diese bedenkenswerte Beikost zum Wodka. Einer wird unter ihnen allen sein, ein Arzt, ein Schriftsteller, ein Sonderling, der Besseres und Vernünftigeres für die Menschheit bezweckt. Die Lässigkeit, das Trinken, das Zeitvergehenlassen und Schuldenmachen, das Abwarten, die Charakterschwächen und die Sehnsucht, aufzuatmen in eine plötzliche Offenheit und Schönheit – diese Gemütswolken ziehen sich auch über dem einen optimistischeren Pessimisten zusammen, und wieder bewegen sich, so glücklich sie eben können, müßige und ermüdete Menschen zwischen gedeckten Tischen und Blumenrabatten und Musikinstrumenten hin und her, und sie sprechen auch oft vom Wetter. Die Hitze oder die Kälte, ein Sturm: Etwas vom Wettergeschehen bedrückt sie, es lastet, lasst einen Wechsel erhoffen. Damit passt es auf seine Weise zum Stagnations-Lebensgefühl, zur Sehnsucht nach Erlösung. Ein Gewitter wird ersehnt und zieht vielleicht gegen Abend auf, der Wind ist unheimlich und kann und kann sich nicht legen, und meistens ist es höchste Zeit für ein Gespräch darüber, wie schön die

Nachwort

Natur eigentlich sein könnte und früher irgendwann auch war oder als wohltuend empfunden wurde – oder was war das, das einmal froher und mutiger machte und wohin keiner zurückfindet: in bessere Gefühle, in Reinheit der Herzen, Größe und Entschlossenheit der Gedanken? Und wie stellvertretend reden diese Personen weiter über das Wetter und über die Wichtigkeit der Wälder. Dauerndes Unglücklichsein schwächt und lähmt sie. Große Vorhaben – Torf zu stechen, Wälder zu retten, sich der Kunst zuzuwenden – scheitern an Unschlüssigkeiten, an der Trägheit, dem Pessimismus. Die eigene Kleinlichkeit strengt an.

»Schön ist nur, was ernst ist.« In der Verteidigung der Ernsthaftigkeit trumpft keinerlei feierliche Bitterkeit auf. Dafür sorgt der Zusammenhang des Widersprüchlichen, die Ironie. Tschechow ist nie ein Belehrender. »Der Kluge lernt, der Dumme erteilt gern Belehrungen.« Tschechows Menschen äußern Daseins-Gram, auch Grämlichkeiten – andere Figuren sind stets zur Stelle, um eine humoristische Arabeske daranzuknüpfen. Bei Tschechow kann man immer lächeln wie beim Hören von »eigentlich« trauriger Musik. Ich muss an Schubert denken. Es gibt da eine Ähnlichkeit, und die hat mit Zurückhaltung zu tun bei starken Effekten. Keine Fortissimi, kein schwerfälliger Tritt aufs Pedal, hier wie dort. Die Wahrheit wird mit kurzen glücklichen Erhellungen im Bewusstsein aufgeblendet. Um Epiphanien wie bei James Joyce handelt es sich im Werk von Tschechow schon: Bis in seine Brief- und Tagebuchprosa hinein scheinen sie auf.

Wie es sich für einen Schriftsteller gehört, gab Tschechow in seinem Werk offener über sich selbst Auskunft als in Briefen und Tagebuchvermerken. Sogenannte Selbstaussagen konnte er nicht ausstehen, aber immer wieder erkor er Schriftsteller zu seinen Protagonisten, und die lässt er gründlich sich beschweren. »Was ist daran [am Schreiben] schon besonders schön? ... Tag und Nacht beherrscht mich der aufdringliche Gedanke: Ich muss schreiben, ich muss ... Kaum bin ich mit einer Novelle fertig, muss ich aus irgendeinem Grunde schon die nächste schreiben ... Was ist daran schon herrlich ... Oh, was ist das für ein ödes Leben!« Und dieser Ödnis verdanken wir die »Erzählungen wie Sand am Meer«, für die diese Auswahl aus dem Mammutwerk werben will.

Biographische Notiz

Anton Tschechow wird am 29.1.1860 als Sohn eines kleinen Händlers in der südrussischen Hafenstadt Taganrog geboren. Er studiert Medizin in Moskau, wohin inzwischen auch seine Familie übergesiedelt ist. Um Geld für ihre immer knappe Kasse zu verdienen, schreibt er unter verschiedenen Pseudonymen humoristische Geschichten, mit denen er sich schon bald einen Namen macht. 1890 unternimmt der bereits lungenkranke Tschechow eine Reise auf die Sträflingsinsel Sachalin, um von den Lebensbedingungen der Ausgegrenzten im Zarenreich zu berichten. (*Die Insel Sachalin*, 1893/94). 1891 reist er, begleitet von seinem Verleger Suworin, durch Europa. 1892 erwirbt er in Melichowo bei Moskau ein Landgut, wo er bis 1899 als Landarzt und Schriftsteller lebt. Dann zwingt ihn seine Lungentuberkulose, nach Jalta überzusiedeln. Dort entstehen – nach den Dramen *Die Möwe* und *Onkel Wanja* – *Drei Schwestern* und *Der Kirschgarten*, dort begegnet er Maxim Gorki, Iwan Bunin und Lew Tolstoi. 1901 heiratet er Olga Knipper, eine Schauspielerin deutscher Abstammung, die oft die Titelrollen in seinen Stücken auf der Bühne des Moskauer Künstlertheaters spielt. Tschechow lebt weiterhin in Jalta, während seine Frau meist in Moskau weilt. 1904 reist das Ehepaar wegen seiner Krankheit nach Deutschland, wo Tschechow am 15.7.1904 in Badenweiler stirbt.

Anmerkungen

7 »*Glocken von Corneville*« – Komische Oper des französischen Komponisten Robert Planquette (1848–1903).

17 *Adelsmarschall* – Vorsitzender der Adelsversammlung, der Interessenvertretung des russischen Erbadels gegenüber der staatlichen Verwaltung.

Semstwo – Die Semstwos waren von 1864 bis 1917 die Organe der Selbstverwaltung in den Kreisen und Gouvernements Zentralrusslands; sie befassten sich vorwiegend mit Maßnahmen zur Entwicklung von Landwirtschaft, Handel und Industrie sowie zur Hebung der Volksbildung und der Volksgesundheit. Die führende Rolle in den Semstwos spielten die liberalen Gutsbesitzer und die Bourgeoisie.

18 *Totengericht* – Ein Gericht aus Graupen oder Reis mit Honig und Rosinen, das bei einer Totenfeier zum Segnen in die Kirche gebracht wird.

23 »*Ukrainische Nacht*« – Bild des russischen Malers Archip Kuindschi (1842–1910).

24 *tenore di grazia* – (ital.) lyrischer Tenor.

Anmerkungen

25 *Tamberlik* – Enrico Tamberlik (1820–1889), italienischer Tenor.

32 *Botkin* – Sergej Petrowitsch Botkin (1832–1889), russischer Arzt.

43 *spina scapulae* – (lat.) Schulterblattgräte.

71 *Königin Tamara* – (1184–1213), Königin von Georgien. Im Text wird offenbar auf die Darstellung der Tamara in Michail Lermontows gleichnamigem Gedicht angespielt: Der Geist Tamaras lockt im Kaukasus vorüberziehende Wanderer in eine Schlossruine.

91 *Butterwoche* – Die erste Woche der großen Osterfasten, entspricht unserer Fastnachtswoche; wurde so genannt, weil das Fleischessen schon verboten, der Genuss von Butter, Milch und Eiern jedoch noch erlaubt war.

112 *maître d'hôtel* – (franz.) Haushofmeister.

113 *société* – (franz.) Gesellschaft.

124 *Masini* – Angelo Masini (1844–1926), italienischer Tenor.

129 *Polenow* – Wassili Dmitrijewitsch Polenow (1844 bis 1927), russischer Maler.

Anmerkungen

134 *nature morte* – (franz.) Stillleben.

135 *Barnay* – Ludwig Barnay (1842–1924), deutscher Schauspieler; gastierte häufig im Ausland.

136 *den gogolschen Ossip* – Gemeint ist der Diener Chlestakows in Nikolai Gogols Komödie »Der Revisor«; in der Regieanweisung wird er von Gogol als »schweigsamer Gauner« charakterisiert.

149 *bonschur* – richtig: bonjour = (franz.) guten Tag.

183 *Turgenjew und Schtschedrin* – Iwan Turgenjew (1818–1883) und Michail Saltykow-Schtschedrin (1826–1889), russische Schriftsteller.

Buckle – Henry Thomas Buckle (1821–1862), englischer Kulturhistoriker; verfasste die »Geschichte der Zivilisation in England«.

185 *aus dem Schaum geborene Aphrodite* – Nach der griechischen Mythologie wurde Aphrodite, die Göttin der Schönheit und Liebe, aus dem Meeresschaum geboren.

191 *»Der Schmarotzer oder die Spinne«* – Titel eines Stückes des ukrainischen Dramatikers Iwan Karpenko-Kary (1845–1907).

202 *dîtes que l'on nous donne du thé* – (franz.) sagen Sie, dass man uns Tee bringt.

Anmerkungen

209 *Pissemski ... »Tausend Seelen«* – Alexej Pissemski (1821–1881), russischer Schriftsteller; sein bekanntestes Werk ist der Roman »Tausend Seelen«.

229 *Katorga* – Mit Deportation in entlegene Landesteile (Sibirien, Sachalin) verbundene Zwangsarbeit; auch der Ort, an dem man diese Strafe verbüßte, wurde so bezeichnet.

274 *kommissarowsche Schule* – Private Schule für Techniker in Moskau vor 1917.

Textnachweis

Anton Tschechow, Vom Regen in die Traufe; Das schwedische Zündholz, Die Steppe; Weiberwirtschaft; Die Dame mit dem Hündchen. Berlin: Rütten & Loening 1964 bis 1967. – Die Texte wurden für diese Ausgabe behutsam den neuen Rechtschreibregeln angepasst.

Übersetzer des Bandes: Gerhard Dick (*Wanka; Der Mensch im Futteral; Jonytsch; Herzchen*), Wolf Düwel (*Gram; Anjuta; Im Sumpf*), Ada Knipper und Gerhard Dick (*Der Tod des Beamten; Der Orden; Bei der Witwe des Adelsmarschalls; Lebendige Chronologie; Allgemeinbildung; Weiber; Rothschilds Geige*), Michael Pfeiffer (*Anna am Halse*), Hertha von Schulz (*Flattergeist; Die Dame mit dem Hündchen; Die Braut*).

Nikolai Gogol
Die schönsten Erzählungen
*Aus dem Russischen
von Georg Schwarz*
320 Seiten. Leinen. Mit Lesebändchen
ISBN 978-3-351-03266-1

Der Meister des Abgründigen

Newski Prospekt, die mondäne Prachtstraße von St. Petersburg. Hinter der glänzenden Fassade eine brüchige Welt. Denn seltsame Dinge gehen in der Stadt vor: Da führen zwei Hunde eine ausgedehnte Korrespondenz miteinander; da geistert ein Toter nachts in den Straßen umher und entreißt den Passanten die Mäntel; da steigt ein alter Wucherer aus dem Rahmen seines Porträts und jagt allen Angst und Schrecken ein. Und der Major Kowaljow verliert seine Nase und versucht sie um jeden Preis zurückzugewinnen. Wer vor dem Elend in Scheinwelten flüchtet, wird schon bald Opfer von Betrug und Wahnvorstellungen. Phantastisch sind die Erzählungen Gogols, voller tragischer Komik und bitterem Humor, mit feiner Beobachtung für ihre traurigen Helden: Beamte, Künstler, Handwerker, Offiziere, Außenseiter der Gesellschaft.

Mehr aus der Reihe »Große Erzähler« (Auswahl):
Jaroslav Hašek. Die schönsten Geschichten
ISBN 978-3-351-03265-4
Egon Erwin Kisch. Die schönsten Geschichten und Reportagen
ISBN 978-3-351-03229-6

*Mehr Informationen erhalten Sie unter
www.aufbau-verlag.de oder in Ihrer Buchhandlung*

aufbau ⓣ

Edgar Allan Poe
Die schönsten Erzählungen
*Aus dem Amerikanischen
von Werner Beyer, Felix Friedrich, Günther
Greffrath, Elisabeth Seidel, Günther Steinig,
Gisela Tronjeck
318 Seiten. Leinen. Mit Lesebändchen
ISBN 978-3-351-03249-4*

Magier des Grauens

Das Unheimliche, das Nachtstück, das Grauen, der Alptraum, die Nervenkrise, die Flucht ins Jenseits des Grabes, das Surreale, das Kriminelle, die messerscharfe Aufklärung des Verbrechens, die zynische Grausamkeit, die Krankheit, die Schauer des biologischen Untergangs, das Leben voll magischer Rätsel: all diese Züge prägen das Werk des großen amerikanischen Erzählers Edgar Allan Poe.
Hier sind seine Meistererzählungen versammelt, die das Genre der Kriminalliteratur, der Science-Fiction und der Horrorstory begründeten und seit ihrem Erscheinen zum Bestand der Weltliteratur gehören.

Mehr aus der Reihe »Große Erzähler« (Auswahl):
*Nikolai Gogol. Die schönsten Erzählungen
ISBN 978-3-351-03266-1
Jaroslav Hašek. Die schönsten Geschichten
ISBN 978-3-351-03265-4*

*Mehr Informationen erhalten Sie unter
www.aufbau-verlag.de oder in Ihrer Buchhandlung*

aufbau

Franz Kafka
Die schönsten Erzählungen
Mit einer Kafka-Hommage
von Thomas Lehr
301 Seiten. Leinen. Mit Lesebändchen
ISBN 978-3-351-03228-9

Mit Kafka ins Kaffeehaus

Es ist eine abgründige und geheimnisvolle Welt, in die Kafkas Geschichten führen. Erzählungen wie »Die Verwandlung« und »Das Urteil« scheinen im Auftrag des Unbewussten geschrieben, sie machen alle Erfahrungen und Krisen der Moderne namhaft. Die Nüchternheit ihrer klaren, kargen Sprache gibt Durchblicke in das Unheimliche und Ungeheuerliche. Gregor Samsa, der Heizer, der Landarzt, der ältere Junggeselle Blumfeld, der Hungerkünstler, die Sängerin Josefine – Kafkas Geschöpfe regen immer wieder zur Lektüre an.

Mehr aus der Reihe »Große Erzähler« (Auswahl):
Anna Seghers. Die schönsten Erzählungen
ISBN 978-3-351-03495-5
Lion Feuchtwanger. Die schönsten Geschichten
ISBN 978-3-351-03248-7
Egon Erwin Kisch. Die schönsten Geschichten und Reportagen
ISBN 978-3-351-03229-6

Mehr Informationen erhalten Sie unter
www.aufbau-verlag.de oder in Ihrer Buchhandlung

aufbau